李达与马克思主义哲学在中国

Li Da and Marxist Philosophy in China

[澳]尼克·奈特◎著

汪信砚　周　可◎译

人民出版社

前　言

在《马克思主义主流》的第 1 章，科拉科夫斯基（Leszek Kolakowski）提出了思想史家所面临的一大理论困境①。思想史家是应该关注观念自身，在一定程度上避免这一观念所处的环境或是与它相关的环境可能产生的影响，还是应该把观念主要看作是具体的历史环境的产物，看作是真实的历史舞台的副现象呢？对前一种观点的肯定回应主张关注观念自身。从这一角度来看，政治和哲学中的重要且持久的问题是由观念自身提出来的，首先需要考虑的是这些问题的答案。持这种观点的思想史家可能对一种学说或哲学如何影响各个时代的信众，而不是对可能影响这些学说或哲学的不同历史环境更有兴趣。在这里，他们所思考的重点是观念的连续性，是谱系学。然而，对后一种观点的肯定回应强调观念应理解为受限制的、具体的历史环境的产物。从这一角度来看，这种观点接近于知识社会学，它认为环境起支配作用，观念的社会起源特别是观念所服务的社会和政治利益是重点。环境战胜了观念，一旦环境改变，观念相应地转变；产生于不同时期和地点的观念必须适应不同社会环境的特定要求。这里所强调的重点是非连续性，是不断变化的社会环境对观念所产生的影响。

科拉科夫斯基对这一困境的回应是选择中间立场，既恰当地重视马克思主义与以往哲学家的联系以及后来被当作马克思思想自身的核心要素之间的连续性，又承认不同的社会条件施加于后来自称是马克思主义者的那些人的影响。对于科拉科夫斯基而言，他的任务是实现对连续性和变动性二者的适度承认，在保留那些历经了时空变迁的侵蚀性影响而幸存的关键命题中的概念的同时探讨不同形态

---

① 莱泽克·科拉科夫斯基：《马克思主义的主要流派》第 1 卷，唐少杰等译，苏国勋等校，黑龙江大学出版社 2015 年版，第 8—9 页。

的马克思主义。

与科拉科夫斯基不同，我对李达的哲学和理论观点的分析不寻求中间立场。我研究李达思想的兴趣主要不是出于对李达个人的兴趣，而是由于他为马克思主义在中国的阐释和传播所作出的贡献。我开始注意到李达对于中国马克思主义的意义源于此前对毛泽东哲学思想的起源的研究①。这一研究的结论认为，20世纪30年代苏联马克思主义哲学通过李达和其他中国知识分子的翻译和著作进入中国革命运动，并且深深地影响了毛泽东。我还发现毛泽东深受李达的名为《社会学大纲》的哲学著作的影响，这部著作大量吸收了苏联马克思主义哲学。这就告诉我，李达的哲学和理论著作可以看作是探讨马克思主义在中国的起源、它与欧洲和苏联马克思主义之间联系的有效中介。在我看来，这种联系比很多评论者试图使我们相信的更为牢固和紧密。因此，我认为，对李达的哲学和理论著作的分析能够对那些把中国马克思主义视为马克思主义的怪异的、异国的分支的观点起到有效的纠偏作用，那些观点主要是从中国环境的文化的、社会的独特性质而不是从马克思主义的正统出发的。

于是，我对李达的兴趣主要是由对他的马克思主义学说的来源以及他为中国读者阐释马克思主义的方式所激发的。本书所强调的是观念的连续性，这种连续性一方面存在于欧洲与苏联马克思主义的理论的、哲学的正统信条之间，另一方面存在于中国马克思主义的理论的、哲学的维度。出于同样的原因，我没有完全忽视李达生活与写作的历史背景，贯穿于本书的还有一个传记式的主题，它较好地把李达的哲学和理论著作置于他所生活的社会、政治环境之中。本书的开篇部分是李达的生平简介。我认为这是必要的，因为李达几乎不被西方所知晓。尽管李达是中国共产党的创始人之一，是20世纪中国最重要的知识分子之一，但是在英语世界实际上没有关于他的论著。传记式主题之所以重要，还因为本书的任务之一是探讨李达与毛泽东哲学之间的关系，因为通过对毛泽东的影响，李达能够对中国的马克思主义哲学产生更为广泛的辐射。不过，一般而言，与李达的思

---

① 参见尼克·奈特（Nick Knight）主编：《毛泽东论唯物辩证法：1937年的哲学著作》（*Mao Zedong on Dialectical Materialism: Writings on Philosophy, 1937*, Armonk, New York; M.E. Sharpe, 1990）；亦见尼克·奈特（Nick Knight）：《苏联哲学和毛泽东的"马克思主义中国化"》（"Soviet Philosophy and Mao Zedong's 'Sinification of Marxism'"），《当代亚洲期刊》（*Journal of Contemporary Asia*），Vol. 20, No. 1 (1990)，第89—109页。

想特别是他对辩证唯物主义的阐释以及他关于历史唯物主义的重要观点相比，李达的生活和时代居于次要地位。

当然，这些话题都十分复杂，不熟悉马克思主义理论的读者可能认为李达所使用的一些语言晦涩难懂。不可回避的事实是辩证唯物主义和历史唯物主义如同一片十分浓密的灌木丛，让人难以看透和理解。不过，如果我们要评价中国马克思主义的起源和发展，就必须作出这番努力。正是由于这一工作的复杂性，讨论中国马克思主义的西方评论家对它与欧洲和苏联马克思主义的相似性缺乏应有的尊重。我认为，我们越是细致地考察李达对辩证唯物主义和历史唯物主义的阐释，以李达为主要代表的中国马克思主义者的理论在很多重要的方面与马克思主义正统之间的相似性就越发明显。因此，分析李达的哲学和理论著作能有助于纠正关于中国马克思主义的流行谬见。

许多人为我完成这本著作提供了帮助。达雷尔·多林顿（Darrel Dorrington）组织了在北京多家图书馆查找李达文献的工作。王玉萍帮助我理解李达所使用的中国术语，并且抽空与我讨论了他的哲学。格里菲斯大学（Griffith University）的弘子·威尔科克（Hiroko Wilcock）博士热心地识别了李达译著的日本作者的姓名。上海社会科学院哲学所的李君如、张彩云和钱宏鸣向我介绍了当代中国对李达的评价，还帮助我找到了李达翻译的许多文本。没有他们的帮助，第五章就不可能完成。中共一大会址纪念馆的任武雄教授与我讨论了李达早年的理论和政治活动。武汉大学哲学系的研究生王进、李勇和戴立勇为我在武汉大学期间提供了许多实际的帮助，让我度过了一段愉快的日子。武汉大学哲学系的陈祖华教授、谭臻教授和段启咸教授与我分享了他们收藏的李达资料，并且利用他们的宝贵时间讨论了本书所涉及的哲学和理论话题。我非常感激他们的款待和热心。武汉大学政治学系宋镜明教授是李达的传记作者之一，他抱病与我一起讨论李达的生平，还分享了他的许多著作。作为中国最有名的翻译家之一，武汉大学英语系袁锦翔教授为我提供了他关于李达翻译方法的观点。武汉大学法学系的孙爱娣向我介绍了研究李达的俄文资料。中国研究李达哲学思想最有名的权威之一、华中理工大学哲学系王炯华教授花费大量时间与我讨论李达的生平和著作，他和他的妻子还为我准备了一顿丰盛的午餐。格里菲斯大学亚洲和国际研究中心出版部门的詹妮琳·曼（Jennnilyn Mann）为整理本书的手稿付出了大量的劳动。同样，苏·贾维斯（Sue Jarvis）极为出色地编辑、校对了手稿。她还完成了本书的索引。

我谨向这些好心的、帮助过我的人们致以诚挚的谢意。他们的帮助使得这本著作得以完成，也让通常是寂寞且令人沮丧的研究和写作工作变得十分愉快。即使他们不完全赞同本书的观点，他们仍能确信他们为我理解李达生平和著作这一复杂问题所作出的贡献是非常有意义的。

最后，向吉尔·肯妮（Jill Kenny）致以我最深的感激和爱意。这么多年来她的爱和支持让我能专注于自己的研究和教学。谨以此书献给你——吉尔，并致以爱和感谢。

尼克·奈特

格里菲斯大学

澳大利亚，布里斯班

目　录

第一章　战争与革命年代的哲学家生涯

一、导言

虽然本书主要是关于李达的哲学和理论思想的起源、结构、发展及影响的研究，但出于介绍李达的目的，本书的第一章是李达的简要传记。尽管李达在中国广为人知并受到普遍尊重，但他在西方几乎毫无名气，甚至很少被研究中国历史和意识形态的学者提及①。本章主要依据中文的传记资料②，也利用了对过去李达

---

① 研究 20 世纪 30 年代中国唯物辩证法哲学论战的唯一一部重要著作几乎没有提及李达。参见沃纳·迈斯纳（Werner Meissner）：《中国的哲学与政治：20 世纪 30 年代的唯物辩证法论战》（*Philosophy and Politics in China: The Controversy OverDialectical Materialism in the 1930s*, London: Hurst and Company, 1990）。同样，阿里夫·德里克那本优秀的《革命与历史：中国马克思主义史学的起源，1919—1937》（翁贺凯译，江苏人民出版社 2008 年版）也没有提及李达，尽管李达被德里克（Dirlik）的《中国共产主义的起源》（*The Origins of Chinese Communism*, New York: Oxford University Press, 1989）所提及。米歇尔·卢克（Michael Y.L, Luk）称李达是一位"极为重要的"、"尤其是非常有助于了解党的意识形态的最初框架"的理论家，参见《中国布尔什维克主义的起源：意识形态的形成（1920—1928）》（*The Origins of Chinese Bolshevism: An Ideology in the Making, 1920—1928*, Hong Kong: Oxford University Press, 1990）第 58、232 页。英语世界对李达的简短介绍，参见霍华德·鲍曼和理查·霍华德（Howard L. Boorman and Richard C. Howard）的《中华人民共和国传记词典》（Howard L. Boorman and Richard C. Howard, *Biographica lDictionary of Republican China*，New York and London: Columbia University Press,1968）第 2 卷以及 O. 布里埃（O. Briere）的《中国哲学 50 年（1898—1948）》（*Fifty Years of Chinese Philosophy*, 1898—1948，New York: Praeger, 1965）。

② 《李达同志生平事略》，载《李达文集》第 1 卷，人民出版社 1980 年版，第 3—20 页；王炯华：《李达——一位普罗米修斯式的播火者》，载李振霞主编：《当代中国十哲》，华夏出版社 1991 年版，第 1—49 页；王炯华：《李达与马克思主义哲学在中国》），华中理工大学出版社 1988 年版；李其驹、陶德麟等：《李达一九四九年前理论活动及著作编年》，载《中国哲学》1979 年第 1 辑，第 345—372 页；宋镜明：《李达传记》，湖北人民出版社 1986 年版。

的同事① 与专门研究李达的生平和思想的学者② 的访谈。

李达一生经历了中国历史上几个动荡的阶段——清王朝的衰落与灭亡、民国早期和军阀割据的兴起、中国共产党的建立、共产党和国民党的初次合作与后来的殊死对抗、抗日战争、共产党在1945—1949年内战中的胜利、20世纪50年代至60年代初的社会主义建设和"文化大革命"期间的"大鸣大放"。这是李达崛起为一位中国最有影响力的马克思主义哲学家的历史背景。虽然正如我们在后面的章节所要看到的,李达的哲学思想明显地受到了苏联和其他地方的哲学发展的影响,但是,对于我们理解他在中国解释和传播马克思主义哲学和理论的贡献而言,中国所发生的这一系列事件以及李达在其中所参与的部分不是无足轻重的偶然事件。与同时代的很多中国知识分子一样,李达不只是一位哲学家,同时还是一位活动家——他把自己卓越的才智献给了中国革命。李达的大量著作,无论是关于法律问题、财政管理问题、中国社会分析、妇女解放问题的,还是我们主要探讨的哲学和社会学著作,全都致力于在中国实现共产主义胜利的社会革命事业。这一点甚至体现在他那些讨论马克思主义的哲学基础——最抽象的辩证唯物主义——的著作中。因为李达撰写《社会学大纲》(1935、1937)等哲学著作的主要目的是在革命运动的知识分子和活动家队伍中广泛传播马克思主义,进而促成对中国社会的马克思主义分析、制定改造中国社会的革命策略。

不过,虽然李达生活和写作的中国背景十分显著,但同样需要牢记在心的重要一点是在李达生活的时代流行的国际背景,而且最关键的是在20世纪20年代和30年代早期苏联的政治和哲学领域所出现的情况,因为它对李达的政治生涯以及他理解马克思主义哲学和理论的视角产生了强烈的影响。本章和后面的章节将呈现出这两方面的许多插曲,并会展开详细的讨论。第一段插曲是共产国际在20世纪20年代早期介入中国共产党内部事务,促成了第一次国共合作的实现,这一合作采取了共产党员加入国民党以及共产党作为下级服从数量更多、力量更强大的国民党的方式(这一方式被称为"党内合作")。李达对这一政策所持的强烈反对导致他作出了退出自己曾经努力工作而建立起来的共产党的决定。有必要探讨这一举动对他后来作为革命运动中的哲学家的事业的寓意。

---

① 包括陈祖华、谭臻、宋镜明、王炯华、段启咸和袁锦翔。
② 特别是宋镜明和王炯华。他们的李达研究著作目录,见本书的"参考文献"。

第二段非常重要的插曲是从 1931 年开始在苏联哲学界所发生的剧变,它导致了重新理解辩证唯物主义的模式,这一模式主张哲学从属于共产党的需要。这一得到斯大林支持的哲学正统的出现强烈地影响了李达对马克思主义哲学的理解,并且通过他的努力,影响了马克思主义在中国的发展。因此,下一章我们将讨论苏联辩证唯物主义的历史,包括围绕苏联辩证唯物主义的解释和功能而展开的政治斗争。

在考察苏联所发生的事件和知识界的发展的同时,也要考虑到李达与日本的联系。我们将会看到,20 世纪 10 年代李达在日本的学习让他掌握了流利的日语,从而得以后来把日本的马克思主义著作翻译为中文;像河上肇和杉山荣等日本马克思主义者和社会主义者的阐释也是我们需要探讨的影响因素。李达正是借助他们的日本译作而把许多欧洲和苏联马克思主义著作翻译为中文。他在日本的旅居生活还向他提供了国际性的视角,这一视角是他在中国的革命同志所不具备的,它使李达倾向于把超越中国语境的马克思主义哲学阐释当作正统。

二、早年生活

李达,号鹤鸣,字永锡,1890 年 10 月 2 日出生于湖南省零陵县的一个佃农家庭。他的父亲李辅仁虽然出生在农民家庭,但读过几年书,当过学徒,教过蒙馆,做过小生意。从五岁开始,李达就跟着父亲识字,并有幸获得了他父亲的同乡好友胡燮卿的赏识。胡燮卿是秀才,曾经通过了乡试。1905 年,李达进入零陵县的永州中学,在那里发生的一些事情激起了他的爱国情感。第一件事是他所在学校收到了一封血书。血书的作者徐特立用这种悲壮的方式劝诫学生支持反对日本和拯救中华民族的运动,他后来曾是毛泽东在长沙第一师范学校的老师。第二件事是李达和同学们发起了抵制日货的行动,还在操场上焚毁日本生产的文具。后者的讽刺意味在于,他们用以放火焚烧文具的火柴正是日本生产的,但他们必须把它保留下来,因为如果这些日本火柴也被扔进火堆的话,他们将无法点燃剩下的一堆日本产品①。

---

① 叶永烈:《红色的起点》,上海人民出版社 1991 年版,第 124 页。

1909 年，李达考入京师优级师范学堂，在那里他形成了教育救国的思想。然而，在 1911 年革命后，受到孙中山提出的"大办实业，以利国富民强"思想的影响，李达决定从教育转到科学和技术，并转入湖南工业专门学校。1913 年，李达通过了湖南省出国留学考试，成为一名留日官费生。不幸的是，他染上了肺结核，不得不返回中国。1917 年，他第二次去东京。这期间所发生的一系列历史事件对李达后来的政治和哲学生涯产生了强烈影响。第一件事是日本日益增长的侵略中国的帝国主义企图。日本政府在 1915 年向中国政府提出的"二十一条"一旦实施，将把中国实际上变成日本的殖民地。在日本的中国留学生对日本的行为表现出耻辱和敌意相混杂的情绪，但是，正如李达后来所回忆的，他们对中国的出路感到非常茫然①。

这一时期所发生的另一事件完全消除了李达可能感到的不确定性。1917 年俄国十月革命的胜利受到了李达的热烈欢迎，因为他认为这是中国应该走的革命道路。它也导致李达对激发俄国革命的思想理论产生了兴趣。借助于日本杂志、报纸和刊物上的资源，李达开始了伴随其一生的学术研究，并转向了马克思主义。俄国革命对李达的思想以及他为理解马克思主义和列宁主义理论而展开的迅速行动的巨大影响非常明显，因为他是早期中国激进分子转向马克思主义的代表之一。正如阿里夫·德里克有力地论证道，俄国革命不像很多历史学家所认为的那样，对中国的年轻知识分子产生了深远的影响。恰恰相反，在应对中国社会的诸多问题特别是日本帝国主义所造成的威胁时，他们最初转向无政府主义而不是马克思主义；通常是在经历了无政府主义的学徒时期之后，他们才被马克思主义所吸引②。例如，毛泽东直到 1920 年的某一时期才转变为马克思主义者，在这之前他受到了作为社会思潮之一的无政府主义尤其是俄国无政府主义者克鲁泡特金的影响③。不过，尽管德里克对这一时期中国共产主义者受到无政府主义思想影响的解释适用于很多中国知识分子，它却不适用于李达。李达在早年出版的著作中讨论了无政府主义与马克思主义社会主义的区别，激烈地批判了无政府主义的

---

① 李达：《沿着十月革命的道路前进》，《中国青年》1961 年第 13—14 期合刊。原文标题为《沿着革命的道路前进》。——译者注
② 阿里夫·德里克：《中国共产主义的起源》。
③ 参见毛泽东在《民众的大联合》中对马克思和克鲁泡特金的引用，载 1919 年 7 月 21 日《湘江评论》。

主张。仅凭这一理由，李达思想发展的轨迹与这一时期中国知识分子被无政府主义的激进主张所吸引的主要趋势形成了有趣且有意义的对照。

1918年段祺瑞领导的中国政府与日本政府签订允许日军进入中国满洲的协议之后，在日本的中国留学生成立了他们自己的"留日学生救国团"；他们组织罢课，并且开始返回中国。李达在这些活动中扮演了主要角色，他是第一批离开日本回国的留学生之一。5月，李达作为"留日学生救国团"的代表之一回到北京，很快投入到反对段祺瑞政府的学生运动中。由于向政府请愿等学生运动所采取的政治行动没有产生效果，这场运动的失败给李达留下了深刻的印象。李达后来认识到，民众只有像俄国革命那样站起来推翻政府的反动统治才能成功。而要走上这条道路，正如李达在1961年所回忆的，有必要"学习马克思列宁主义的理论，学习俄国人的革命经验"①。

1918年6月，李达怀着新的信念，第三次抵达日本。然而，他放弃了理科学习，并且在日本著名的马克思主义经济学学者河上肇的指导下，专门学习马克思主义理论。李达学习了马克思的《共产党宣言》、《资本论》第1卷、《〈政治经济学批判〉序言》以及列宁的《国家与革命》和介绍马克思主义理论的一系列著作。他还翻译了荷兰马克思主义者郭泰的《唯物史观解说》、高畠素之的《社会问题总览》和考茨基的《马克思经济学说》②。这些译著后来在中国出版。实际上，李达所翻译的考茨基的《马克思经济学说》是李大钊在1920年3月成立的马克思主义学习小组所的学习材料之一。这表明，李达很早就把翻译马克思主义著作当作在中国激进知识分子中传播马克思主义理论的第一步，尤其是在五四运动和整个二三十年代中文马克思主义著作匮乏的情况下。李达通过译作向中国人介绍马克思主义所作出的贡献对于理解扎根于中国的马克思主义的类型具有重要的意义，我们将在下一章更为细致地考察他的政治和哲学生涯的这一方面。

1919年"五四"运动爆发时，李达身处日本，没有直接参与其中。不过，这场运动以及后来的"六三"运动促使李达表达自己的政治观点，他接连完成并

---

① 李达：《沿着革命的道路前进》。
② 据考证，李达实际上并没有翻译考茨基的《马克思经济学说》。参见汪信砚：《李达传播马克思主义的重要史实勘误之一——关于李达是否翻译过考茨基〈马克思经济学说〉的考辨》，《武汉大学学报》（人文科学版）2012年第11期。——译者注

发表了一系列关于社会主义的本质和目标、陈独秀和新思想运动以及一战前夕欧洲社会主义运动情况的文章①。在某些重要方面，这些早期文章确立了李达后来大量著作的基调。第一，它们主要关注与社会主义、左翼政治和思想相关的话题。他最早发表的分别题为《什么是社会主义?》和《社会主义的目的》的文章与他后来的著作的主题完全一致。第二，这些文章有意以一种促进信息和现成观念传播的方式，提供了对复杂的事件、问题和概念的解释，因而具有指导性。第三，这些早期文章清楚地表明李达是一个饱含政治激情和价值的知识分子，这一特征最终奠定了李达著述颇丰的一生的基调，因为他后来完成的著作都伴随着他头脑中的政治目标。于是，李达所具备的卓越的写作能力和翻译技巧从一开始就服务于他直到生命尽头仍为之奋斗的共产主义的政治目标。

三、中国共产党的成立及其余波

1920 年夏，李达前往上海，在那里他与陈独秀展开讨论②。李达、陈独秀、李汉俊和陈望道以及其他人一起成立了后来被称为中国共产党上海发起组的组织③。这个小组不仅仅在组建中国共产党的过程中联络中国各个地区的小组，还在 1920 年 11 月创办了中国共产党的第一份刊物——《共产党》月刊，并且任命李达为主编。这份刊物致力于探讨社会革命的原因，宣传马克思列宁主义，特别是无产阶级革命、无产阶级专政以及党建理论；它还批判机会主义，提供关于俄国革命的成就和经验的信息，介绍国际共产主义运动的消息，讨论中国和世界革命的问题。《共产党》月刊的发行量最高达到五千份，成为传播马克思主义理论的重要媒介；毛泽东是它的征订者之一，他赞扬这份刊物是"颇不愧'旗帜鲜

---

① 这些文章可以在《李达文集》第 1 卷中找到。
② 关于中国共产党成立期间李达活动的更多细节，参见李其驹：《中国共产党创始人之一李达的建党活动》，《河南师范大学学报（社会科学版）》1981 年第 2 期。
③ 李达提供的中国共产党创立时间是 1920 年 7 月，参见李达：《七一回忆》，《七一》1958 年第 1 期，第 11—12 页；托尼·赛什（Tony Saich）：《中国第一条统一战线的起源：马林的角色》（*The Origins of the First United Front in China: The Role of Sneevliet (alias Muring)*，Leiden: E.J. Brill, 1991），第 1 卷，第 46 页。

明'四个字①。虽然 1921 年 7 月由于经费困难这份刊物只出了六期而停刊②，但它在中国共产主义运动发展的关键时期扮演了非常重要的理论角色。作为主编的李达必须在极端困难的条件下工作，经常一个人完成从写稿到排版、校对、出版和发行的全部工作。他在《共产党》月刊上开辟了"短言"专栏，经常发表一些关于马克思主义和革命运动的简短有力的文章。在《新青年》成为党的出版物后，李达还参与了《新青年》的编辑工作。此外，他还为《少年中国》、《劳动界》、《觉悟》以及其他一些刊物撰写文章和译文。这些文章反复探讨马克思列宁主义的基本问题，反击这一时期较为流行的无政府主义对马克思主义的攻击。在 1949 年的自传中，李达回顾了这一时期的工作，称自己在为创立中国共产党而成立的上海小组中的两大主要任务是"第一是宣传主义，第二是组织工人"③。

1921 年上半年，李达积极参与到中国共产党第一次全国代表大会的准备工作中。作为上海小组的代表，他联系北京、济南、长沙、广州、武汉和东京的小组各自委派两名代表来参加这次代表会议。李达和李汉俊是上海小组的代表。④7 月下旬（很可能是 7 月 23 日），大会在上海召开。然而，由于法国巡捕的骚扰，这次大会的第一次会议被迫中止。李达的妻子王会悟是嘉兴本地人，她把这次代表大会的最后一次会议安排在位于浙江省嘉兴南湖的一艘游船上。⑤作为这次代表大会的结果之一，李达被选入中央工作部，并且被任命为党中央宣传主任⑥。

1921 年 9 月，中国共产党成立了由李达负责领导的第一个出版机构——人

---

① 见毛泽东在 1921 年 1 月 21 日写给蔡和森的书信，载《毛泽东书信选》，人民出版社 1983 年版，第 15 页。

② 《李达文集》的"李达同志生平事略"称《共产党》月刊停刊是在"党的'二大'后"（《李达文集》第 1 卷，第 5 页）。不过，托尼·赛什的《中国第一条统一战线的起源》（第 51 页）以及李达的《中国共产党的发起和第一次第二次代表大会经过的回忆》（载《一大前后》第 2 期，人民出版社 1980 年版，第 6—18 页）的说法有所不同（李达在《中国共产党的发起和第一次第二次代表大会经过的回忆》称《共产党》月刊出至第 2 期就中止的回忆有误，实际上《共产党月刊》共出版了 7 期。——译者注）。

③ 参见李其驹、王炯华、张耀先主编：《马克思主义哲学在中国》，上海人民出版社 1990 年版，第 90 页；李达：《李达自传（节录）》，载《湖南党史人物专辑材料选编》第 2 辑，中共湖南省委党史材料征集研究委员会，1987 年，第 1—11 页。

④ 孙琴安、李师贞：《毛泽东与名人》上册，江苏人民出版社 1993 年版，第 315 页。

⑤ 邵维正：《中国共产党第一次全国代表大会召开日期和出席人数的考证》，《中国社会科学》1980 年第 1 期，第 116—118 页。

⑥ 《李达文集》第 1 卷，第 5 页；亦见赛什：《中国第一条统一战线的起源》，第 68 页。

民出版社。李达计划出版马克思、列宁和其他作者的一系列著作。他再度投入到写作、翻译、校对、出版和发行工作之中。在这一年里，人民出版社成功地出版了十五种著作，包括《共产党宣言》、《哥达纲领批判》、《资本论入门》、《工钱劳动和资本》和《资本论》以及列宁的两本书。这一年的10月，李达还担任了共产党在上海创办的平民女校的负责人。他创办并编辑了一份名为《妇女声》的刊物。他为这份刊物和其他刊物撰写和翻译了不少谈论妇女问题的文章。

这一时期，为了在劳动者中传播社会主义和马克思主义，李达也为劳动者撰写了大量文章。他还在《俄国的新经济政策》等文章中论及俄国的现状，并翻译了一部论述俄国劳动者和农民问题的专著。

1922年7月，李达在上海召开的中国共产党第二次全国代表大会担任要职①。同年11月，应毛泽东的邀请，李达回到家乡湖南，在长沙担任湖南自修大学学长，并主编自修大学的刊物《新时代》②。这所自修大学不仅招收党员，还吸收劳动阶级和青年中的"先进分子"。毛泽东在向自修大学师生介绍李达时，说李达"曾任党中央宣传主任，马列主义水平高，特请来帮助大家学习马列主义"③。李达讲授了唯物史观、剩余价值理论、科学社会主义和其他马克思主义基本理论；他还编辑了教学资料《马克思主义名词解释》。在此期间，李达和毛泽东相互合作，共同讨论马克思主义和中国革命问题。在中国的传记作者看来，两位革命者建立了"革命情谊"④。从1923年4月到7月，《新时代》共出版了4期，上面有李达的多篇文章和译文，其中就有马克思后期著名的《哥达纲领批判》。

四、第一次国共合作以及李达离开共产党

在写于1920年末并在1921年初的《新青年》上发表的《马克思还原》一文中，

---

① "二大"的第一次大会是在李达家中举行的。由于没有找到李达住所，毛泽东未能参加此次会议。参见孙琴安：《毛泽东与李达交往的前前后后》，《祁连学刊》1992年第4期，第80页。

② 《新时代》于1923年4月15日开始发行，第1期发表了毛泽东的《外力、军阀与革命》一文。这篇文章后来被收入《毛泽东文集》第1卷（人民出版社1993年版，第10—14页）。

③ 孙琴安、李师贞：《毛泽东与名人》，第316页。

④ 《李达文集》第1卷，第9页。

李达探讨了建立工人阶级自己的组织的重要性以及无产阶级政党的意义①。李达强调，无产阶级政党在与其他阶级的组织相处时保持独立性是非常重要的，丧失这种独立性会导致"死亡"。李达重视共产党组织的独立性的顽强信念早在这一时期就流露出来了，因为他认为，为了实现社会主义目标，党应该发挥教育党员反抗资本主义的职能②。

李达对共产党的独立性的关注还表现在发表于《新时代》的一篇重要文章《马克思学说与中国》（1923 年 5 月）中。在这篇文章中，他分析了共产党当前所面临的形势，这一形势对他本人此后的经历带来了决定性的影响③。中国共产党在其第二次代表大会上正式加入共产国际，由于共产国际的压力，中国共产党开始探索与国民党合作的可能性。殖民地国家的共产主义政党与资产阶级政党的关系问题自从 1920 年 7 月共产国际第二次代表大会以后成为一个争论激烈的话题④。在这次会议上，列宁与印度代表罗伊（M.N.Roy）发生了争论，他主张共产党"在殖民地和落后国家要与资产阶级民主派结成暂时性的联盟，但是不能与之相融合，而是必须在任何情况下都要保持无产阶级运动的独立性，即便是在最基本的形式里"⑤。列宁支持与资产阶级政党结成统一战线的观点，但基于同样的理由，坚称必须保持无产阶级政党和运动的独立性。罗伊激烈地反对这一点，认为共产国际不能宣扬与敌对阶级的合作，而应该在革命冒险中发动纯粹的共产主义运动⑥。荷兰共产党人马林在制定和推行共产国际的统一战线的过程中起着关键作用，他赞同列宁的观点，认为尽管在理论上可能很难清晰界定无产阶级政党与资产阶级政党的关系，在实践中这两者在殖民地背景下除了合作别无其他选择⑦。

---

① 对这篇文章的详细概括和分析，见本书第 3 章。

② 《李达文集》第 1 卷，第 37 页。

③ 同上书，第 202—215 页。参见第 3 章。

④ 关于这场争论的概述，参见海琳·卡雷尔·安考斯、斯图尔特·施拉姆（Helene Carrere D'Encausse and Stuart R.Schram）主编：《马克思主义与亚洲：简介和读本》（*Marxism and Asia: An Introduction with Readings*, London:Allen Lane, The Penguin Press, 1969），第 149—167 页。

⑤ 列宁：《列宁论民族殖民地问题的三篇文章》，外文出版社 1967 年版，第 27 页。

⑥ 参见海琳·卡雷尔·安考斯、斯图尔特·施拉姆（Helene Carrere D'Encausse and Stuart R.Schram）主编：《马克思主义与亚洲》，第 150—152 页。

⑦ 同上书，第 164—165 页。

马林在荷属东印度的统战策略中获得了丰富的经验。1914—1918 年间，他成功策划了力量薄弱的印尼社会民主党（Indonesian Social Demeocratic Association, ISDV）成员向另一个较大却组织松散的宗教民族政党伊斯兰联盟（Sarekat Islam）的渗透。这一策略后来被称为"党内合作"，它最后成功地使印尼社会民主党的成员控制了许多关键的宗教分支，使伊斯兰联盟的宗旨更为激进，并且为实现社会主义吸纳了大量成员。这一策略所取得的成绩还表现在，到了 1922 年，成立仅仅两年的印尼共产党（PKI）和它的隶属组织拥有近 5000 名成员，并且控制了许多工会运动[①]。

中国与荷属东印度的情况非常相似。在中国也有成立不久的、力量薄弱的共产党，它在 1922 年第二次全国代表大会召开时只有 195 名成员。而它在统战策略中的合作者中国国民党则是人数众多却组织松散的政党。然而，国民党有着长期的革命历史和广泛的民众支持，并且由被公认为辛亥革命之父的孙中山所领导。于是，国民党似乎是中国革命的天然领导者，至少在可预见的未来是如此。那么，中国共产党要不要与国民党联盟？如果联盟的话，要采取哪种方式？共产党员要不要加入国民党？又应该在何种程度上保持以及怎样保持共产党的独立性呢？

在《马克思学说与中国》（1923 年 5 月）一文中，李达大量引用马克思和恩格斯的《共产党宣言》来强化自己的观点，认为共产党和国民党的联合在特定的情况下是恰当的，特别是面对封建主义及其政治势力这一首要敌人时。李达指出，中国的有产阶级和无产阶级都受到帝国主义及其在中国的代理和军阀势力的压迫。在李达看来，虽然有产阶级（即资产阶级）跟无产阶级一样受到封建势力的压迫和剥削，但是，它反过来又压迫和剥削无产阶级。因此，无产阶级与资产阶级政党之间的任何联合都要意识到这一联合的暂时性和它潜在的危险，共产党永远不应该忽视保持自己独立和推动无产阶级认识到自身阶级利益的重要性。李达在这里引用了《共产党宣言》中的一段话：

> 但一刻也不要忘记使劳动阶级明白感觉有产者和无产者敌意的对抗。必

---

① 参见米歇尔·威廉（Michael William）：《马林与亚洲共产主义的诞生》（"Sneevliet and the Birth of Asian Communism"），载《新左派评论》（*New Left Review*），No. 123 (September-October 1980)。

使劳动者准备利用资产阶级掌权时必然造成的社会及政治状况，来做对抗资本阶级的武器。也就是准备德国保守阶级一旦灭亡，就立刻和资本阶级本身开战。[1]

李达据此认为，共产党和国民党联合起来推翻军阀统治的提议是以马克思学说为基础的。但是，任何联合都是有条件的。也就是说，共产党要努力在不同类别国民党成员——在李达看来是资本家、知识分子和工人——中灌输左翼观点；当民主革命成功后，共产党必须领导下一阶段的无产阶级革命；共产党必须保护自己的独立性，避免受到其他政党的影响。对李达而言，后一种情况最为重要。在 1922 年的中共二大会议上，他提出了"党外合作"的方式，主张两个政党在保持同等地位的条件下进行联合。必须维护共产党的独立性，所以，他激烈反对共产党过分地依附于国民党；如果缺乏独立性，共产党就不能有效地扮演它发动无产阶级或领导下一阶段革命的角色。

1923 年夏天，带着自己所坚持的观点，李达从湖南赶到上海，与陈独秀一起讨论了共产党与国民党的合作问题。这不是一次愉快的会谈。中国方面的资料显示，李达没有接受陈独秀的这一意见——"党的一切工作都要征得国民党的同意"[2]，它也是马林的观点。李达认为这一做法不可避免地损害了党的独立性，它现在被党的历史学家贴上了"右倾"路线的标签。……是年秋，他离开自己帮助创立的共产党[3]。

……

---

① 《李达文集》第 1 卷，第 211—212 页（参见《马克思恩格斯选集》第 1 卷，人民出版社 1995 年版，第 306 页。——译者注）。

② 中共中央党史研究室：《中国共产党历史——大事年表（1919—1990）》，外文出版社 1991 年版，第 20 页。李达与马林之间的关系被也认为是"明显缺乏热情"。参见赛什：《中国第一条统一战线的起源》第 1 卷，第 58—59、62、73 页。

③ 埃德加·斯诺指出，李达是在 1927 年大革命失败期间脱党的。参见《红星照耀中国》（Red Star over China, Harmondsworth; Penguin, rev. edn, 1972），第 546 页。由于李达本人的说法相互冲突，他脱党的准确时间难以确定。在 1949 年重新入党前不久所写的自传中，他说自己是在 1924 年 9 月脱党的；而在同一份自传的其他地方，他给出的时间是 1924 年初。在 1928 年的一篇文章中，他给出的日期是 1923 年秋。李达的传记作家之一宋镜明接受了这一说法，他对李达生命中的这一重要阶段进行了可能是最深入的分析。参见宋镜明：《李达传记》，湖北人民出版社 1986 年版，第 69—71 页。

中国共产党早期历史研究专家任武雄教授提出了关于李达脱党的另一种观点①。在他看来，把李达脱党看作孤立的个人行为是错误的。……李达首先并且主要是理论家，他相信党在早期阶段的首要任务是在中国研究和传播马克思主义理论。他后来在研究、写作、翻译和出版工作中投入大部分时间和精力，就是为了提高早期中国马克思主义运动的理论水平。另一方面，陈独秀则是政治家，他认为党的工作重点是开展实际的政治行动和斗争。李达在后来的许多文章中的评论支持了对自己脱党的这种解释。在 1928 的《中国所需要的革命》一文中，李达指出："那时候我主张党内对于马克思学说多做一番研究工夫，并且自己也努力研究马克思学说和中国经济状况，以求对于革命理论得一个彻底的了解。但当时党内的人多注重实行，不注重研究，并有'要求马克思那样的实行家，不要求马克思那样的理论家'的警句"。在 1922 年中共二大以后，李达辞去了中央宣传主任的工作，成为一名普通的党员，这样他能够集中注意力和精力进行研究、写作。另一位研究李达生平和著作的中国权威宋镜明认为，对于李达脱党的决定而言，他对理论工作而非实际工作的重视与他对统一战线策略的反对同等重要②。

五、党外的真诚信仰者

李达的脱党极有可能彻底改变了他工作和写作的环境，使他摆脱已经成为共产党的布尔什维克派特点之一的严格纪律。多年以来，李达第一次成了自由之身（这应该是他自愿为之）。……以便合乎马克思主义理论和哲学的正统解释。他可以思考、发表和写作他所喜欢的，……中国共产党的其他早期领导人，像陈公博和周佛海，则离开中国共产党而加入了国民党，……然而，李达在脱党以后的表现非常不同。他直到 1949 年才重新入党，而在他心甘情愿自我放逐于党外的相当长时间里，他经常克服困难，冒着危险，继续写作和出版大量最为正统的马克

---

① 1993 年 9 月 24 日与任武雄教授的访谈。任教授隶属于中共一大会址纪念馆。

② 宋镜明：《李达传记》，第 69—71 页。本段中的引文出自第 69 页。还可参见许全兴：《中国马克思主义哲学界泰斗》，载中国现代哲学史研究会编：《纪念李达一百年周年》，湖南出版社 1991 年版，第 39—41 页。许全兴同意李达的观点，认为党的倾向缺乏平衡，陈独秀对研究与传播马克思主义理论缺乏足够重视。

思主义理论著作，在他的学生中吸收共产党员，接受党的指示和任务，并且与一些共产党的领导人保持着良好的关系，其中就包括毛泽东。这可以说是李达政治和哲学生涯中极具传奇色彩的地方之一。事实上，尽管董必武在1937年不太准确地把李达归为"现在是一个自由主义者"、"成了一个大学教授"[①]，但李达在理论上仍然坚持马克思主义，很大程度上在实践中也是如此。

这样，李达作为党外的坚定的马克思主义者的角色为理解李达的个性提供了重要的视角。早在1918—1919年间讨论马克思主义的文章中，李达就坚持马克思主义的完整性特别是它作为理论体系的完整性。李达与陈独秀之间关于共产党独立性的争论之所以重要，是因为陈独秀的"右倾投降主义"的观点不仅威胁到作为独立整体的党，还损害了党发展和传播马克思主义理论以及摆脱陈独秀的统一战线概念可能带来的种种限制和阻碍的能力。尽管李达从来没有完全放弃过政治行动，但坚信马克思主义理论作为理论系统的整体性是李达后半生的驱动力，他始终把传授、写作和翻译当作自己最能影响中国革命事业的媒介，从他讨论马克思主义理论的演讲、著作和文章的内容可见一斑。身处党外反而让李达比留在党内更能保持理论的纯粹与正统……这样，与许多同时代的党内同志的著作相比，李达在1923年以后的著作中才有可能更广泛、牢固地把握马克思主义，而不用那么直接地与党的政策和策略联系在一起。虽然他的著作的这一特点导致有人批评他没有做到马克思主义"中国化"[②]，但是，他在当代中国的哲学地位主要是因为他的哲学著作确实致力于非常抽象和复杂的理论问题，这些问题超越了党对具体政策和策略的关注。

六、党外生涯："同路人"

虽然李达断绝了与党中央的联系，但他仍然在湖南继续与共产党合作，并且研究和传播马克思主义理论。他还经常向长沙的党组织推荐进步学生入党。这期间，他出版了自己的第一部马克思主义理论著作《现代社会学》。该书于1926年

---

① 邵维正：《中国共产党第一次全国代表大会召开日期和出席人数的考证》，第128页。

② 参见许全兴：《〈实践论〉、〈矛盾论〉与〈社会学大纲〉》，《毛泽东哲学思想研究动态》1984年第2期。

6月正式出版，共分18章，约17万字。这本书收录了李达三年来在湖南自修大学和湖南大学授课的讲义，并加以修改。它是用文言文写成的，论述了历史唯物主义和科学社会主义的基本原则，考察了世界革命和中国革命，批判了形形色色的反马克思主义思想流派。我们将在第4章更为详细讨论该书的内容，因为它有助于考察李达对马克思主义理论和哲学的理解以及中国革命运动在何种程度上接近马克思主义理论，它还能反驳那种认为中国早期的共产主义运动明显脱离了马克思主义理论的发展和趋势，并且认为它后来在理论上非常不成熟的假设。在这里，只需指出《现代社会学》的出版标志着李达成为中国最重要的马克思主义哲学家之一，这本书在革命者当中流传甚广①。实际上，中国评论者认为它是中国马克思主义哲学发展史上第一部中国人自己撰写的自成系统的理论专著②。这本书的出版也使李达更容易受到政敌特别是国民党的攻击。1928年他被列入湖南省当局的通缉要犯名录，同年，他的家乡零陵县也把他列入人犯通缉表，还称他"著有《现代社会学》，宣传赤化甚力"③。

1926年10月，北伐军攻克武汉后，李达从长沙前往武汉，担任国民革命军总司令部政治编审委员会主席，兼任中央军事政治学校政治科的主要教官。1927年春，他还被聘为农民问题讨论委员会的常务委员。毛泽东后来邀请李达回到长沙参与筹办培训领导农民革命的干部的国民党湖南省党校。然而，1927年在武汉发生的破坏国民党左翼和共产党合作的事件以及后来对共产党及其支持者的大屠杀阻碍了这一计划。李达被迫逃离，先是转移到零陵，不久后听说湖南省当局正在搜捕他，他不得不躲藏起来。后来他逃到武汉，受聘于武昌中山大学。当军队和警察包围武昌中山大学并开始杀戮革命教师时，李达侥幸逃过拘捕，在1927年冬天秘密转移到上海。

接下来几年，李达一直留在上海。尽管从事左翼活动始终面临巨大的个人危险，他仍然通过写作、出版和教育活动积极传播马克思主义理论。1928年，李达和邓初民等人一起创办了昆仑书店，出版大量马克思主义理论著作和李达自己的译著。1929年，他出版了《中国产业革命概观》、《社会之基础知识》和《民

---

① 《中国哲学》1979年第1辑，第359页。
② 赵德志、王本浩：《中国马克思主义哲学七十年》，辽宁大学出版社1991年版，第53页。
③ 同上。

族问题》。1928—1930 年间，他翻译了马克思的《政治经济学批判》①、穗积重远的《法理学大纲》、塔尔海玛的《现代世界观》、杉山荣的《社会科学概论》、河上肇的《马克思主义经济学基础理论》（李达翻译了题为"马克思主义之哲学的基础"的部分内容）、卢波尔的《理论与实践的社会科学根本问题》、河西太一郎的《农业问题之理论》以及其他著作。李达的中国传记作者指出，正如李达在译者前言和后记中所表示的，他翻译这些著作的目的是"为了给广大群众以认识中国革命的武器"②。

　　1930 年，经左翼社会科学家联盟书记、中共地下党员张庆孚介绍，李达到上海法政学院任教；1931 年，又经张庆孚介绍，李达到暨南大学担任社会学系主任。任教期间，李达继续讲授马克思主义的哲学和政治经济学，分析中国革命的问题。他的课堂吸引了大量学生，教室里经常挤满了听众；一大批青年知识分子受他的影响而参加了革命。因此，他成为右翼攻击的对象。他的住处经常被搜查。他在一次讲演结束后遭到特务的袭击，导致右臂骨和右锁骨被打断，住院治疗达七周之久。然而，这些阻碍没有吓到李达，他继续利用自己的课堂传播革命理论。1932 年 2 月，在"迁校"的借口下，李达最终被解聘，无法在上海立足。这一年的 5 月，在共产党的安排下，李达前往山东泰山，跟几位教授一起为从前的军阀冯玉祥及其家人和身边工作人员讲授列宁主义、唯物史观、革命理论、政治经济学以及国内外局势。冯玉祥在日记里记道，这些讲课让他感到快乐和惊喜，李达的博学使他能够接触到最新的革命理论③。李达的中国传记作者认为，李达的讲课对冯玉祥后来的政治活动产生了重大影响④，但是，就在李达讲授马克思—列宁主义和革命理论的同时，冯玉祥还在阅读基督教的著作⑤。

---

① 据考证，李达实际上并没有翻译马克思的《政治经济学批判》，参见汪信砚：《李达传播马克思主义的重要史实勘误之二——关于李达是否翻译过马克思〈政治经济学批判〉的考辨》，《江汉论坛》2013 年第 4 期。——译者注
② 《李达文集》第 1 卷，第 14 页。
③ 宋镜明：《李达传记》，第 86—88 页。
④ 同上书，第 87 页。
⑤ 詹姆斯·谢里丹（James E. Sheridan）：《中国军阀：冯玉祥的一生》（*Chinese Warlord: The Career of Feng Yu-hsiang*, Stanford:Stanford University Press, 1966），第 269 页。

七、北平时期

1932 年 8 月，李达前往北平。从那时起到 1937 年 6 月，他任教于北平大学法商学院，还担任了经济学系主任。李达虽然处在国民党军事当局的监视之下，但受到了中共地下党和进步师生的保护。尽管环境极端恶劣，但他坚持研究、写作和讲授马克思主义哲学和经济理论问题。可以说，这五年时间是李达作为学者的一生中最为重要、著述最多的时期，这一时期完成的著作和文章奠定了他作为中国杰出左翼哲学家和社会科学家的声誉。他在这一时期的译著特别是苏联的"新哲学"也对正统马克思主义哲学在中国的传播产生了重要影响。

北平时期李达的第一部著作是 1935 年在法商学院印行的《经济学大纲》。李达寄送了一本给毛泽东，毛泽东随后向延安理论界推荐了这本书。后来毛泽东还说自己"已经读了三遍半，也准备读它十遍①。在这本书的"前言"中，李达清楚地说道，他写作这本经济学理论著作的目的不只是为了学术研究，而是为了促进中国经济发展。他致力于发现"中国经济的特殊的发展法则"②。他在书中区分了中国现代经济的三个过程，即帝国主义侵略的过程、民族资本萎缩的过程和封建农业崩溃的过程。中国应该如何应对国际帝国主义的掠夺呢？李达的回应是中国经济的受压迫和崩溃问题不能单纯地依靠经济手段来解决；相反，李达的分析得出了政治的结论，认为中国人民必须自求生存、自求解放。

除了另外一本论述货币的经济学著作，李达还写了两本讨论马克思主义哲学和社会理论问题的著作：《社会进化史》和《社会学大纲》。后一本巨著被认为是中国哲学家自己完成的最为重要的马克思主义哲学著作。它不仅全面论述了辩证唯物主义和历史唯物主义，而且采取了 1931 年苏联学术界推翻德波林学派后形成的正统观点。于是，《社会学大纲》向中国的马克思主义者提供了国际共产主义运动最前沿的马克思主义哲学观点的详尽信息。这部著作对马克思主义哲学在中国的发展产生了巨大的影响，这一作用既是直接的，又是与其

---

① 《李达文集》第 1 卷，第 15 页。

② 同上书，第 16 页。亦见李达：《经济学大纲》，武汉大学出版社 1985 年版，第 3—11 页。

他一些重要哲学著作一起，通过影响 1936—1937 年间的毛泽东哲学思想的发展而间接体现出来的①。李达著作的编辑者显然认识到了这部著作的重要性，因为《社会学大纲》占据了《李达文集》第 2 卷的全部篇幅。在第六、第七、第八章，我们将详细地讨论《社会学大纲》的来源、内容和影响，因为这一哲学文本能够告诉我们很多关于马克思主义哲学在中国的起源、发展和正统程度的信息。在全力研究与写作马克思主义理论和哲学的同时，李达还继续参加了中国共产党组织的政治活动。1933 年 1 月，他再次拜访冯玉祥，试图劝说他加入联共抗日的同盟。

八、抗日战争时期

1937 年 7 月日本入侵中国后，李达被迫迁往桂林，在广西大学寻求教职。然而，直到 1938 年春，原北平大学法商学院院长白鹏飞成为广西大学校长，他才被聘为该校教师。他担任经济学系主任，开始讲授马克思主义哲学和经济学。1939 年 1 月，李达接到冯玉祥的邀请函，又一次给冯玉祥及其研究室人员讲授马克思主义哲学。这一次，他与冯玉祥研究室的共产党员一起成功说服冯玉祥与共产党合作。1939 年 9 月，李达回到桂林，希望重获教职，不料白鹏飞已被解聘，李达因此失业。不过，周恩来给予了李达政治上的鼓励和经济上的救济。李达还给八路军桂林办事处的干部讲过课。

1940 年秋，李达应聘到广东省中山大学教书，但 1941 年 7 月，他被国民党教育部解聘，再度失业，不得不回到家乡。在那里，李达仍坚持研究和写作，一直到 1944 年 7 月零陵县被日本侵占。为躲避日军，李达逃亡深山，遭遇土匪洗劫。这一时期他所有的手稿和毛泽东写给他的书信全部失落。日本投降后，李达才得以回到家乡。1946 年 2 月，李达在那里创办了一所以他父亲的姓名命名的辅仁小学。在缺乏任何资源的条件下，李达几乎独自一人推动了辅仁小学的运转，并亲任校长。这所小学招收了五个年级近 70 名学生，李达在他们中间推广

---

① 关于 20 世纪 30 年代末毛泽东的哲学思想所受影响的评价，参见尼克·奈特（Nick Knight）主编：《毛泽东论唯物辩证法：1937 年的哲学著作》（*Mao Zedong on Dialectical Materialism: Writings on Philosophy*, 1937, Aimonk, New York: M.E. Sharpe, 1990），"导言"。

自己的教育理念。他相信师生平等，强调耐心和劝说，避免强制和惩罚，鼓励学生参与课堂讨论①。

九、重新入党

1947年春，经中共湖南省地下党组织的协助，李达任湖南大学法律系教授。这期间，李达处于国民党当局的监视之下，他的课堂被监控，访客被记录，他还被列入黑名单。尽管如此，李达仍然坚持以马克思主义观点讲授社会学和法律理论，在自己家里接见青年学生，鼓励他们参加革命斗争。也正是在这一时期，他克服病痛折磨②，完成了《法理学大纲》。在这本专著里，他用马克思主义观点剖析法律现象。他认为，必须用阶级观点考察法律，因为法律是统治阶级用来保护占主导地位的财产关系的。

从1948年11月到1949年4月，李达受中共湖南省地下党组织的委托，说服时任长沙绥靖公署主任程潜将军投向共产党。根据共产党的指示，李达要说服程潜投奔共产党，而这要冒巨大的个人生命风险。程潜将军要求李达向毛泽东汇报湖南的情况以及他本人希望湖南和平解放的心愿。就程潜和湖南省省长陈明仁③确实投向共产党而言，这一策略最终取得了成功，尽管新任命的省长陈明仁曾经抵抗过南下的林彪军队。

1948年，毛泽东通过中共湖南省地下党组织邀请李达前往北京。1949年4月16日，李达离开长沙，经由香港秘密进行长途旅行，于5月14日抵达北京。在北京，他见到了毛泽东、刘少奇、周恩来、朱德和其他党的领导人。李达与毛泽东交谈至深夜，向他汇报了湖南的情况，重建了与毛泽东的情谊。即使李达不是正式的中共党员，但由于多年以来对共产党的支持，他被重新接受为中共党员。1949年12月，由刘少奇介绍，毛泽东、刘少奇、李维汉等人作历史证明人，在脱党26年后，李达被批准成为中共正式党员。

---

① 唐春元：《李达与辅仁小学》，《零陵师专学报》1982年第2期。

② 李达身患糖尿病和其他一些疾病，抗日战争期间的匮乏加剧了这些病痛。它们一直困扰着李达的余生，到1966年文化大革命初期，他最终死于这些病痛。

③ 陈明仁时任国民党第一兵团司令，在湖南和平解放后任湖南省政府临时主席。——译者注

十、解放后的哲学与政治

中华人民共和国成立后，李达积极投身于教育与行政工作。在不同时期，他先后担任中国政法大学副校长、湖南大学校长和武汉大学校长。他也是第一、第二、第三届全国人民代表大会代表、中国共产党第八届全国代表大会代表，还被推选为中国科学院哲学社会科学学部委员、中国哲学学会会长。

不过，很明显，因为1923年由于政策争论而脱党，李达没有获得他本可能拥有的政治地位。李达的脱党行为违背了党内纪律的基本原则，这一原则是中国共产党这样的列宁主义政党的标志。尽管在1923—1949年间李达作为"同路人"为党作出了卓越的贡献，但不可否认的是，他由于不满统一战线政策而愤然脱党的行为深深地影响了他的政治生命。李达的坚韧和独立个性向党的铁的纪律提出了难题，甚至即使在他重新入党后，他的直率作风使得他与一些比他本可以取得的地位更具权势的党内人物发生争执。他的脾气最终让他付出了沉重的代价。基于同样的理由，尽管李达无疑有着决不妥协的性格，但正如我们将要多次提到并展开分析的，李达的马克思主义哲学和社会理论著作从未偏离他所理解的正统观点。如果我们要记住李达的功绩，那应该是他为具有强烈正统色彩的马克思主义哲学和社会理论在中国的传播所作出的重要贡献。同样，解放后，李达把毛泽东的哲学思想当作新的正统，并努力加以阐发。这一思想深植于20世纪30年代早期苏联马克思主义的正统观点，李达本人部分地充当了将这一正统观点介绍给毛泽东的中介。然而，即便如此，李达还保有了一定的批判的独立性，在他去世前夕，他公开反对林彪把毛泽东思想吹捧为马克思列宁主义的顶峰的观点。这一点以及李达早年违反党的纪律的举动都表明，李达之所以赞成他所理解的正统观点，不只是因为它是正统的，还因为李达坚信它是真理。当出现一种在李达看来是错误的新正统观点时，就像在"文化大革命"开始时那样，李达毫不犹豫地反对它，哪怕冒着严重的个人困难和危险。

在20世纪50年代和60年代初，李达的健康状况较差，胃病和糖尿病反复发作，但他仍然保持着高强度的研究、写作和讲课。20世纪50年代初，李达完成的重要哲学著作包括对毛泽东《实践论》和《矛盾论》的解说，它们后来合为一本书而出版①。从1953年2月到1966年8月逝世，李达一直担任武汉大学校长，在那里他完成了自己新中国成立后的许多哲学著作和文章。在他的领导下，武汉大学哲学系成为中国的马克思主义哲学研究最有影响力的重镇之一。1954—1955年间，李达参与了批判胡适的运动，并写作了一本专著和数篇论文以批评胡适的实用主义哲学。李达的中国传记作者王炯华批评了李达哲学生涯的这段插曲，他认为李达没有考虑到胡适将实用主义引入中国的正面意义以及他在"五四"期间对新文化运动的积极贡献。他还暗示李达对胡适的批判犯了"独断主义"的错误，这表明李达接受了20世纪30年代苏联哲学的政治化倾向。在1957年的"百花齐放"期间，李达的批判笔锋还指向了其他哲学和思想界人物，这也被他的传记作者认为是"不恰当的"②。在第十章我们将回过头来讨论李达一生中这段充满争议的插曲。

王炯华还批评了李达起初支持1958年的"大跃进"以及他同意让师生下乡进行劳动的政策。李达亲自随武汉大学哲学系师生一起去湖北省红安县，与当地群众同吃同住同劳动。王炯华认为，那时候李达没有认识到毛泽东和党所犯的"左"倾错误。不过，这段时间的乡村经历使李达相信他和毛泽东过于强调群众的主观能动性，在实现共产主义目标的过程中步子迈得太快。1958年10月，在毛泽东视察湖北期间，李达会见了主席，他们彻夜长谈，围绕"大跃进"展开了激烈的哲学论辩。李达向毛泽东建议说，"敢想、敢说、敢干"的口号本身是不合适的。不过，跟任何事物一样，这一口号也有两重性：如果它说的是发挥人们的主观能动性，那它是完全合理的；但如果它说的是想到的事就能很快做到，那它是不科学的。怎样才能验证这一口号呢？李达和毛泽东接着争论与人的主观能动性作用相关的问题。毛泽东提醒李达不要忘了红军长征，红军就是凭借主观能动性而取得胜利的。李达反驳道，他不相信主观能动性能够夸大到像"大跃进"的口号所宣称的那样无限大，这一口号是错误的。李达警告毛泽东说："人的主观能动性的发挥离不开一定的条件……人的主观能动性不是无限大的"③。李达还对毛泽东说，主席现在脑子发热（也就是说，不能自己），这会给中国带来灾难。尽管被李达的话所激怒，毛泽东还是控制住自己，反驳道："你说我发烧，我说

① 李达：《〈实践论〉〈矛盾论〉解说》，三联书店1979年版。
② 王炯华：《李达》，第32—35页。
③ 孙琴安、李师贞：《毛泽东与名人》，第329页。

你也有些烧了，也有华氏百把度了。还是我在成都会议说过的那句话，头脑要热又要冷。"①

李达在"大跃进"问题上发表与毛泽东不一致的观点以及他后来支持在1959年庐山会议上受批判的彭德怀，这些进一步体现了李达毫不妥协的性格。这也是为什么毛泽东把李达尊为哲学家和可信赖的老同志，并且在听到李达对"大跃进"的看法时克制了自己的情绪。实际上，这一时期毛泽东高度称赞李达是"理论界的鲁迅"，还继续推荐、阅读和批注李达的著作。

十一、最后篇章

1961年8月，李达再次与毛泽东会面。在一次长谈中，毛泽东又一次谈到，李达的《社会学大纲》是中国人自己写的第一本马克思主义哲学教科书，它产生了巨大的影响，他本人读了十遍，做了很多批注。他跟李达说，《社会学大纲》具有当代意义，应该修订再版。李达回答说，这是一项庞大的工程，而他的健康状况不允许自己来完成。毛泽东说李达可以在自己的哲学系请研究助手协助他完成这一任务。李达后来组织了以现任武汉大学校长陶德麟②为首的研究助手小组，并分配了修订任务。第十章将讨论这项工程的政治和哲学意义。

1960年初，李达的健康状况十分糟糕，他不得不每天服用并注射药物③。尽管健康状况日益恶化，李达仍然坚持辛苦写作《马克思主义哲学大纲》。1962年秋，这部著作的第一卷《唯物辩证法大纲》的初稿完成，并被武汉大学哲学系学生使用。1965年，这一卷历经多稿，终于成书。这一卷延续了《社会学大纲》的逻辑结构，介绍了新的理论内容，特别是毛泽东思想对马克思主义哲学作出的贡献。这部著作的数百部稿本印出来后被送给毛泽东、周恩来、刘少奇和其他党的领导人审阅。不幸的是，"文化大革命"中断了这一切。直到1976年推翻"四

---

① 王炯华：《李达》，第37—38页。亦见孙琴安、李师贞：《毛泽东与名人》，第329—330页。

② 陶德麟于1992年10月至1996年10月期间担任武汉大学校长。——译者注

③ 陈祖华曾经担任李达的研究助手，如今是武汉大学的一位哲学教授，他参与了修订《社会学大纲》的工作。1993年10月4日，他在与我的访谈中描述了李达糟糕的健康状况。他说李达的手颤抖得十分厉害，几乎不能握笔。

人帮"后,李达的私人助手陶德麟才得以对李达所期盼的这部书稿做了必要的修改,终于在李达逝世12年后将它出版。不过,李达没能完成吸收马克思主义哲学发展成果以全面修订并扩充《社会学大纲》的宏伟工程,这一著作仅出版了前半部。

1966年3月,李达回应了林彪的"顶峰论",这种观点认为毛泽东思想是马克思列宁主义的典型的、直接的顶峰。李达的一名研究助手略显紧张地提醒他说这一理论是林彪副统帅提出来的,李达说:"我知道,我不同意。'顶峰'这个说法不科学,不合乎辩证法嘛。马列主义是发展的,毛泽东思想也是发展的。就好比珞珈山,到顶了就没有地方走了。马列主义怎么能有'顶峰'呢?违反辩证法的东西,不管哪个讲的,都不能同意!"① 正是李达这种坦率的表态以及他在"大跃进"中对毛泽东的批评和他早年在1923年与党的决裂都把他置于"文化大革命"的当权人物特别是林彪和康生等人的对立面。他被扣上了"大毒草"、"叛徒"和"地主分子"等罪名,他的所谓"反党、反社会主义和反毛泽东思想"的研究资料和文章一页一页地被挑出来,当作他的犯罪证据②。根据支持还是反对李达,武汉大学出现了"龙派"与"虎派"两大红卫兵阵营。激烈反对李达的"虎派"最终占据了优势,哲学系至少有一半人员由于支持李达而被打成"黑帮"③。面对这些疯狂的攻击和批判,李达始终理直气壮、威武不屈,坚称自己是忠诚的共产党员、毛泽东思想的坚定信仰者。1966年6月1日(据王炯华说是8月)李达被开除党籍,1978年后对李达的评价认为这一做法是非法的。

李达多年来一直受到糖尿病、溃疡和中风等病痛的折磨,健康状况极差,需要长期治疗。1966年上半年他所承受的诽谤和侮辱无疑削弱了他的医疗条件。不过,他的敌人特别是林彪丝毫没有怜悯他,尽管李达向毛泽东写了一封求救信,但他的医疗救护被终止了④。1966年8月24日,在缺乏相应的医疗措施的情况下,李达在医院逝世。据王炯华说,8月10日,也就是李达去世前两周,毛泽东看到了李达的求救信。毛泽东似乎没有采取其他行动,只是直接把信交给了

---

① 王炯华:《李达》,第46页。
② 参见《武汉风云人物》,第38—40页。
③ 1993年10月与王炯华和宋镜明的讨论。
④ 李达写给毛泽东的求救信见《武汉风云人物》,第40页。

湖北省领导王任重，希望引起他的关注。毛泽东后来（在"九大"召开后的某个时间）承认李达反对林彪"顶峰论"的观点是正确的①。1974 年 1 月，武汉大学师生召开了李达纪念大会。1980 年 11 月，"文化大革命"的决定被推翻，李达在去世后被恢复了名誉和党员身份②。

1978 年以来，李达被誉为 20 世纪最为杰出的马克思主义哲学家和理论家之一。大量的文章和著作讨论了他在中国传播马克思主义哲学和社会理论的贡献、他本人哲学思想的结构和特点以及他在中国共产党创立中发挥的作用。他的许多著述在 20 世纪 80 年代的 4 卷本《李达文集》和其他文集中得到再版。《李达文集》的"李达同志生平事略"恰当地概括了李达的一生："李达同志是最早在我国传播马克思主义的先驱者之一，是中国共产党的创建人之一。他在将近半个世纪的长时期中坚持马克思主义的研究和宣传，直到生命的最后一刻。他不仅对马克思主义的哲学、政治经济学和科学社会主义都有深入的研究，而且在法学、货币学、史学等领域中也有较高的造诣。他的理论活动是同中国革命的脉搏息息相关的。他的卷帙浩繁的著作从一个侧面反映了半个世纪以来我国思想界经历的道路，是一份珍贵的遗产。他是我国近现代文化史上一位有影响的人物。研究他的著作，对于深入理解马克思主义在我国传播的历史、我国近现代思想发展的历史以及我们党的早期的思想理论建设的历史，都是很有必要的。由于历史条件和他个人特点的局限，他的著作中也有不成熟的、不精当和错误的东西。然而，他的成就和缺点、贡献和失误，都是他在革命道路上曲折前进的真实足迹的反映，也正是他的著作的价值。"③ 在后面的章节中，我们将详细讨论李达在中国介绍、传播马克思主义哲学和社会理论所作出的贡献。我们尤为重视李达的马克思主义理论的起源、内容和发展，据此提出中国马克思主义的性质问题。因为西方学者通常认为中国马克思主义是马克思主义的变种形式，它更多地受到中国文化传统和中国革命背景下的当代现实而不是马克思主义的主流和正统形式特别是欧洲和苏联马克思主义的影响。在一些论述中，对慎重考虑中国马克思主义的马列主义起源的顽固抵制竟堕落为一种不情愿承认中国人可能理解在欧洲兴起的马克思主义

---

① 王炯华：《李达》，第 47 页。

② 关于《人民日报》上发表的恢复李达名誉的通知，参见《湖南党史人物传记资料选编》，第 153 页。

③ 《李达文集》第 1 卷，第 20 页。

的东方主义①。

我们对李达的马克思主义理论以及他在中国介绍马克思主义哲学和社会理论的过程中所扮演的角色的评价将表明，上面那些观点完全是一些误解。李达通过自己的努力而成为一名马克思主义者、哲学家和理论家。他充分掌握了马克思主义哲学和理论，努力工作以确保中国马克思主义深植于正统的欧洲与苏联马克思主义的土壤之中。我们将通过李达的著作来探讨一些重要问题以证明这一观点。其中，第一个问题是马克思主义的哲学方面，它通常被视为辩证唯物主义；第二是马克思主义的社会理论的一个重要方面，即关于社会变革的原因的理论（特别是经济基础与上层建筑之间的关系）。这两个问题被中国马克思主义的批评者用来证明它的非正统性，因此，它们是评价其正统性的重要中介。

下一章我们会简单考察即将探讨的李达著作中的马克思主义哲学和社会学的概念和问题的谱系。这一考察将向我们提供漫游李达卷帙浩繁的著作的指南针，因为我们不打算涉及李达漫长且多产的理论生涯的全部内容；我们的目的十分明确，我们将集中论述马克思主义理论的中心问题以及李达对这些问题的思考。我们对马克思主义概念谱系的考察还会为关于李达的马克思主义理论以及更为普遍的中国马克思主义的性质和正统性的评价奠定基础。

---

① 其中最严重的是沃纳·迈斯纳（Werner Meissner）：《中国的哲学与政治：20 世纪 30 年代的唯物辩证法争论》（*Philosophy and Politics in China:The Controversy over Dialectical Materialism in the 1930s*）。

第二章 马克思主义哲学和社会理论：
李达思想的来源

    李达是将马克思主义介绍到中国的最有影响力的哲学家和社会理论家之一。如前文所述，他是"五四"一代中国激进知识分子中转向马克思主义的第一人①，毕生坚持不懈地在中国知识分子和活动家中传播他的马克思主义观点。他论述马克思主义哲学和社会理论的主要著作特别是《现代社会学》（1926）和《社会学大纲》（1935、1937）帮助中国人了解正统马克思主义的前沿观点，并且详细解释了马克思主义理论的关键问题和概念。由于这两部著作的集中讨论，这些问题和概念变得非常重要，许多激烈的论辩围绕它们的定义和阐释而展开。有两大主题已经成为（事实上一直是）马克思主义传统的争论对象，我们将通过李达的大量著述来考察它们。我们这样做的目的是为了理解李达的马克思主义理论的起源、内容和发展。我们特别关注它的谱系以及它与主流的苏联和俄国马克思主义的关系。这一评估从 20 世纪 10 年代后期马克思主义被引入中国一直到 20 世纪 90 年代中国马克思主义的表现，将会带来对中国马克思主义理论和哲学方面的源头的更为清晰的认识，因为毫不夸张地说，它表明今天中国的意识形态系统即马克思主义、列宁主义和毛泽东思想仍然与李达在 20 世纪二三十年代传播的正统马克思主义有着紧密的血统渊源。后面我们还会讨论到李达对后毛泽东时代中国的马克思主义理论和哲学的影响，并且反思自马克思主义传入中国以来的四分之三个世纪里中国马克思主义所走过的历程。

---

① 李达早年转向马克思主义的过程没有受到研究中国早期共产主义运动的历史学家的足够关注。不仅如此，不同于其他许多转向马克思主义的人，他起初没有被无政府主义所吸引。参见相关研究如米歇尔·卢克（Michael Y.L. Luk）：《中国布尔什维克主义的起源：一种形成中的意识形态（1920—1928）》（*The Origins of Chinese Bolshevism: An Ideology in the Making, 1920—1928*, Hong Kong: Oxford University Press, 1990）；亦见阿里夫·德里克（Arif Dirlik）：《中国共产主义的起源》（*The Origins of Chinese Communism*, New York: Oxford University Press, 1989）。

我们要讨论的李达著作的第一大主题是通常被归为辩证唯物主义的马克思主义哲学。辩证唯物主义非常重要，有时候还引起了激烈的争论，因为它是支撑整个马克思主义理论体系的核心的本体论与认识论前提的结合点。这样，辩证唯物主义提出了关于世界本质的诸多问题。我们怎样理解宇宙和它的内部活动？是否存在超越人类意识的客观实体？如果存在的话，它是怎样形成的？宇宙以及组成它的实体是否遵循自然规律？如果遵循的话，应该如何理解这些规律并加以归类？应该怎样发现这些规律？人类怎样获得关于世界的知识？又如何区分关于世界的正确知识与错误观点？人类思想与外部现实的关系是什么？应该如何解释运动和变化？在变化中是否存在目的和方向？

所有哲学都必须提出这些或是类似的问题，因为它们在非常抽象的层面思考人与世界的关系。与其他哲学不同的是，马克思主义不把哲学看做一种对这种关系的孤立的、漠不关心的探究，相反，它认为哲学有自己的政治目的，也就是说，它要证明人类历史目的的最终实现，以及作为社会发展最后目标的更高阶段的共产主义的实现。支配宇宙间运动和变化的自然规律作为合理的前提被用来论证关于人类社会变化的方向和速度的观点。于是，哲学意义上的规律被直接用来理解为何无产阶级——马克思所称的"普遍阶级"——将在时机成熟的时候获胜。马克思主义传统对哲学的深刻和强烈兴趣源于它确信哲学是理解一般意义上的宇宙以及人类社会的运动和变化的关键。这样，哲学就不能看作是远离历史或是政治的。相反，马克思主义传统（尽管不完全是马克思本人）把哲学理解为不可替代的革命武器，所以，对于那些像列宁和毛泽东那样杰出的马克思主义领袖以及卢卡奇和柯尔施那样的马克思主义理论家而言，哲学散发着极大的魅力①。

我们要讨论的李达著作中的第二大主题是社会变革的原因。它是马克思主义理论中另一个充满争议的中心议题，也是中国马克思主义论争中的核心问题。怎样才能解释社会变革？如果经济领域是决定社会变革的根本原因，应该如何定义这一领域？如果它是由社会生产力（包括劳动对象、劳动工具以及与之相关的劳动技能）和形成于人类生产过程的阶级关系组成的，哪一个才是最终的支配因素？如果它们之间存在辩证关系，它如何起作用？人类社会的经济领域与非经济

---

① 参见卡尔·柯尔施：《马克思主义和哲学》，王南湜、荣新海译，重庆出版社 1989 年版；卢卡奇：《历史与阶级意识》，杜章智、任立、燕宏远译，商务印书馆 1992 年版。

领域之间的关系又是怎样的；非经济领域（通常是指上层建筑）是否反过来决定经济领域？如果可以的话，它在什么条件下、在何种程度上起作用？

本章我们将简要地分析马克思主义的这些理论主题，它们深刻地影响了李达思想的发展与结构。很明显，李达这样一名马克思主义哲学家和理论家在寻找上述问题的答案时面临着诸多理论选择。马克思主义不是甚至永远也不会是统一的思想传统，马克思主义内部存在许多相互竞争的不同派别，它们都提出了自己的合理解释，并且宣称自己的合法性。"正统"概念通常被用来评判合法性，它本身也充满争议；跟所有关于真理的说法一样，"正统"也是被建构出来的，不过它一般受到了某一组织的认可，因而具有强制力。尽管拥护者们可能认为"正统"是"正确"的解释，但它的真理地位最终依赖于它与权力的关系，因为正是权力认可了真理并用它来实现自己的目的。

在考察中国马克思主义时，被建构而不是被假定的"正统"概念显得特别重要，因为在研究中国的许多西方学者中盛行一种反对正统的不幸倾向，这种正统往往被认为是假定的、静止的，并被用来断言中国马克思主义与欧洲和苏联马克思主义之间存在一条鸿沟①。下面我将尝试重建一种"正统"理论，它深深地影响李达的思想，并且经由李达影响了中国马克思主义的发展与结构。很明显的是，李达的马克思主义与主流的欧洲和苏联马克思主义之间的距离远不及中国马克思主义与主流马克思主义之间的联系那么显著。实际上，我们将会多次提到李达思

---

① 例如，参见本杰明·史华慈（Benjamin I. Schwartz）：《中国共产主义与毛泽东的崛起》（*Chinese Communism and the Rise of Mao*，New York and London: Harper and Row, 1951）；亦见《共产主义与中国：变动中的意识形态》（*Communism and China; Ideology in Flux*, New York: Atheneum, 1970）。亦可参见斯图尔特·施拉姆（Stuart R. Schram）：《毛泽东的政治思想》（*The Political Thought of Mao Tse-tung*, Harmondsworth: Penguin, 1969, revised edn）；以及《毛泽东：一个初步的重新评价》（*Mao Zedong: A Preliminary Reassessmen*, Hong Kong: The Chinese University Press, 1983）；以及《毛泽东的思想》（*The Thought of Mao Tse-tung*, Cambridge: Cambridge University Press, 1989）。亦可参见莫里斯·迈斯纳（Maurice Meisner）：《毛主义中的乌托邦主题》（"Utopian Socialist Themes in Maoism"），载约翰·刘易斯（John W. Lewis）主编：《亚洲的农民反抗和共产主义革命》（*Peasant Rebellion and Communist Revolution in Asia*, Stanford: Stanford University Press, 1976）第207—252页；以及《列宁主义和毛主义：关于中国马克思主义列宁主义的一些流行观点》（"Leninism and Maoism: Some Populist Perspectives on Marxism-Leninism in China"），载《中国季刊》（*China Quarterly*），Vol. 45 (January-March 1971)，第2—36页；以及《毛泽东时代的中国及其后：中华人民共和国史》（Mao's China and After: *A History of the People's Republic of China*, New York: The Free Press, 1977, 1986)。

想的结构与他所信奉的正统马克思主义的结构之间存在相当多的重合之处①。

一、马克思和恩格斯论社会变革与哲学

尽管一些评论者认为辩证唯物主义起源于西方哲学的萌芽时期，是对现实、运动和变化的本质的解释②，但另一些学者坚决主张它源于恩格斯构建自然辩证法的尝试，人类社会的历史就是从自然辩证法中产生的③。于是，后一种观点反对那种认为恩格斯与马克思的观点完全一致④，以及马克思知道并赞同恩格斯为唯物史观提供哲学基础的做法⑤的假设，这一假设对于建立作为正统观点的辩证唯物主义极为重要。相反，恩格斯在《反杜林论》、《路德维希·费尔巴哈和德国

---

① 我已经在其他地方论证了毛泽东思想中的一些主题也比许多二手文献所认为的更为"正统"。参见尼克·奈特（Nick Knight）：《〈矛盾论〉和〈新民主主义论〉：毛泽东思想中关于因果性和社会变革的不同观点》（"'On Contradiction' and 'On New Democracy': Contrasting perspectives on causation and social change in the thought of Mao Zedong"），载《关心亚洲问题学者公报》（*Bulletin of Concerned Asian Scholars*），Vol. 22, no, 2 (April-June1990)，第 18—34 页。

② 例如，参见罗兰·格雷厄姆（Loren R. Graham）：《苏联的科学与哲学》（*Science and Philosophy in the Soviet Union*, New York: Alfred A. Knopf, 1972），特别是第 2 章。

③ 参见 Z.A. 乔丹（Z.A. Jordan）：《唯物辩证法的演变：一种哲学和社会学的分析》（*The Evolution of Dialectical Materialism: A Philosophical and Sociological Analysis*, London: Macmillan, 1967），第 11 页。

④ 最近在苏联出版的一本唯物辩证法入门读物明确阐述了这一点，并把相反的观点斥为"形形色色的资产阶级意识形态和修正主义"的产物。唯物辩证法是"马克思和恩格斯所创立的"，是一种"完整的学说"。参见 V. 克拉皮温（V. Krapivin）：《什么是唯物辩证法？》（*What is Dialectical Materialism?*, Moscow: Progress Publishers, 1985），第 91—96 页。

⑤ 亦可参见乔治·里希特海姆（George Lichtheim）：《马克思主义：一种历史的和批判的研究》（*Marxism: An Historical and Critical Study*, London: Routledge and Kegan Paul, 1961），第 4 章；以及卢西奥·科莱蒂（Lucio Colletti）为马克思的《早期著作》(Harmondsworth: Penguin, 1975) 写的"导言"，第 14—16 页；以及古斯塔夫·韦特（Gustav A. Wetter）：《唯物辩证法：对苏联哲学的历史性和系统性考察》（*Dialectical Materialism: A Historical and Systematic Survey of Philosophy in the Soviet Union*, New York: Praeger, 1958），第 280 页以后，以及多处；以及特雷尔·卡弗：《马克思与恩格斯：学术思想关系》，姜海波、王贵贤译，中国人民大学出版社 2008 年版，全书多处；诺曼·莱文（Norman Levine）：《可悲的骗局：马克思反对恩格斯》（*The Tragic Deception: Marx Contra Engels*, Oxford and Santa Barbara: Clio Books, 1975）；理查德·德·乔治（Richard T. De George）：《苏维埃思想诸模式》（*Patterns of Soviet Thought*, Ann Arbor: University of Michigan Press, 1966），特别是第 107—108 页。

古典哲学的终结》和《自然辩证法》等著作中的哲学冒险在一些基本方面偏离了马克思的思路，其中最重要的一点是马克思并不认为人类社会是自然界的表现，也不认为它受到外在于人类社会的一般哲学规律的支配。人类社会是人类与自然相互作用的历史，而不是自然规律的被动反映。在乔治·里希特海姆（George Lichtheim）看来，马克思由此放弃了从哲学上解释人类历史的尝试，转而发展出独具特色的政治经济学，政治经济学认为人类具有批判理性以及相互交往和主动地改变自然的能力①。

根据马克思本人的回忆，19世纪40年代中期他放弃了哲学，那时候他主张政治经济学是解释资本主义运行的矛盾和规律的工具。正如马克思在1959年所说：

> 为了解决使我苦恼的疑问，我写的一部著作是对黑格尔法哲学的批判性的分析，这部著作的导言曾发表在1844年巴黎出版的《德法年鉴》上。我的研究得出这样一个结果：法的关系正像国家的形式一样，既不能从它们本身来理解，也不能从所谓人类精神的一般发展来理解，相反，它们根源于物质的生活关系，这种物质的生活关系的总和，黑格尔按照18世纪的英国人和法国人的先例，概括为'市民社会'，而对市民社会的解剖应该到政治经济学中去寻求。②

然而，尽管马克思明确放弃了作为理解人类历史发展的钥匙的哲学，他成熟时期的著作仍保留了他早期致力于哲学研究的线索。莫里斯·杜勃（Maurice Dobb）指出，"如果马克思的经济分析以它所处的历史环境为显著特征，那他的历史解释有着深厚的哲学基础——黑格尔哲学。"③首先，从马克思的政治经济学著作可以很明显地看出，他的整个理论体系建立在现实的物质性（the materiality

---

① 参见里希特海姆（Lichtheim）：《马克思主义：一种历史的和批判的研究》（*Marxism: An Historical and Critical Study*），特别是第246—247页；亦见亨利·列斐伏尔（Henri Lefebvre）：《唯物辩证法》（*Dialectical Materialism*, London: Jonathon Cape, 1968），第13—19页。

② Karl Marx, *A Contribution to the Critique of Political Economy* (London:Lawrence and Wishart, 1971), Preface. （中译文引自马克思：《〈政治经济学批判〉序言》，载《马克思恩格斯选集》第2卷，人民出版社1995年版，第32页。——译者注）

③ Karl Marx, *A Contribution to the Critique of Political Economy* (London:Lawrence and Wishart, 1971), p.6.

of reality）的基础之上，这样在历史唯物主义里就存在一个本体论前提，它来源于马克思对黑格尔哲学系统的唯心主义哲学的拒斥。其次，在马克思的著作里不可避免地存在一种认识论，即"认识"资本主义社会的起源和本质的机制，有时候这些认识论的假设在马克思的文本中表达得很清楚，例如在《〈政治经济学批判〉导言》和《评阿·瓦格纳的"政治经济学教科书"》中①。再次，马克思牢牢坚持着社会变化服从运行规律，以及社会变化的显著规律性是特定法则的表现的信念。这些标志着运动和变化的辩证法则大多来源于黑格尔哲学，它们不是也不可能是随意的，而是包含着目的、增长、进步和方向。解释社会变化的目的性方向的首要原因之一是事物矛盾的存在及其表现方式，因为矛盾的表现和解决遵循着一种理论上可以发现的模式。

受篇幅所限，我们不能详尽分析马克思成熟时期著作中的哲学思考。不过，即使我们承认马克思放弃了对资本主义的历史、结构和发展的哲学式探究，也不能否认马克思运用了具有显著哲学维度的分析和思考的模式。他后来的著作能够也的确鼓励了那些试图描述并阐发马克思主义哲学的人们。不过，相比之下，马克思成熟时期著作中缺乏纯哲学文本。这一事实表明，马克思可能不赞同以他的名义所进行的旨在构建囊括若干条基本规律和原则的、组织严密的哲学体系的工程；他也不会完全赞同借助凌驾于哲学之上的政治命令来推广这一哲学体系的做法，而这正是1931年后苏联的做法。

如果说马克思无意于阐发一种用于分析人类社会及其历史的哲学体系，那么，他的朋友和合作者恩格斯则与他不同。恩格斯的大量哲学文本阐发了后来被称为辩证唯物主义的马克思主义哲学的基本观点。不仅如此，尽管许多文本是在马克思逝世之后完成的，但恩格斯声称这些具有哲学性质的文本无一例外都受到了马克思的认可。例如，马克思去世3年后，恩格斯出版了《路德维希·费尔巴哈和德国古典哲学的终结》。在这部著作（1888）的"序言"中，他把马克思早年的哲学兴趣当作"把我们同黑格尔哲学的关系，我们怎样从这一哲学出发又怎样同它脱离，作一个简要而又系统的阐述"②的理由之一。同样地，马克思去世11年后，恩格斯在为《反杜林论》第2版所写的"前言"中声称"在付印之

---

① 《马克思恩格斯全集》第30、31卷，人民出版社1995、1998年版；《马克思恩格斯全集》第19卷，人民出版社1974年版，第396—429页。

② 《马克思恩格斯选集》第4卷，人民出版社1995年版，第212页。

前，我曾把全部原稿念给他听"①。此外，1873 年 5 月恩格斯曾致信马克思，向马克思提供了他关于自然科学的哲学观点的概要，这些观点成为恩格斯后来未能完成的、被命名为"自然辩证法"的手稿的核心，这一手稿直到 1925 年才出版；没有证据表明马克思曾拒绝过恩格斯在自然哲学和科学哲学方面的尝试②。于是，恩格斯就为那些希望混同马克思与恩格斯的哲学著作、并在此基础上构建一种作为马克思主义哲学体系根基的统一哲学的人们提供了充足的证据。

恩格斯在《反杜林论》中指出，自然界和人类历史都遵循辩证法的一些法则，这些法则都会出现在人类认识领域。因此，自然界、人类历史和思维实际上是宇宙的组成部分，宇宙的运动和变化法则也是辩证的。哲学的目的就是去发现这些辩证的法则③，这一发现过程建立在大量归纳和经验方法的基础之上，而辩证法的法则是这一探索过程的结果，而非起点④。对现实的观察证明宇宙（自然界、历史和思维）处在运动当中，运动的形式是辩证的，它同时允许运动和静止。不过，在绝对的变化过程中，静止只是一种相对的状态，因为即使在静止阶段也会发生一些内在的变化，它们决定着事物的改变⑤。创造了变化和运动的必然性的世界的是内在的矛盾，因为所有事物都包含有矛盾，矛盾的不断出现以及它们之间的斗争表明静止只能是一种相对的状态。正如恩格斯所言，"一当我们从事物的运动、变化、生命和相互作用去考察事物时……在这里我们立刻陷入了矛盾。"⑥

恩格斯断定，矛盾的普遍性、矛盾的相互作用及其结果所遵循的系列规律来源于自然界和人类历史，而不是"强加"于自然界和人类历史的。在《自然辩证法》中，恩格斯总结出如下的规律：

> 因此，辩证法的规律是从自然界和人类社会的历史中抽象出来的。辩证法的规律不是别的，正是历史发展的这两个方面和思维本身的最一般的规

---

① 《马克思恩格斯选集》第 3 卷，人民出版社 1995 年版，第 347 页。

② 《马克思恩格斯全集》第 20 卷，人民出版社 1974 年版，第 11、13 页。

③ 《马克思恩格斯选集》第 3 卷，第 349 页。

④ 同上书，第 378 页。

⑤ 同上书，第 399—400 页。

⑥ 同上书，第 462 页。

律。实质上它们归结为下面三个规律：

量转化为质和质转化为量的规律；

对立的相互渗透的规律；

否定的否定的规律。①

这些规律在现实中的表现导致一种"发展的螺旋形式"②。后文我们将会评论苏联马克思主义对这些辩证法规律的解读，还会认真考察李达的哲学著作对这些规律的解释。在这里，只需要指出恩格斯提供了建构马克思主义哲学体系的基础，上述那些规律就是这一基础的核心。不过，恩格斯的零散的、论战式的哲学著作也为关于这些规律的不同的、有时甚至是不一致的解释以及它们的相对重要性提供了充足的论据；恩格斯没有参与在政治上利用哲学的活动，特别是塑造正统观点的活动。

正如我们所知，恩格斯坚持认为辩证法的规律存在于自然界、人类社会和思维领域，并且能够被发现。在恩格斯看来，哲学的中心问题之一是如何认识辩证的现实。在《路德维希·费尔巴哈和德国古典哲学的终结》中，恩格斯认为"全部哲学……的基本问题，是思维和存在的关系问题"，他还阐发了认识论的这一基本问题："我们关于我们周围世界的思想对这个世界本身的关系是怎样的？我们的思维能不能认识现实世界？我们能不能在我们关于现实世界的表象和概念中正确地反映现实？"③ 根据恩格斯的观点，为了回答这些问题，西方哲学分成了两大阵营：唯心主义和唯物主义。唯心主义相信思维或精神决定着存在或自然界；相反，唯物主义认为存在或自然是决定性的。为了支持后者，恩格斯指出实践（实验和工业）是对唯心主义这样的"哲学上的怪论"④ 最有说服力的反驳，因为"推动人去从事活动的一切，都要通过人的头脑……外部世界对人的影响表现在人的头脑中，反映在人的头脑中，成为感觉、思想、动机、意志"⑤。

恩格斯所阐明的唯物主义认识论的重要问题之一是如何获得反映现实的正确

---

① 《马克思恩格斯选集》第 4 卷，第 259 页，亦见第 310 页。

② 同上书，第 259 页。

③ 《马克思恩格斯选集》第 3 卷，第 223—225 页。

④ 同上书，第 225 页。

⑤ 同上书，第 232 页。

知识，这也是包括李达在内的后世马克思主义者一直面临的问题。归根结底，每个人都在从事这样或那样的实践，然而，恩格斯清楚地意识到，很多人明显提出了一些错误地、不科学地反映现实的观点。那么，应该如何解决这一问题呢？特别是如何运用被认为是来自恩格斯并且后来由列宁所提出的反映论的认识论观点来解决这一问题呢？恩格斯本人没有给出令人满意的答案。区分反映现实的正确知识与错误知识的标准问题向来是充满争议的，围绕这一问题而出现的许多带有政治色彩的激烈的哲学争论都被打压下去了。

在《社会学大纲》中，李达费尽心思详细论述了他对马克思主义认识论的反映论问题的理解。在第 8 章我们将会提到他对这一问题的回应很大程度上依赖于实践的重要性，以及思维与存在（或是自然）之间经由实践这一中介而形成的辩证关系。李达赞同 20 世纪 30 年代早期对他产生最重要影响的苏联马克思主义哲学教科书的观点，认为人类思维通过实践而对自然产生的反作用是一个能动的过程，实践能够完全保证人类头脑中对现实的反映是正确的。这一观念所坚持的历史主义观点认为，人类思维所处的历史背景限制着思维本身的正确性，因此，只有随着现代工业和科学的兴起，阶级社会的剥削性质才能如实地反映在工业无产阶级的头脑里。但是，工业无产阶级能不能一下子完全理解资本主义呢？整个现实能不能立即反映在人类头脑中呢？在这里，我们将会看到，李达提出了由恩格斯和列宁先后阐发的区分绝对真理与相对真理的观点；在适当的时候，无数相对真理的总和将产生绝对真理，因为"永恒真理"——这是恩格斯所说的绝对真理——的积累是一个过程，它在人类探索的不同领域的行进是不均衡的①。

在李达的许多社会学著作中，他还思考并详细论述了运用马克思主义理论解释社会变革原因的观点。第二国际时期广泛流行的传统观点认为，社会的经济结构或基础占据因果关系的绝对优势；其他如政治和法律制度与意识形态、包括宗教在内的文化实践和信念等社会领域都属于上层建筑，它们的出现和持续存在都依赖于经济基础的发展，并且几乎不能影响社会变革的发生。支持这种声称是唯物主义解释的依据来自马克思的《〈政治经济学批判〉序言》。马克思在那里这样确认了经济领域的因果决定性：

---

① 《马克思恩格斯选集》第 3 卷，第 427—436 页。

人们在自己生活的社会生产中发生一定的、必然的，不以他们的意志为转移的关系，即同他们的物质生产力的一定发展阶段相适应的生产关系。这些生产关系的总和构成社会的经济结构，即有法律的和政治的上层建筑竖立其上并有一定的社会意识形式与之相适应的现实基础。物质生活的生产方式制约着整个社会生活、政治生活和精神生活的过程。不是人们的意识决定人们的存在，相反，是人们的社会存在决定人们的意识……随着经济基础的变更，全部庞大的上层建筑也或慢或快地发生变革。①

很明显，马克思在这篇著名的"序言"中仅仅简要地阐述他的政治经济学，而更为详尽的讨论是在他后来对资本主义的理论批判当中。上文所引的这段话现在已经成为支持马克思主义的经济决定论解释的经典语句②。但是，这一段话究竟意味着什么呢？马克思所说的"物质生活的生产方式制约着整个社会生活、政治生活和精神生活的过程"指的是什么？"决定"是不是表示"经济基础"具有绝对的因果优先性？马克思是否认为"法律的和政治的上层建筑和……一定的社会意识"在社会革命的过程中不能作为原因而起作用？还是说，他可能允许上层建筑领域"或慢或快"地起一定的作用，不过上层建筑领域内的变化是跟随在经济基础的变化之后的？

问题在于，马克思的"序言"跟所有文本一样，如同一个容器，充满着不同读者给出的不同意义③。然而，不容置疑的是，"序言"给予了那些希望建构经济决定论的正统马克思主义的马克思主义者和非马克思主义者极大的安慰。这种经济决定论认为上层建筑的不同要素丝毫不起作用。同时，这种关于社会变革的经

---

① 《马克思恩格斯选集》第 2 卷，第 32—33 页。

② 对这段文本的"含义"的长篇幅的否定性的阐释，参见约翰·普拉梅纳茨（John Plamenatz）：《德国马克思主义与俄国共产主义》（*German Marxism and Russian Communism*, London:Longmans, Green, 1954）。对这段文本较为肯定的评价，参见德里克·塞耶（Derek Sayer）：《抽象的暴力：历史唯物主义的分析性基础》（*The Violence of Abstraction: The Analytic Foundations of Historical Materialism*, Oxford: Basil Blackwell, 1987）。

③ 关于我对"解读"问题的观点，参见尼克·奈特（Nick Knight）：《毛泽东的马克思主义：毛泽东研究领域的经验主义和话语》（"The Marxism of Mao Zedong: Empiricism and Discourse in the Field of Mao Studies"），载《澳大利亚中华事务杂志》（*The Australian Journal of Chinese Affairs*），No. 16 (July 1986)，第 7—22 页。

济决定论的马克思主义还被用来不公正地比较、抨击那些偏离了经济决定论的异端观点。但是，如果从马克思的文本中还能得出另一种马克思关于社会变革的理论，它承认上层建筑的作用以及经济基础和政治、意识形态的上层建筑之间的相互作用的辩证关系，结果会是怎样呢？这种解读是非正统、非马克思主义的吗？

主张后一种解读的人不仅借助了马克思本人的文本①，而且参考了恩格斯试图限制对"序言"进行明显的经济决定论解读的文本。正如 1890 年 9 月恩格斯致布洛赫的信中所指出的：

> 根据唯物史观，历史过程中的决定性因素归根结底是现实生活的生产和再生产。无论马克思或我都从来没有肯定过比这更多的东西。如果有人在这里加以歪曲，说经济因素是唯一决定性的因素，那么他就是把这个命题变成毫无内容的、抽象的、荒诞无稽的空话。经济状况是基础，但是对历史斗争的进程发生影响并且在许多情况下主要是决定着这一斗争的形式的，还有上层建筑的各种因素……这里表现出这一切因素间的相互作用……②

我们很容易在马克思理论中找到对社会变革的因果关系的不同解释的肥沃土壤。尽管如此，我们主要关注的是李达从马克思、恩格斯、普列汉诺夫和列宁，特别是从 20 世纪 30 年代初苏联哲学家和理论家那里接受并且介绍到中国的观点。我们将会注意到，李达所阐发的，尤其是他的主要著作《现代社会学》和《社会学大纲》中的唯物史观表明，尽管经济基础仍然在总体上占据主导地位，但是在经济基础和上层建筑之间存在一种辩证关系，其中，上层建筑有能力反作用于经济基础，因而对历史变革的一般进程和方向产生一定的影响。这一解读后来盛行于中国的马克思主义哲学，特别是由于毛泽东的《矛盾论》认可了它的观点。我们有理由认为这一解读在所有重要的方面反映了苏联马克思主义所同意的版本。

---

① 例如，参见马克思：《资本论》第 1 卷，人民出版社 1995 年版，第 266 页："所有这些方法都利用国家权力，也就是利用集中的、有组织的社会暴力，来大力促进从封建生产方式向资本主义生产方式的转化过程，缩短过渡时间。"亦见马克思：《路易·波拿巴的雾月十八日》，载《马克思恩格斯文集》第 2 卷，人民出版社 2009 年版，第 461—578 页；马克思、恩格斯：《共产党宣言》，载《马克思恩格斯选集》第 1 卷，人民出版社 1995 年版，第 248—307 页。

② 《马克思恩格斯选集》第 4 卷，第 695—696 页。

与此同时，我们也要质疑一种反复出现的论调，它认为中国马克思主义承认上层建筑有能力影响社会变革的观点是一种妥协，由此把中国马克思主义看作是非正统的。

二、普列汉诺夫和列宁：正统马克思主义的确立与辩护

在我看来，尽管有证据表明辩证唯物主义起源于恩格斯而不是马克思，但是这种观点仍然认为正统马克思主义哲学的出现依赖于马克思与恩格斯思想相近的假设。那些最早对辩证唯物主义进行系统化整理的著作显然认为恩格斯的哲学著作是马克思本人思想的扩展。就此而言，新出现的正统哲学可以宣称其与马克思的一致性，并且断言自己的合法性①。

俄国马克思主义者普列汉诺夫（1856—1918）是正统马克思主义哲学确立过程中最重要的一个人物。他确实被一些人誉为创造、使用"辩证唯物主义"（可能是在 1891 年）的第一人②。他还追随恩格斯《反杜林论》的脚步，意识到哲学的政治意义，后来以充满论辩色彩的方式写作哲学著作。典型的例子是他的《战斗唯物主义》（1908）和《论唯物主义的历史观》（1897），这两部著作被指责带有对亚历山大·波格丹诺夫等人的情绪化抨击。波格丹诺夫是马赫和阿芬那留斯的追随者，他批判了马克思主义哲学，特别是它的认识论观点。在普列诺夫看来，存在着一种正统的、正确的哲学思考方式，那些与之不符的方式都在哲学的

---

① 例如，乔丹（Jordan）认为"唯物辩证法的最终的、完整的形式是在马克思和恩格斯那里彻底形成的这一观念牢固树立在苏联哲学中"。Z.A. 乔丹（Z.A. Jordan）：《唯物辩证法的演变：一种哲学和社会学的分析》（*The Evolution of Dialectical Materialism: A Philosophical and Sociological Analysis*, London: Macmillan, 1967），第 x 页。

② 格雷厄姆（Graham）：《苏联的科学与哲学》（*Science and Philosophy in the Soviet Union*），第 25 页；亦参见汤姆·博托莫尔和麦斯米兰·鲁北尔（Tom Bottomore and Maximilan Rubel）主编：《卡尔·马克思：社会学和社会哲学著作选》（*Karl Marx: Selected Writings in Sociology and Social Philosophy*, Harmondsworth: Penguin, 1963），"导言"；以及乔丹（Jordan）：《唯物辩证法的演变》，第 184 页。不过，约翰·格伯(John Gerber) 称，是被马克思赞扬过其思想的德国"工人哲学家"狄慈根（1828—1886）首次创造了"辩证唯物主义"这一术语。参见约翰·格伯为瑟奇·布里西亚内（Serge Bricianer）的《潘涅库克和工人议会》（*Pannekoek and the Workers' Councils*, Saint Louis: Telos Press, 1978）所写的"序言"，第 4 页。

领域之外。从《战斗唯物主义》中摘录的下述段落具有大量俄国马克思主义哲学著作的充满论辩色彩的典型特征；我们也能从中看到，正统马克思主义所确立的原则被用于攻击和清除被视为威胁的波格丹诺夫和德波林的观点：

> 先生，如果您以为我仿佛多少是在清晰地暗示：应当把您，如果不是"处绞刑"，也要尽可能在短期内"放逐"出马克思主义的领域之外，那末您的这一想法也是大错特错了。如果有人想这样对付您，他首先就感觉到，他是无法实现自己的这一严厉的愿望的。不管董巴兹有多大的创造奇迹的力量，他也不能把不住在自己管辖地区的人从这一地区放逐出去。同样地，任何思想界的霸王也没有可能从自己的学说领域"放逐出"一个原来是在这一领域之外的"思想家"。而您正是在马克思主义的领域之外，这是凡知道这一学说是以辩证唯物主义为基础，并且了解您是不拥护而且也不能拥护唯物主义的观点的坚定的马赫主义者的那些人所明白了解的。[1]

非常有意思的是，对辩证唯物主义公式的正统的马克思主义哲学的解释出自普列汉诺夫与俄国民粹派特别是米海洛夫斯基的论战，米海洛夫斯基曾经在19世纪90年代早期攻击过马克思主义。为了回应这些攻击，普列汉诺夫撰写了他的名著《论一元论历史观的发展》（1894）。普列汉诺夫在书中重申了恩格斯关于哲学史是唯物主义和唯心主义的斗争史的观点。然而，尽管坚定地捍卫唯物主义[2]，普列汉诺夫坚称辩证法包含在黑格尔主义的唯心主义哲学中，特别是"任何现象都转变为它的对立面"和质量互变以及运动内在于一切现象等观念中[3]。普列汉诺夫的确改变了恩格斯在《自然辩证法》中概述的辩证法三大规律的顺序，并且突出了对立统一规律的首要地位。列宁延续了这一做法，后来的苏联马克思主义直到斯大林的《辩证唯物主义和历史唯物主义》（1938）都继承了这一

---

① 普列汉诺夫：《反对哲学中的修正主义》，刘若水译，人民出版社1957年版，第328—329页。

② 不过，乔丹（Jordan）认为普列汉诺夫不支持恩格斯的绝对唯物主义，因为普列汉诺夫注意到了康德批判包括唯物主义在内的一切形而上学推断的纯粹理性的含义，他支持的是乔丹（Jordan）所称的"演变的唯物主义（genetic materialism）"。参见乔丹（Jordan）：《唯物辩证法的演变》（*The Evolution of Dialectical Materialism*），第185—188页。

③ George Plekhanov, *In Defence of Materialism: The Development of the Monist View of History* (London: Lawrence and Wishart, 1947), pp. 91-107.

观点①。

　　但是，在普列汉诺夫看来，黑格尔的观点具有神秘主义的特征，它把理性看作是历史的造物主，认为理性与人类存在的物质条件无关。黑格尔哲学中的辩证法（"对现象的发展、起源和毁灭的反思"）必须与对人类历史中尚未展开的生产过程的意义的唯物主义解释结合在一起。普列汉诺夫认为，这就是马克思的天才之处②。马克思肯定了物质生产力在历史发展中的首要意义："在生产力的特定状态的基础上出现了相应的生产关系，它们表现为人类的法律观念和或多或少的'抽象法则'以及不成文的习惯和成文法律等观念形式。"③尽管完全引用了马克思1859年的《〈政治经济学批判〉序言》④，但是，普列汉诺夫并不认为上层建筑的机构对社会的经济基础没有影响，虽然它们的影响是有限的。普列汉诺夫坚称，"政治与经济之间存在相互作用，因为政治机构影响经济生活。它们要么促进发展，要么阻碍发展。"⑤不过，他说得很清楚，历史分析的起点是生产力，因为虽然政治机构可能促进或阻碍经济生活的发展，但是社会经济基础的发展对历史进程起主要作用。他在抨击米海洛夫斯基时坚称，"辩证唯物主义认为不是人们的意识决定他们的存在，而是相反，是人们的存在决定他们的意识；不是在特定社会的哲学而是在特定社会的经济中寻找理解特定状况的钥匙。"⑥因此，"辩证唯物主义是唯物主义历史观发展的最高点。"⑦

　　不过，普列汉诺夫对辩证唯物主义的最为系统的说明是在他的后期著作之一《马克思主义的基本问题》（1908）中⑧。在这本书中，普列汉诺夫主张马克思和恩格斯哲学观点的一致性。正如我们已经看到的，这是把辩证唯物主义建构为正统马克思主义哲学的重要前提⑨。他还详尽阐述了马克思和恩格斯对费尔巴哈

---

① 参见乔丹（Jordan）：《唯物辩证法的演变》（*The Evolution of Dialectical Materialism*），第188—190页。

② Plekhanov, *In Defence of Materialism*, p. 138.

③ Ibid, p. 180.

④ Ibid, p. 175.

⑤ Ibid, pp. 185–186.

⑥ Ibid, p. 292.

⑦ Ibid, p. 291.

⑧ 普列汉诺夫：《马克思主义的基本问题》，张仲实译，人民出版社1957年版。

⑨ George Plekhanov, *Fundamental Problems of Marxism*, London: Martin Lawrence Ltd, n.d., pp. 3-4.

思想的吸收；不过，费尔巴哈在与黑格尔主义哲学的思辨、唯心主义特征斗争时没有意识到也没有利用它的辩证要素。马克思和恩格斯填补了这一缺口，抓住了结合费尔巴哈唯物主义和黑格尔辩证方法的重要性，因为只有这样，人类史的运动、变化和发展才能得到解释①。普列汉诺夫强调运动以及运动和矛盾之间的联系在辩证唯物主义中的中心地位："物质的运动是所有自然现象的基础。但是运动是一个矛盾。"② 他还认为，存在于观念中的矛盾"不过是把存在于现象中的矛盾反映或是翻译为思想的语言，这些矛盾的根源在于现象的共同基础即运动的矛盾本质"③。

对于普列汉诺夫和列宁而言，现实中的矛盾怎样令人信服地反映在人类思想中，这是一个充满争议的问题。在《战斗唯物主义》中，普列汉诺夫作出了思想与物质现实中的对象之间的常见的二元论区分，但是，他相信对象能够反映在人类思想中，不仅仅是作为感官印象的结果作用于人类神经系统，而且是作为经验和实践的结果，从而允许人们验证他们的观念；如果真是如此，那么"我们的知觉符合于所知觉到的事物的客观本性"④。在与《战斗唯物主义》同一时期写成的《唯物主义和经验批判主义》中，列宁同样捍卫了"正统"马克思主义，批判了波格丹诺夫和巴扎洛夫等马赫哲学的追随者，还不厌其烦地阐述了辩证唯物主义的认识论。列宁宣称："唯物主义理论，意识反映对象的理论，是在 [恩格斯的《社会主义从空想到科学》的序言中] 清晰地表达出来的：事物存在于我们外部。我们的观念和思想是它们的图像。验证这些图像，区分真实与虚假的图像，是实践所给予的。"⑤ 然后，列宁意识到，获得关于现实的正确反映依赖于一个辩证过程，在这个过程中，无数相对真理的结合提供了终极的、绝对的真理；这样，这个知识过程拥有了一个历史维度，在这个维度上，人类主体在社会背景中的实践居于中心位置⑥。

尽管《唯物主义和经验批判主义》主要关注的是辩证唯物主义的认识论方面，

---

① George Plekhanov, *Fundamental Problems of Marxism*, pp. 26—27.

② Ibid, p. 113.

③ Ibid, p. 119.

④ 普列汉诺夫：《反对哲学中的修正主义》，刘若水译，人民出版社 1957 年版，第 382 页，引自恩格斯。

⑤ V.I. Lenin, *Materialism and EmpirioCriticism*, Peking: FLP, 1972, p. 119.

⑥ Ibid, pp. 152—153.

但是，在晚年的《哲学笔记》（1914—1915）中，列宁细致地探讨了马克思主义哲学的辩证法因素，论证了矛盾及其斗争在一切现象和过程中的首要地位。正如他在《谈谈辩证法问题》（1915）所指出的：

> 对立面的同一……就是承认（发现）在自然界（也包括精神的和社会的）的一切现象和过程具有矛盾着的、相互排斥的、对立的倾向。要认识在"自己运动"中、自生发展中和蓬勃生活中的世界一切过程，就要把这些过程当作对立面的统一来认识。发展是对立面的"斗争"……对立面的统一（一致、同一、均势）是有条件的、暂时的、易逝的、相对的。相互排斥的对立面的斗争是绝对的，正如发展、运动是绝对的一样。①

在其《黑格尔〈逻辑学〉一书摘录》中，列宁将这一观点总结为："可以把辩证法简要地规定为关于对立面的统一的学说。"②与恩格斯在《自然辩证法》中一样，他还提出了包括否定之否定和质量互变规律在内的辩证法要素③。列宁对这些辩证法规律和范畴的肯定明显影响了1931年以后成为正统观点的各种辩证唯物主义，他的观点也被20世纪30年代早期的苏联哲学著作广泛引用。

列宁同意普列汉诺夫，也反对那种认为马克思主义无视上层建筑的历史作用的观点。跟普列汉诺夫一样，列宁接受了马克思主义理论的唯物主义基础，相信经济力量（生产方式和经济关系）在历史变革中发挥支配性的作用。这些观点明显体现在他的《俄国资本主义的发展》和《帝国主义是资本主义发展的最高阶段》中④。然而，列宁相信，植根于社会存在的物质条件、最初发端于经济层面的阶级斗争最终导致政治斗争，这种政治斗争将与各种相对立阶级的政治组织和政党结合在一起。这些组织和政党在政治斗争所取得的胜利会对经济层面的阶级斗争的结果产生显著的、在一定程度上是决定性的

---

① 《列宁选集》第2卷，人民出版社1995年版，第557页。
② 同上书，第412页。
③ 同上书，第411—412页。
④ 参见《列宁选集》第1卷，人民出版社1995年版，第160—238页；《列宁选集》第2卷，第575—688页。

影响。列宁认为马克思所建立的唯物主义理论意识到了政治斗争的重要性，他还引证了马克思的许多著作（例如，《路易·波拿巴的雾月十八日》和《法兰西内战》），用以反驳对马克思观点的决定论理解。这种理解否认了人们的政治行动在历史进程中的意义。列宁指出，"马克思提供了用唯物主义观点研究历史、分析每个阶级以至一个阶级内部各个集团或阶层所处地位的光辉而深刻的范例，透彻地指明为什么和怎么说'一切阶级斗争都是政治斗争'。"①这一观点合乎逻辑地导向这种结论，即投身于阶级斗争的人们必须投入大量时间和精力，以解决政治组织和策略方面的问题，因为没有成功的政治斗争，经济层面的斗争就会缺少团结和方向。对于列宁而言，最为重要的是革命政党的建立，它能够追求无产阶级的阶级利益，因为没有这样的政党，无产阶级的事业会受到损害。列宁革命政党理论的核心是坚持强有力领导的必要性，因为"在现代社会中，假如没有'十来个'富有天才……经过考验、受过专业训练和长期教育并且彼此配合得很好的领袖，无论哪个阶级都无法进行坚持不懈的斗争。"②

　　这样，在理解历史唯物主义时，列宁和普列汉诺夫都准备承认上层建筑领域的有效性。两人的分歧不在于马克思主义是否应该包含政治行动，因为他们对此都持肯定态度，而是聚焦于在 20 世纪初俄国社会的背景下，政治行动推动并促成社会主义革命的程度。普列汉诺夫对俄国历史的理解强调它的亚洲式过去，在此基础上，他倡导与落后的俄国工业和资产阶级文化相协调的政治行动的渐进方式；与之相反，列宁觉察到俄国已经完全弥漫着资本主义的矛盾③，并且认为革命政党领导下的激烈变革有可能实现社会主义事业。在这场争论中，列宁关于社会变革动力的观点而不是普列汉诺夫的观点在革命运动中占据上风。俄国革命中布尔什维克的胜利，不仅增强了列宁理解俄国历史背景的观点的正确性，而且巩固了列宁解读辩证唯物主义和历史唯物主义的观点的正统性。

---

① 《列宁选集》第 2 卷，第 427 页。

② 《列宁选集》第 1 卷，第 401 页。

③ "在农民中，没有一种经济现象不具有这种资本主义制度所特有的矛盾形式"（《列宁全集》第 3 卷，人民出版社 1984 年版，第 146 页）。

三、苏联马克思主义中的辩证唯物主义和历史唯物主义

到了俄国革命时，关于存在正统的马克思主义哲学以及马克思主义理论者真正的当务之急是开展哲学思考和争论的观念已经牢固确立起来[1]。不过，在20世纪20年代初，尽管列宁坚持并捍卫定义正统马克思主义哲学的观点[2]，俄国仍然发生了一场重要的哲学论战。正如阿尔伯格（Rene Ahlberg）所言，"在20世纪上半叶，马克思主义哲学的原则完全没有得到充分地阐发。"[3]这场论战中的重要人物 C.K.米宁（Minin）和因契缅（Encmen）认为哲学是阶级社会遗留下来的过时之物，因而应该被科学所取代[4]。他们的观点后来被布哈林批评为"庸俗唯物主义"。波格丹诺夫的经验一元论试图在主体经验的基础上综合主体与客体[5]；斯捷潘诺夫（Stepanov）和季米里亚捷夫（Timiryazev）代表了"机械唯物主义者"，他们相信机械运动、外部的因果性和线性发展模式。"辩证唯物主义"的支持者们所反对的正是后一种哲学倾向，1929年他们批判机械论者所取得的胜利为1931—1936年间正统哲学观的出场拉开了帷幕。这种正统哲学观借助于像李达这样的中国哲学家的著作和译著对中国马克思主义产生了深远的影响。

在辩证唯物主义取得苏联马克思主义哲学正统地位的过程中扮演重要角色的

---

① 关于1917年以前布尔什维克党内的哲学观念的发展，参见乔瑞夫斯基（Joravsky）：《苏联马克思主义与自然科学（1917—1932）》（*Soviet Marxism and Natural Science, 1917—1932*, New York: Columbia University Press, 1961)，第22—44页。

② 列宁的《唯物主义与经验批判主义》第2版出版于1920年。列宁在这一版的序言中希望"它作为一本介绍马克思主义哲学即辩证唯物主义……的参考书"（《列宁选集》第2卷，第15页）。

③ 阿尔伯格（Rene Ahlberg）：《被遗忘的哲学家：德波林》（"The Forgotten Philosopher: Abram Deborin"），载利奥波德·拉培兹（Leopold Labedz）主编：《修正主义：马克思主义观念史文集》（*Revisionism: Essays on the History of Marxist Ideas*, London, George Allen & Unwin, 1962)，第129页。

④ 参见沃纳·迈斯纳（Werner Meissner）：《中国的哲学与政治：20世纪30年代的唯物辩证法论战》（*Philosophy and Politics in China: The Controversy over Dialectical Materialism in the 1930s*, London: Hurst and Co., 1990)，第16—17页。

⑤ 参见格雷厄姆（Graham）：《苏联的科学与哲学》（*Science and Philosophy in the Soviet Union*），第43页。

是德波林。他的传记作者阿尔伯格形容他是"不能遗忘的哲学家"①。正是德波林在 1925—1929 年间领导了批判"机械唯物主义者"的斗争，并且推进了辩证唯物主义的形式化和系统化过程。德波林和辩证唯物主义者在诸多基本哲学原理上与机械唯物主义者展开了争论。后者根据对恩格斯著作的某种特定理解，采取了一种极其严格的决定论视角，赞同一种进化的发展观，相信外部的因果性，并且敌视辩证法，斥之为"烦琐哲学"，还主张在苏联放弃对哲学和辩证法的学习和教学，用实证的科学取而代之②。德波林强烈反对这种对辩证法的攻击。他追随黑格尔和普列汉诺夫的脚步，认为辩证法是逻辑学、本体论和认识论的结合，辩证方法由此奠定了自然科学的基础。德波林坚称发展遵循辩证的方式，发展过程中的跳跃是现象自身的矛盾所导致的；他还认为，辩证法的对立统一规律是理解自然界的基础，因此，它应该充当理论物理学的基础③。

德波林和他的支持者们对辩证唯物主义基本命题（对立统一、内在因果性和跳跃式发展）的坚定捍卫和进一步阐发不只是在学术争论中占据优势。20 世纪20 年代后期，德波林倡导的辩证唯物主义的拥护者们逐渐成功地控制了重要的学术机构，例如，一些科学组织（典型的如享有盛誉的苏联科学院）④、大学和专业团体。在这些团体中，德波林领导的"战斗的唯物主义者和辩证法者团体"成立于 1929 年，几乎覆盖了整个俄国；从 1926 年到 1930 年，德波林还担任过《马克思主义旗帜下》这份重要哲学期刊的主编⑤。辩证唯物主义的支持者们组成的团体的日益增长的影响伴随着，同时也在一定程度上证明了共产党对哲学和科学日益强化的控制；这些领域逐渐凸显出其对于党的目标的重要性，因而不能保持其自治性。1929 年 4 月，党宣布机械唯物主义是"一种明显偏离马克思列宁主义哲学的学说"。从此，这一断言不仅预示着作为自由争论领域的哲学走向终结，而且意味着党将是评判哪一种马克思主义成为正统观点的最终决定者，这一观念

---

① 阿尔伯格（Rene Ahlberg）：《被遗忘的哲学家》（*The Forgotten Philosopher*），第 126—141 页。

② 同上书，第 129—132 页。

③ 同上书，第 134 页。

④ 关于政治和意识形态因素对学术事务的日益增长的主导形势的分析，参见洛伦·格雷厄姆（Loren R. Graham）：《苏联科学院与共产党（1927—1932）》（*The Soviet Academy of Sciences and the Communist Party, 1927—1932*, Princeton: Princeton University Press, 1967）。

⑤ 阿尔伯格（Rene Ahlberg）：《被遗忘的哲学家》（*The Forgotten Philosopher*），第 132 页。

自 1931 年以后变得根深蒂固①。

四、苏联马克思主义哲学：作为"正统"的辩证唯物主义（1931—1936）

辩证唯物主义通过德波林派战胜机械唯物主义而在 1929 年成功取得的正统地位由此部分地支持了这一信念，即一种辩证的而不是机械的唯物主义更为密切地接近马克思主义的哲学传统。归根结底，机械论者可能援用恩格斯著作中的实证主义和进化论的论述，辩证唯物主义者同样能够诉诸普列汉诺夫和列宁的观点，尽管这些观点不能为他们的辩证法要素提供更好的论证。普列汉诺夫和列宁都把主要源自黑格尔和马克思的辩证唯物主义视为"正统"马克思主义。这样，辩证马克思主义的优势地位部分地取决于它的早期拥护者们如恩格斯、普列汉诺夫和列宁的意识形态权威，以及自身概念和观念的说服力②。就此而言，受到黑格尔和普列汉诺夫哲学深刻影响的德波林无疑坚信辩证唯物主义的优越性，他不遗余力、富有成效地宣传辩证唯物主义观点，并且通过自己的著作和活动说服了新生代的苏联哲学家③。他的影响波及中国的哲学家，李达就是其中一位。李达后来承认，在德波林被打倒后，他的思想受到了德波林解释辩证唯物主义的黑格尔主义维度的极大影响。

尽管如此，在苏联，辩证唯物主义的正统地位的确立不完全是马克思主义哲学的德波林式理解的思想说服力的结果，还由于辩证唯物主义的支持者日益控制了重要机构，最终则是因为党的干预，因为党——它如今是由斯大林所牢牢掌控的——认定哲学、科学和历史这样的智识探索领域对于社会主义如此重要，以至

---

① 阿尔伯格（Rene Ahlberg）：《被遗忘的哲学家》（*The Forgotten Philosopher*），第 134 页。

② 在许多西方著作中流行的是贬低辩证唯物主义的哲学意义。不过，对辩证唯物主义的辩护，可参见格雷厄姆（Graham）：《苏联的科学与哲学》（*Science and Philosophy in the Soviet Union*），第 2 章。

③ 李达确实读过德波林写于 1908 年的《辩证唯物主义哲学导论》并受其影响，参见阿尔伯格（Rene Ahlberg）：《被遗忘的哲学家：德波林》（*The Forgotten Philosopher*），第 126 页。关于列宁对德波林 1909 年的《辩证唯物主义》的批判性批注，参见《列宁全集》第 55 卷，人民出版社 1990 年版，第 516—522 页。

于不能允许那些可能不利于党的观点的存在。党对哲学的日益强化乃至最后的完全掌控不仅能够解释 1929 年德波林和辩证唯物主义者对机械论者的胜利，而且可以解释德波林自己为何在 1931 年 1 月失势了。早在 1930 年 4 月，德波林主义者就已经受到了红色教授学院的成员马克·米丁、尤金（Pavel Yudin）和瓦西里（Vasili Raltsevich）等人的批判。值得注意的是，这一批判主要不是针对德波林及其追随者提出的理论论证，而是针对他们不愿意"迅速支持党的各种实践措施"。1930 年 6 月《真理报》上的一篇文章指责他们"缺少党性观念（party-mindedness）"，说他们是"极端形式主义，别有用心地将哲学与国家的现实问题相分离。"1930 年 12 月，德波林的观点最终被斯大林贴上了"孟什维克唯心主义"，并且被认为是受到了黑格尔和普列汉诺夫思想的严重影响①。不过，德波林哲学的基本原则在 1931 年以后并没有被推翻，尽管在实践中对它们的解读减少了黑格尔主义的色彩②。界定 1931 年以后苏联哲学的关键是它完全由党所支配。如今，"正统"是被政治地定义并强化的；这会导致一种形式化的辩证唯物主义，在这一过程中，思辨的、创造性的思想消失了，只剩下对经过批准的辩证唯物主义原则的不断重复③。

　　20 世纪 30 年代初苏联哲学中盛行的形式化、重复性的正统观念可以与李达对辩证唯物主义的解读进行更为直接的比较，我们在后面的章节中将进行这一比较。在这里我们首先有必要简要建构正统的苏联辩证唯物主义。我们关注的是这一哲学的一些基本前提、法则及其相对意义，它的认识论和它考察社会变革问题的方法。这一考察将为我们评价李达对马克思主义哲学的解读的来源和正统性程度奠定基础。

---

① 1907 年德波林实际上脱离了布尔什维克党，成为一名孟什维克。他直到 1928 年才重新加入苏联共产党。

② 参见尤金·卡缅卡（Eugene Kamenka）：《苏联哲学（1917—1967）》（"Soviet Philosophy, 1917—67"），载亚历克斯·西米连科（Alex Simirenko）主编：《苏联的社会思想》（*Social Thought in the Soviet Union*, Chicago: Quadrangle Books, 1969），第 95 页；以及阿尔伯格（Rene Ahlberg）：《被遗忘的哲学家》（*The Forgotten Philosopher*），第 136—140 页。"孟什维克唯心主义"这一贬义术语经常出现在 20 世纪 30 年代初以来的苏联哲学教科书中，李达读过并翻译过这些教科书，所以他毫无疑问地认为德波林是马克思主义哲学世界中的被遗弃者。

③ 关于苏联哲学著作中的重复现象，参见卡缅卡（Eugene Kamenka）：《苏联哲学（1917—1967）》（"Soviet Philosophy, 1917—67"），第 95 页；亦见德·乔治（De George）：《苏联思想诸模式》（*Patterns of Soviet Thought*），第 193 页。

在德波林失势以后，米丁是苏联哲学的杰出发言人。在他看来，辩证唯物主义的基本前提是，世界是物质的，构成世界的客体是由独立存在于人类意识之外的物质所组成的①。米丁大量引用恩格斯的论述，认为物质世界的活动如运动、变化和发展都受到一些基本的自然规律的支配。其中首要的规律是对立面统一的规律，有时它又被称为对立面的统一和斗争②。这一规律假定一切对象和过程都存在对立面或矛盾。组成客体的对立面之间的统一是客体存在的本体论前提；不过，对立面的存在同时也是客体变化和发展的前提，因为只有当对立面同时存在对立与斗争时，才能确保整个世界的客体都无法摆脱导致变化的规则。于是，运动、变化和发展的根本原因就是内在的。由于对立面或矛盾的存在为物质世界的变化和运动提供了最初的动力，描述这一切的对立统一规律因而成为辩证法最重要的规律。米丁在《辩证唯物论与历史唯物论》中断言：

> 因此，对立面的统一和相互渗透规律成为辩证法最基础的、最重要的以及具有决定性意义的规律……列宁在《哲学笔记》中把对立统一规律描述为辩证法的核心……对立统一规律是客观世界和认识的最普遍规律。③

同样的论述出现在 20 世纪 30 年代初到中期的其他苏联教科书中。20 世纪 30 年代初，李达把西洛可夫和爱森堡的《辩证唯物主义教程》译为中文④，这部著作把对立统一规律看作是"辩证法最基本的规律"和它的"决定性因素"⑤。同样地，拉兹莫夫斯基（Razumovisky）在米丁主编的《新哲学大纲》中评论了这一规律的决定性和普遍性意义⑥；而另一部苏联教科书《辩证唯物主义哲学纲要》

---

① 米丁：《辩证唯物论与历史唯物论》，沈志远译，商务印书馆 1936 年版，第 160—161 页。

② 同上书，第 212 页。亦见维·尼-科洛斯科夫：《苏联马克思主义列宁主义哲学史纲要（三十年代）》，徐小英、王淑秋译，求实出版社 1985 年版，第 55 页。

③ 同上书，第 222 页，亦见第 212—213 页。

④ 奈特（Knight）主编：《毛泽东论唯物辩证法》（*Mao Zedong on Dialectical Materialism*），第 31—35、267—277 页以及其他多处。

⑤ 西洛可夫、爱森堡等：《辩证法唯物论教程》，李达、雷仲坚译，笔耕堂书店 1935 年版，第 15、309 页。李达将他翻译的这部苏联教科书当作自己的《社会学大纲》的模板。在这部毛泽东阅读并批注过的《社会学大纲》中，李达认为对立统一法则是辩证法的"基本法则"，它包含了唯物辩证法的其他法则和范畴。参见《李达文集》第 2 卷，人民出版社 1981 年版，第 132 页。

⑥ 米丁编：《新哲学大纲》，艾思奇、郑易里译，读书生活出版社 1936 年版，第 238 页。

也认为对立统一规律是辩证法和辩证逻辑的基础①。由此我们可以得出结论，从这一时期开始，苏联马克思主义的正统版本中的核心因素是这一信念，即在辩证唯物主义的众多规律和范畴中，对立统一规律占据首要位置。

辩证唯物主义的第二、第三条规律是质量互变规律和否定之否定规律。对立统一规律描述了变化和发展的本体论基础，而另外两条规律是关于变化自身的过程以及变化为什么会导致跳跃而不是渐进和稳定的。在米丁看来，质量互变规律认为变化采取不同的形式；那些渐进的、积累的且不会改变现象的内在本质的变化叫做量变；不过，这些量变最终会达到某一点，现象的本质在那里会成为具有质的差异的东西。于是，一种新现象产生了，尽管它还会保持旧现象中的因素。米丁和其他苏联哲学家认为，导致这一切的原因可以解释为否定之否定规律，它是对立统一规律的具体表现②。否定之否定规律描述了矛盾在现象运行过程中的斗争方式。在这两种彼此矛盾的因素中，一种代表旧事物和稳定性，而另一种代表新事物、变化和进步；两者之间斗争的解决最终导致后者战胜前者，后者对前者的否定（即否定之否定）产生进步，以及包含着旧因素的新现象的出现。米丁以黑格尔式的三段论形式——正题、反题、合题——阐述了这一规律。合题同时代表了对正题和反题的否定和保留③。在米丁和其他苏联哲学家看来，否定之否定规律解释了变化过程的周期性以及为什么变化的趋势不是随意的，而是进步的④。

在 20 世纪 30 年代初的苏联哲学教科书中，认识论问题也是非常重要的。米丁和其他苏联哲学家紧紧追随列宁，强调认识过程的辩证性质。对现实的认识是一个反映过程，现实被反映在主体的大脑中；这一反映不是立即发生的，而是经过了一系列阶段，由此主体获得了对现实及其内在联系、运动和发展规律的更为深刻的理解。理性认识或概念是由知觉发展而来的；知觉是理性认识的初级材料。但是，我们如何知道概念准确地反映了现实呢？答案是实践，因为实践是认

---

① 维·尼-科洛斯科夫：《苏联马克思主义列宁主义哲学史纲要（三十年代）》，徐小英、王淑秋译，求实出版社 1985 年版，第 56 页。

② 米丁：《辩证唯物论与历史唯物论》，第 247 页。亦见西洛可夫、爱森堡等：《辩证法唯物论教程》，第 348 页。

③ 同上书，第 253 页。

④ 亦见西洛可夫、爱森堡等：《辩证法唯物论教程》，第 271—276、321—348 页。

识运动的基础，也是检验真理的标准①。源自感性认识的理性认识必须经过实践的检验，而最重要的实践形式是社会实践。普列汉诺夫和德波林都由于不够重视认识主体的社会实践而受到批判。在米丁看来，社会实践不仅仅是认识过程的基础，还引入了认识的"党性"的重要性，因为认识不仅必须是真实的，而且必须是有用的，正因为它是有用的，它必须服务于社会的需求。在苏联，这种社会的需求意味着由共产党所指定的社会需求和目标。

基于同样的原因，1931年以后的苏联马克思主义反对对马克思主义的严格意义上的经济决定论解读。在苏维埃的历史辩论中，"经济唯物主义"主张经济基础在历史变革和发展中的决定性作用。著名历史学家波克洛夫斯基（Pokrovsky）拥护这一观点，并且把他的解释完全建立在经济因素之上。然而，自从1917年以来，党认为，这一观点歪曲了上层建筑的真实作用和意义，特别是国家和它的计划部门在社会主义改造过程中的作用。结果，1931年以后出现的正统观念意识到"上层建筑的能动作用"以及它"与经济基础的相互作用"②，经济唯物主义的支持者们被迫放弃自己的主张。1930年，波克洛夫斯基承认："根据纯粹的经济学解释，如果要求仅仅是由经济规律所产生的……它就不可能预见实际发生的——即我们跨越到社会主义，这既符合每一规律，又挑战了狭隘的经济规律。"③的确，"经济唯物主义"概念与托洛茨基和普列汉诺夫的观点联系在一起，打击这一概念因而变得更为紧迫。1938年，斯大林在《论辩证唯物主义和历史唯物主义》中这样概括了1930年初党的理论家中出现的观点和他自己反对"经济唯物主义"的观点：

> 在新生产力成熟以后，现存的生产关系以及体现这种生产关系的统治阶级就变成"不可克服的"障碍，这只有通过新兴阶级的自觉活动，只有通过这些阶级的暴力行为，只有通过革命才能扫除。在这方面特别明显地表现出新社会

---

① 亦见西洛可夫、爱森堡等：《辩证法唯物论教程》，第193—211页。亦见米丁：《辩证唯物论与历史唯物论》，第172—186页，以及米丁编：《新哲学大纲》，第341—411页。

② 维·尼-科洛斯科夫：《苏联马克思主义列宁主义哲学史纲要（三十年代）》，徐小英、王淑秋译，求实出版社1985年版，第111—113页。

③ 康斯坦丁（Konstantin F. Shteppa）：《俄国历史学家与苏联国家》（*Russian Historians and the Soviet State*, New Brunswick, New Jersey: Rutgers University Press, 1962），第67、101、112页。

思想、新政治设施和新政权的巨大作用，它们的使命就是用暴力消灭旧生产关系。在新生产力同旧生产关系冲突的基础上，在社会新的经济需要的基础上产生出新的社会思想，新思想组织和动员群众，群众团结成为新的政治大军，建立起新的革命政权，并且运用这个政权，以便用暴力消灭生产关系方面的旧秩序，建立新秩序。于是，自发的发展过程让位给人们自觉的活动……①

我们已经看到，对社会变革的病因学式解读能够在恩格斯和普列汉诺夫的著作中找到根据，他们都承认上层建筑在历史变革中的一定意义。同样，列宁强调党作为革命性变革的行动者的角色以及阶级斗争的政治维度，促进了对马克思主义社会理论的解读，这一解读比对马克思主义的渐进的、经济决定论式的解读具有更为激进的政治含义②。

五、辩证唯物主义：与日本的联系

行动主义与决定论、经济基础与上层建筑之间的张力也是日本马克思主义者们争论的话题。马克思主义理论起初是被当作"科学社会主义"介绍到日本的，其重点是它的决定论和机械论的方面，特别是恩格斯著作中的相关内容。"科学社会主义"认为，经济基础是变革中占主导地位的决定性因素，上层建筑不过是由"现实基础"所产生的推动力的苍白反映。从这一角度来看，马克思主义被视为一种经济学说。不过，一些更具有影响力的日本马克思主义理论家意识到马克思著作全集中两大明显冲突的主题：一种是在他的经济学著作，特别是《资本论》（1920 年被译为日文）中显著的渐进的、决定论的主题；另一种是强调社会变革过程中人们的意识和积极角色的政治主题③。后一主题在《共产党宣言》和《路

---

① 《斯大林选集》下卷，人民出版社 1979 年版，第 542—453 页。

② 列宁：《怎么办？（我们运动中的迫切问题）》。

③ 尽管日本马克思主义者追求马克思列宁主义的政治主旨的程度值得怀疑，甚至在俄国革命后也是如此。参见盖尔·伯恩施坦（Gail Lee Bernstein）：《俄国革命，早期日本社会主义者，以及教条主义问题》（"The Russian Revolution, the Early Japanese Socialists, and the Problem of Dogmatism"），《共产主义比较研究》（*Studies in Comparative Communism*），Vol. IX, No. 4 (Winter 1976)，第 327—348 页。

易·波拿巴的雾月十八日》中格外突出。《共产党宣言》在 1904 年由堺利彦（Sakai Toshihiko）译为日文，是最早被译为日文的马克思著作之一①。决定论与有意识的行动之间的张力在《路易·波拿巴的雾月十八日》的著名段落中表现得特别明显，这一段落经常被用来印证对马克思关于社会变革观点的政治式解读："人们自己创造自己的历史，但是他们并不是随心所欲地创造，并不是在他们自己选定的条件下创造，而是在直接碰到的、既定的、从过去承继下来的条件下创造。"②

哪一种解读马克思社会变革理论的方式是准确的呢？是否有必要作出选择，还是说有可能通过一种辩证的思考来调和二者之间的张力呢？③ 日本马克思主义者对这一困境的回应影响着我们对李达在传播马克思主义哲学过程中的贡献的分析，因为正如我们已经看到的，李达是在日本，在日本马克思主义者的影响下开始学习马克思主义的。第一波抵达中国的许多马克思主义理论著作来自日本，正是李达和其他许多中国激进分子把马克思主义著作的日文本而不是原始的德文本或俄文本翻译为中文④。不仅如此，李达在 1923 年脱离中国共产党后还长期持续地翻译日本马克思主义者的著作，这对马克思主义在中国的发展产生了持久的影响。

河上肇（1879—1946）是最著名的日本马克思主义者之一，20 世纪 10 年代末李达跟随他学习。河上肇的许多马克思主义著作被译为中文，有一些是李达所翻译的，这些著作确实是最早被引入中国的马克思和马克思主义著作中的一部分⑤。尽管河上肇意识到经济因素在制造贫困和社会不公中的重要性，但他并

---

① 杰曼·霍斯顿（Germaine A. Hoston）：《马克思主义与战前日本的发展危机》（*Marxism and the Crisis of Development in Prewar Japan*, Princeton: Princeton University Press, 1986），第 43 页。

② 《马克思恩格斯选集》第 1 卷，人民出版社 1995 年版，第 585 页。

③ 例如，卢卡奇指出，"宿命论和唯意志论只是从非辩证的和非历史的观点来看才是彼此矛盾的。从辩证的历史观来看，它们则是必须互相补充的对立面"（卢卡奇：《历史与阶级意识》，杜章智、任立、燕宏远译，商务印书馆 1992 年版，第 51 页）。

④ 尽管在翻译德文著作的日本译本时，李达比较了日文译本和德文原著，参见他为郭泰的《唯物史观解说》所写的"译者附言"（郭泰：《唯物史观解说》，中华书局 1920 年版，"附录"第 7 页），但他承认自己得到了朋友李汉俊的帮助。李汉俊的德语好过李达。

⑤ 参见德里克（Dirlik）：《中国共产主义的起源》（*The Origins of Chinese Communism*），第 99—103 页。德里克认为河上肇对这一时期的中国激进人士的影响极为深远："毫不夸张地说，随后的五四运动期间中国思想界对马克思主义的认识是由河上肇所塑造的。他关注的重点成为中国知识分子所关注的，他的怀疑表现为他们的疑虑。"（第 105 页）

不接受对马克思社会变革理论的完全经济学的解读，因为这没有给人类行动的意识和独立作用留下空间。河上肇非常关注伦理行为、自我牺牲、责任和自我克制等美德的重要性，这些美德能使人们对社会不公作出理性反应。河上肇指出，革命不只是一种盲目的自然力量，而是人们的行动；"既然社会组织是个体的联合所组成的，社会组织的变革就不同于自然现象，它们的构建和破坏都是由人类的力量和行动所造成的……它不是一种自然的变化。"①1920 年初河上肇对俄国革命的研究也强化了他的这一信念，即马克思主义确实注意到了有意识的人类意志在塑造历史时的重要性②。

其他著名的日本马克思主义者跟河上肇一样，都关注对马克思主义的经济决定论解释。山川均在一篇文章中论证道，马克思的经济学说不只是他全部理论的一部分，其中包含了论述革命无产阶级和阶级斗争必要性的能动因素③。这篇文章被李达译为中文，发表在 1921 年的《新青年》上。同样，杉山荣的《社会科学概论》（1929）给予了政治、法律和意识形态等上层建筑反抗经济基础的能力相当多的注意。1903 年李达和钱铁如翻译并出版了这部著作。这种对唯物主义历史观颇有意思的解释代表着调和经济决定论与政治行动和正确意识的重要性的一种初级且细致的努力。这种努力导致了这样一种分析模式，它既强调社会不同因素的相互联系和彼此间的因果作用，又试图为经济基础保留一定程度的因果首要性。杉山荣的唯物主义历史观解释就试图阐述恩格斯在 1890 年致布洛赫的信中提出的观点，即经济在最终意义上是决定性因素。在第五章论及李达的翻译家活动时，我们将更加细致地分析这部分的内容。

毫无疑问，一些日本马克思主义者对马克思主义中的决定论与人类有意识的行动之间张力的关注使得他们与李达联系在一起。至少可以说，日本著名马克思

---

① 不过，需要注意的是河上肇由于其伦理学说以及"他为了成为一名'纯粹的'马克思主义者而致力于清除自己对非正统观点的阐释"而受到其他日本马克思主义者的批评。参见伯恩施坦（Bernstein）：《俄国革命，早期日本社会主义者》（"The Russian Revolution, the early Japanese Socialists"），第 340 页；以及盖尔·伯恩施坦（Gail Lee Bernstein）：《日本马克思主义者：河上肇（1879—1946）肖像》（*Japanese Marxist: A Portrait of Kawakami Hajime*, 1879—1946, Cambridge Mass.:Harvard University Press, 1976），第 119—123 页，引文出自该书第 120 页。

② 伯恩施坦（Bernstein）：《日本马克思主义者》（*Japanese Marxist*），第 124 页。

③ 卢克（Luk）：《中国布尔什维克主义的起源：一种形成中的意识形态（1920—1928）》（*The Origins of Chinese Bolshevism: An Ideology in the Making, 1920—1928*），第 49 页。

主义者如河上肇和山川均对马克思主义的政治维度的重视使得李达对马克思主义的解读有可能避免极端的经济主义和决定论①。我们将在后面的章节中考察他受到了哪一种影响。

河上肇和杉山荣等日本马克思主义者同样强化了马克思主义的哲学维度日益增长的重要性。20世纪20年代中期，为了弄清楚来自苏联的新哲学材料，河上肇抓住黑格尔的德国唯心主义，并达到了对马克思主义的完整理解，实现了对经济学和哲学的综合②。这在他的《马克思主义的哲学基础》(1929) 和《马克思主义经济理论基础》中表现得非常明显。它们都包含了对马克思主义哲学的大量论述。后一部著作写于1929年，由李达和其他人在1930年译为中文。这部著作完成于1931年苏联批判"孟什维克唯心主义"之前，肯定并引用了德波林和普列汉诺夫的著作，还强调黑格尔和辩证法对于马克思主义哲学的意义，因此，它还花篇幅论述了对立统一、质量互变和否定之否定等规律③。正如伯恩施坦所说，这本经济学著作中对哲学的讨论表明，河上肇已经意识到辩证法的思维方式是马克思主义经济学的基础④。同样，杉山荣的《社会科学导论》也有论述辩证唯物主义的部分，这暗示着一种认为哲学是社会科学之基础的信念⑤。

六、李达与"正统"

本章主要有三个目的：第一是简明扼要地介绍马克思主义著作中的诸多概

---

① 在为他的中国经济研究做准备时，李达也受到了日本政治经济学家们的影响。参见他为《中国产业革命概观》所写的"编辑例言"（李达：《中国产业革命概观》，昆仑书店1930年版，第1—3页）。

② 伯恩施坦（Bernstein）：《日本马克思主义者》（*Japanese Marxist*），第137—143页；亦见杰曼·霍斯顿（Germaine A. Hoston）：《马克思主义与战前日本的发展危机》（*Marxism and the Crisis of Development in Prewar*），第47页。

③ 参见《毛泽东哲学批注集》，中央文献出版社1988年版，第453—492页。

④ 伯恩施坦（Bernstein）：《日本马克思主义者》（*Japanese Marxist*），第143页。

⑤ 参见杉山荣：《社会科学概论》，李达、钱铁如译，昆仑书店1929年版，"译者的话"第1—3页。

念，我们即将在后面的章节中，通过李达的哲学、史学、社会学和政治经济学著作详细探讨这些概念。我们已经介绍了辩证唯物主义和马克思主义关于社会变革的病因学中的主要概念，这些概念将为探讨李达著作宏大而复杂的结构提供指南。第二是详细而不是简略地描绘马克思主义中那些影响历史的核心概念。马克思主义的概念和论题从来不是静止的；它们的定义是斗争的根源，对它们的阐释充满争议，马克思主义跟其他思想体系一样，由于解读基础的不同而充满歧义。我们感兴趣的是李达对马克思主义的解读以及这种解读影响马克思主义在中国的发展的方式。

我们的第三个目的是介绍"正统"马克思主义，特别是表明"正统"马克思主义跟所有对马克思主义的解读一样，是一种建构而不是约定。正如我们已经知道的，"正统"马克思主义是争论的结果。德波林时期苏联哲学的短暂"正统"在一场激烈的政治斗争之后，让位于米丁的"新哲学"这一"正统"；后一种"正统"明显是把哲学置于党的目标之下，并且修改了辩证唯物主义的黑格尔主义维度。同样，在 20 世纪 30 年代苏联的政治气候下，"经济唯物主义"的支持者们发现他们沦为批判的对象，因为马克思主义的社会变革理论被阐释为赋予上层建筑及其多样化机构更多的有效性。是什么区分了对马克思主义理论的不同解读呢？这一差别是否来自他们有没有遵循马克思著作的内容；换言之，是否存在外在的、绝对的标准系统，用来评价和断定对马克思主义的"正统"解读呢？这一差别不是来自对马克思主义的相互对立的解读所假定的真理性内容，而是来自占据主导地位的解读与权力之间的关系。于是，借助于惩罚措施和奖励分配，"正统"观念暗示着政治强制的能力。"正统"马克思主义是为权力所青睐的解读，因为它的教义巩固了权力的正当性主张；"正统"马克思主义之所以是正确的，是因为权力裁定它应该如此。但是，权力是变动且有限的，正统宣扬的真理也是如此。以前那些被看做是真理的很快被现在掌权的领袖所欣赏的竞争观点所取代。

李达与"正统"马克思主义有着长期的亲密关系，但是这种关系非常模糊。李达的许多著作是论战性质的，从他早期对无政府主义和伯恩施坦修正主义的批判到 20 世纪 50 年代他对胡适和费孝通的批判可见一斑；这些文字讨伐的目的是捍卫一种对马克思主义的解读（或者说是毛泽东思想）。它被李达视作真理，并且为共产国际的领导集团或中国共产党的领导人所共同坚持。有评论者确实认为李达是"正统"马克思主义在中国的最早捍卫者之一①。不过，正如我们在前面的传记一章所看到的，李达无论如何也不是一个向权力献媚的人。他支持马克思主义的某一种观点，并不是为了获得奖赏或是畏惧惩罚；他的支持主要是基于他个人对于这种观点的真理性的强烈信念。在 1923 年以及后来的 1966 年，为了追求他心中的真理，他先后两度挑战权威，并为此付出了个人生活和政治生涯上的沉重代价。他与毛泽东关于大跃进政策的争论更是他不惜代价坚持自己所信奉的真理的最佳证据。

于是，李达对马克思主义哲学和社会理论的解读经常被视为"正统"马克思主义，但并不总是如此。我们将花费大量笔墨，讨论李达对辩证唯物主义的解读与20世纪30年代初盛行于苏联哲学界的"正统"马克思主义的交集，因为这种"正统"马克思主义对马克思主义在中国的发展产生了深远影响，这一影响部分地是李达努力的结果。通过考察李达论述毛泽东思想特别是其哲学维度的著作，我们将分析李达对 1949 年以后中国出现的"正统"马克思主义的阐释。不过，在此我们将做短暂停留，转而思考新旧"正统"马克思主义中有歧义的地方，以及它们对于李达思想发展的影响。

我们讨论的起点是"五四"运动时期。当时青年李达身在日本，正努力掌握马克思主义。他用如椽大笔抒发心中感悟，希望自己的文字能够为受到外国势力羞辱并遭受贫困和不公的愤怒的国内同志介绍革命道路。

---

① "陈独秀和李达着重论述了他们称之为马克思主义的唯一正确阐释的布尔什维克主义与他们所拒斥的伯恩施坦、社会民主党和孟什维克等全部'机会主义'流派之间的毫不调和的区别。这样，正确思想的观念就在早期被牢固树立起来了。"卢克（Luk）：《中国布尔什维克主义的起源：一种形成中的意识形态（1920—1928）》（*The Origins of Chinese Bolshevism: An Ideology in the Making, 1920-1928*），第 213 页，亦见第 59—60 页。

第三章　李达与马克思主义（1919—1923）

1918 年 5 月，李达作为留日学生救国团的代表从日本返回中国。这个月在国内所经历的改变段祺瑞政府亲日政策的工作使李达确信类似向政府请愿的改良主义策略几乎不起任何作用。6 月，他回到日本，放弃学习自然科学，转而沉浸于对马克思列宁主义的学习中，并且把马克思主义著作译为中文。接下来一年的学习让他信奉马克思主义。"五四"运动的爆发以及后来的"六三"运动促使李达撰写了数篇讨论社会主义的文章。我们的分析就从李达这些文章中对马克思主义特别是马克思主义的哲学和社会理论的理解开始。

一、《什么叫社会主义?》

虽然李达 1919 年论述社会主义的文章都没有提到马克思主义，但是很明显，这些文章的内容是马克思主义的观点①。第一篇文章《什么叫社会主义?》用简洁的语言道出了社会主义的理念和价值观。社会主义反对个人竞争，支持相互合作；社会主义反对资本的权力，支持劳动的权力；社会主义反对私人垄断一切，支持共同所有；社会主义打破了经济停滞，恢复了民众的自由。李达接着阐明了社会主义与共产主义的区别。社会主义主张共同生产和分配，而共产主义主张共同生活；社会主义主张废除资本，而不是全部私有财产，而共产

---

① 《李达文集》第 1 卷，第 1—5 页。

主义要求废除一切私有财产，主张一切财产为社会所共有。很明显，这一时期李达认为，共产主义代表着革命活动的最终目标，利用共产主义的价值观来指导现阶段的社会主义运动还为时过早。李达对社会主义和共产主义的区分可能源于他对列宁《国家与革命》的阅读。他曾经读过这部著作。列宁在《国家与革命》中对那种认为共产主义不需要经历社会主义阶段就能建立的乌托邦设想提出了警告。

当李达注意到社会主义和共产主义的区别时，一种类似的观念出现了。无政府主义者要求立即废除政府，而社会主义者认为政府代表整个社会，只有到共产主义实现时，废除政府才有可能。显然，李达赞同的社会主义与较为极端的无政府主义一样，都相信暴力和暗杀的办法，尽管他承认许多社会主义者比极端无政府主义者要温和很多。李达对社会主义利用暴力实现其目标的认同表明，从一开始他就接受了马克思主义的政治维度的信条，即社会主义目标的实现取决于——至少部分地取决于——人们的行动，而不仅仅是完全脱离人们控制的经济力量的结果。

第二篇文章《社会主义的目的》介绍了社会主义简史。李达指出，社会主义是19世纪的产物。法国大革命推翻了君主和贵族阶层的统治，但是，这场革命的成功仅仅是政治上的，对经济领域的考察揭示了不平等仍然存在，劳动者与资本家之间的鸿沟巨大。社会主义应运而生。李达认为，社会主义的最简单含义是指寻找纠正经济不平等的学说，纠正经济不平等也是社会主义的根本目的。但是，它还有在思想和意识领域恢复真正意义上的平等的目标。

平等的主题还出现在李达另一篇早期论文《女子解放论》（1919）①中，女性在中国社会的附属地位及其导致的性别和反抗等平等问题在李达后来的早期著作中一直是重要的主题②。虽然我们不会继续探究李达对性别平等问题的兴趣，但是，对女性受压迫原因的初步解释是有意思的，因为它们与李达对马克思主义社会理论的理解和运用有关。李达有没有运用唯物主义的阶级分析来理解女性在中国社会的附属地位呢？他是否认为女性在道德、习惯、风俗、法律和政治领域的

① 《李达文集》第1卷，第9—23页。

② 在这方面，李达所关注的问题与毛泽东是一致的。毛泽东早年关于妇女受压迫问题的系列文章，参见《毛泽东早期文稿》，湖南出版社1990年版，第421—448页。

附属地位是阶级社会的产物呢？① 这篇文章确实认为，女性受到的压迫有其经济根源；特别是女性地位的下降是她们失去独立经济地位以及传统的农业和家庭养殖业衰落的结果。女性解放要求一定的经济条件（"女子经济的独立"），还要求她们的"精神的独立"，因为她们遭受的精神压迫甚至比经济压迫更为严重；在道德和知识获取等领域，女性被禁锢。一旦经济和物质因素改变，这些阻碍女性解放的桎梏也会被改造。但是，对于女性而言，最紧迫的任务是从事劳动，并且意识到她们获取经济独立的能力。在这一方面，社会主义斗争和女性解放的斗争交织在一起，因为只有伴随着社会主义所创造的经济条件，女性才能获得经济独立。李达认为经济独立是女性解放的必要条件。

二、马克思与对马克思主义理论的解释

李达论述马克思主义理论的第一篇重要文章是他 1920 年写于上海并发表在 1921 年 1 月《新青年》上的《马克思还原》② 一文。李达认为马克思从七个方面解释了社会革命的原则和方法。第一，一切生产关系和财产关系是社会系统的基础；宗教、哲学、法律等机构都是由这一经济基础所决定的。第二，一旦社会的物质生产力发展到一定阶段，它们就会与盛行的生产关系和财产关系发生冲突。在资本主义社会，资本家榨取劳动者创造的剩余价值，其结果是富者愈富，穷者愈穷，整个社会分裂为有产者与无产者两大阶级。第三，人类历史就是阶级斗争的历史。资本主义将发展到这样一个阶段，占人口绝大多数的无产阶级与少数资产阶级相对立。那时就会在劳动者中出现阶级心理和意识，他们联合起来，组成一个强大的阶级，并与有产者阶级展开激烈斗争。第四，资本主义具有国际化趋势，由无产阶级发动的战争蕴含着国际合作。如果世界上其他地方还存在着阶级压迫和阶级斗争，无产阶级就不可能实现完全解放。第五，推翻资产阶级权力的无产阶级革命建立工人国家，实行无产阶级专政。第六，无产阶级成为统治阶级

---

① 在《妇子解放论》中，他指出："世界女子过去一大部分的历史，是被男子征服的历史。在这时期，道德上风俗上习惯上法律上政治上经济上一切种种，凡是女子所处的地位，无一不在男子的下层。"（《李达文集》第 1 卷，第 9 页）

② 同上书，第 30—39 页。

后，将没收资产阶级的所有资本，将生产工具集中到工人国家的手里，并且以最快的速度发展生产力。第七，国家是一个阶级压迫另一个阶级的工具。在无产阶级专政已经完全控制经济运行、变生产工具为公共所有的国家财产，劳动阶级的利益成为整个社会的利益之后，阶级区别将不复存在，生产力将得到全面发展，所有人将获得自由。在这种情况下，国家自然就消灭了，自由社会自然就出现了。

李达总结道：马克思主义的社会主义是革命的、不妥协的和国际主义的学说，它主张无产阶级专政。他继续说道，马克思主义是科学，它包括五大原则：历史唯物主义、资本集中理论、资本危机理论、剩余价值学说和阶级斗争理论。马克思主义理论家必须同时是实践者；各种错误的出现是理论与实践相脱离的结果，据此可以区分"正统"马克思主义与修正主义。李达把马克思主义堕落的原因归结为实践与理论上的错误。实践中的错误大多来自德国社会主义者中拉萨尔的追随者所主张的改良主义政策，他们相信利用现存的资本主义国家来促进工人阶级利益的可能性。这一理论的根据是通过选举获得议会的大多数席位就可能实现经济和政治改革。即使在1875年的合并会议上成立的社会民主党拥有不少马克思主义者，它的政策主张还是调和阶级，而不是阶级斗争。在《哥达纲领》中，拉萨尔的追随者们的影响十分明显，他们是新政党中的一支强大力量。尽管马克思主义的词汇经常被运用于理论层面，但这与建立在"国家主义"基础之上的改良主义政策不合拍。于是，德国马克思主义在实践层面走向了堕落，它从阶级斗争和反对议会制变为阶级调和和支持议会制度。

马克思主义的堕落是理论失败的产物。根据历史唯物主义，资本主义发展到一定阶段，生产力与资本主义的社会形式发生冲突，资本主义的垄断成为生产力的桎梏，生产的集中和劳动的社会化与资本主义相矛盾，一种新的社会组织取而代之。在解释这一过程时，李达赋予人类精神和意识以重要的作用。缺乏这些因素，马克思主义的历史唯物主义就变为机械主义的历史观①。资本家对无产阶级

---

① 在他主编的《共产党》月刊第5期，他所撰写的专栏"短言"指出，共产党在中国面临两大使命："一是经济的使命，一是政治的使命"。政治使命是指改造从资本主义基础上成长起来的政治和政党；如果政治、法律、教育和国家财政没有得到改造，政治的使命就不能实现（《共产党》月刊第1、3号短言）。亦见李其驹、王炯华、张耀先：《马克思主义哲学在中国》，上海人民出版社1991年版，第100—101页。

的压迫迟早都会在无产阶级中产生一种阶级意识，在此基础上形成一种阶级心理。只有随着阶级心理的出现，阶级组织和阶级运动才有可能。阶级斗争的最终结果是无产阶级的胜利和资本主义被推翻。这样，历史唯物主义一方面解释了资本主义制度的发展过程，另一方面强调了在现代社会逐渐形成的无产阶级力量。忽视或是夸大这一过程中的阶级意识和阶级心理将会阻碍阶级斗争，导致社会革命不会发生。

在李达看来，导致马克思主义理论堕落的另一个原因是一些马克思主义者开始怀疑马克思关于资本集中和阶级日益两极化的预测。新社会不是通过革命颠覆，而是通过改良主义而渐进实现的。从革命视角到改良视角的转变伴随着艺术和文学从自然主义到新浪漫主义的转变，以及哲学从实证主义到新理想主义的转变。新理想主义哲学已经威胁要取代马克思主义的历史唯物主义，并且伴随着马克思主义康德化的企图。

李达接着为马克思主义政治运动的政治限度提供了一种非常有意思的解释。他引述了《共产党宣言》中的十条"措施"，指出这些措施的实现严重依赖于对国家的利用。马克思主义的修正主义者认为这是对改良主义的认可，李达却强调所有的社会问题都是阶级问题，是阶级之间共通的问题。在某些情况下，推翻资产阶级是必要的；在另一些情况下，阶级之间携手合作是可能的。这一运动是政治运动，政治运动就必须利用国家。不过，改良主义者的错误在于过于强调政治运动，以及阶级共通的可能性，这样就限制了政治运动范围内的阶级对抗。一旦阶级对抗被限制，马克思主义就从革命学说堕落为改良主义。然而，李达强调政治斗争和政治组织都是无产阶级推翻资本主义的斗争的部分。他坚持认为必须保持工人组织的独立性，否则他们将会消亡，因为这些组织代表着社会主义的学校；在这所学校里，工人与资本主义相斗争，其最终结果是实现社会主义。只有当工人阶级真正形成自己的政党，工人才能获得反抗资本主义的力量。

李达总结道，马克思主义在理论上是完成了的，在事实上也可以完成。李达在这里提供了工人和农民组成的新俄国的例子。他们在列宁的领导下建立了劳动专政。李达指出，列宁不是马克思主义的创造家，而是马克思主义的实行家，这是他的伟大功绩。

很明显，在《马克思还原》中，李达拒绝马克思主义的进化论、改良主义的解释。相反，他接受一种革命主义的观点。这种观点植根于对导致历史变革的根本动因的唯物主义观念，并且认为有意识的政治行动（以组织和政策的形式）所起的作用是以无产阶级的阶级利益为基础的。于是，有意识的政治行动是最终推翻资本主义和建立社会主义社会的过程中的重要因素。李达不认为在对马克思主义的经济学解读和政治解读之间存在矛盾。正如他所指出的，在理论层面，马克思主义是"完成了的"。基于同样的原因，他敏锐地意识到正确的实践是必要的，因为随着环境的变化以及阶级斗争的范围和强度的改变，政策也要调整。经济学提供了一个框架，但在这个框架里，只要不放弃革命目标，无产阶级及其政党必须利用一切可能机会来推动他们的事业。

李达在写作《马克思主义还原》时发表的一篇简短讲演也表明，他同时接受马克思主义的经济学维度和政治维度并视之为一个"完成了的"理论体系的组成因素。在这篇《劳动者与社会主义》① 的讲演中，李达运用基于机器的工业化使用而出现的新社会体系解释了劳动者在资本主义遭受的压迫和剥削。机械归资本家所有；劳动者缺少资源，不得不选择为资本家辛劳工作，以获得仅能维系自身生存的工资。劳动者的悲惨经济条件因而可以由资本主义的生产形式和经济分工的特征来解释。在思考如何消灭这一不平等状况时，李达再次诉诸工人阶级的阶级意识的必要性，它能够让工人阶级意识到资本主义的剥削和压迫，并建立自身的联盟和其他抵抗组织。在此基础上，资本主义被抵制；劳动者组织越强，他的力量就越大。起初，工人组织的斗争涉及缩短工作日的要求（李达认为，一天工作四五小时就足够了）；不过，随着工人组织力量日益增长，他们公开与资本家进行斗争，随着他们最终推翻资本主义，社会主义的终极目标将会实现。

三、《社会革命底商榷》

在中国共产党成立以前，李达针对无政府主义和"错误的社会主义"等他认为是反马克思主义的学说，撰写了数篇具有启发意义的论战文章，这些文章告诉了我们李达关于马克思主义社会变革理论的观点，因为李达在批判这些错误学说

---

① 《李达文集》第 1 卷，第 40—41 页。《劳动者与社会主义》首次发表于 1920 年 10 月的《劳动界》。关于李达对劳动者和工人阶级的热烈颂扬，参见《李达文集》第 1 卷，第 42—45 页。

时，不得不阐发他自己的观点。这些论战文章中最重要的一篇是《社会革命底商榷》[1]，它发表于 1920 年 12 月的《共产党》月刊，署名"江春"。

在这篇文章中，李达追问那些参与法国大革命的人是否掌握了卢梭的理论，那些参与俄国革命的人是否都掌握了马克思主义。他的回答是，这些革命主要是针对经济和政治的压迫。为了让人们掌握卢梭和马克思的理论，首先需要解释这些理论。李达是这样解释马克思主义的：社会结构的基础是物质生产和人们生活的交换；革命的所有原因都可以在生产方式和交换方式中找到，而不能解释为人们的智慧或抽象真理。李达说，简而言之，社会革命不是肇因于哲学，而是现代社会经济条件的变化所使然。

李达接着引用了《共产党宣言》中的著名语句"到目前为止的一切人类历史都是阶级斗争的历史"，以说明阶级的重要性。李达说，有些人认为中国没有阶级区别，没有地主和资本家，社会革命因而是不可能的。他回应道，自从古代以来，中国就有由占有土地和租种土地的人所组成的阶级结构。后者生活困难，劳作艰辛，条件贫苦，因而别无选择；他们中的多数人经受饥荒，因为他们每年都被迫把自己的大半收成交给地主。李达控诉道，他们的遭遇人所共见，有人却闭目无视。大多数工人阶级经历着同样恶劣的工作和生活条件，这一阶级在中国的状况明显是中国正在经历的产业革命的结果。尽管中国的工业没有发展到欧洲、美国和日本那样的程度，但是中国无产阶级的生活甚至比那些工业发达国家的同行要悲惨得多。尽管劳动与资本在中国的对立表面上看来有些不同，但实际上并无区别。大部分是由欧洲、美国和日本工厂以及很少部分由中国工厂所生产的商品进入中国市场，破坏了中国的手工业。中国的手工业者无力与之竞争，不得不选择进入外国资本在大城市开办的工厂，成为工厂机器的奴隶。外国资本的影响也波及农业。许多农民被迫沦落到破产边缘，面临饿死冻死的结局。除了这些失业的阶级，中国还有剩余劳动力。无产阶级日益增长的痛苦和有产阶级日益增长的财富表明，社会革命的时机已经到来。

但是，这种革命如何实现呢？李达给出了许多可能性选项。他认为第一种选项是议会策略，即选举代表工人阶级利益的议会代表，制定维护劳动者权益的法律。李达否定了这一选项。归根结底，政治权力实际上是一个阶级压迫另一个阶

---

[1]　《李达文集》第 1 卷，第 46—56 页。

级的有组织力量。资本家不会允许他们手中的权力受到议会行动的根本挑战；劳动者的议会代表被迫做出各种妥协，因而不会达到他们的社会主义目标。李达还利用德国社会民主党的例子来说明这一策略的失败。李达考虑的第二种策略是同盟罢工。他在这里区分了改良主义的工会运动和革命的工会运动，前者采取阶级调和主义的手段，后者是社会主义的，采取阶级斗争的手段，改变现存制度。这些同盟采取的手段之一是工业罢工，但是，罢工本身不能从根本上变革现存制度，也不能改变劳动与资本之间的关系。一般的罢工都有更为革命的雄心和潜力，同时也有许多局限。尽管如此，李达赋予劳动组织的同盟和对工人阶级的教育以革命的意义。不过，第三种策略，即以阶级斗争为基础的"直接运动"是最重要的。在李达看来，直接运动的范例是 1871 年的巴黎公社、1904 年的意大利工人运动、1917 年俄国革命和 1918 年日本无产阶级领导的米荒骚乱。中国的"五四"运动和"六三"运动与之相似，但有着不完全一致的特点。然而，中国现在的情形是存在大规模运动的机会，李达号召工人、农民和士兵团体组织起来，把握这一机会，发起一场运动，夺取政治权力，建立社会主义。

李达总结道，当资本主义制度发展到一定阶段时，社会革命就不可避免。他还说，重要的是，这一过程能够通过"人为势力"，通过毫不妥协的阶级斗争而加速。这就是为什么革命发生在俄国而不是英国或美国的原因。在英国和美国，资本主义制度和联盟运动的力量比俄国发达十倍。在俄国，革命党释放出来的力量远远超过在英国和美国的类似行动。李达认为，这同样是中国所需要的，它只能通过实际行动中付出的艰辛努力才能达到。

《社会革命底商榷》强化了李达马克思主义思想的一个重要主题，这一主题实际上最早出现在他的第一篇公开发表的文章中，即大规模的经济变化如工业资本主义的兴起以及随后出现的日益紧张的阶级矛盾和社会制度的转变是革命产生的首要原因。对于李达而言，这些是对社会革命过程的唯物主义解释的基础。但是，它们不是，也不会是解释的终点，因为它只会导致对社会变革过程的机械主义的、进化论的观点。相反，一旦产生革命的条件已经成熟，其他促使革命潜力成功实现的必要因素就会出现。其中，有组织的无产阶级同盟和政党，以及劳动者们高涨的阶级意识和心理是至关重要的。在被有效地组织起来，并充分意识到自己被压迫和剥削的地位后，无产阶级能够发动威胁现存经济制度基础的"直接运动"，推进通向社会主义目标的历史变革过程。正如我们已经观察到的，对于李达而言，一旦这些经济力量达到一定发展阶段，在承认作为历史造物主的巨大经济力量与政治行动和意识发挥的重要作用之间不存在任何张力。它们是一个统一的、"完全的"唯物主义历史观理论体系的不同维度。

四、批判梁启超和无政府主义者

《社会革命底商榷》也强化了明显来自李达早期著作的一种倾向，即通过批判他所认为的错误学说来阐述自己对马克思主义的理解。于是，李达往往诉诸一种他视之为"正统"的马克思主义观念。正如卢克所注意到的，李达那些针对国内外学者和学说的论战文章非常重要，它们在中国早期的共产主义运动中灌输了这样一种观念，即存在一种对马克思主义的"正确"解读，那些没有遵守这一真理的观点都应该受到批判[1]。

早在中国共产党成立以前，著名学者和改革家梁启超就成为李达批判的对象之一[2]。在《新青年》发表的一篇长文中，李达再一次详尽阐述了他的观点，认为社会主义只有通过中国生产领域的革命才能得到解释。在欧洲，工业资本主义的出现创造了社会主义运动的阶级条件；同样，在中国，出现了工厂生产以及对新兴劳动阶级的剥削，这将导致推翻资本主义、建立生产资料公有制的社会主义社会的社会主义运动。但是，如何实现这一目标呢？李达再一次强调组织工人结成联盟、建立宣传社会主义观念的学校、学习管理生产机构、接受适当的训练、采取通过直接运动开展社会革命的策略的重要性。这不是像梁启超所说的提高工人地位的问题，而是变革整个经济制度的问题。

为了改善工人阶级的经济状况，有必要通过建立新的生产企业来扩大生产。不过，是应该由资本家还是社会主义者来控制生产呢？李达争辩道，这两种方式截然不同。在资本家的控制下，工人不过是工资的奴隶；他们所生产的剩余价值

---

[1] 这一点在他对张东荪和梁启超的批判中十分明显。参见《李达文集》第 1 卷，第 24—26、57—74 页。参见米歇尔·卢克（Michael Y.L Luk）：《中国布尔什维克主义的起源：一种形成中的意识形态（1920—1928）》（*The Origins of Chinese Bolshevism: An Ideology in the Making, 1920—1928*, Hong Kong: Oxford University Press, 1990），第 60 页。

[2] 《李达文集》第 1 卷，第 57—74 页。

归于资本家，在生产过剩的时期，他们面临失业的困境。这是缺少政治干预的生产方式必然产生的结果。在社会主义社会，农业和工业的生产部门归于公共所有，劳动产品实行平均分配；生产者不受产品的支配，人们之间的竞争被完全消灭了。经济困难消失了，也不会有失业的危险。资本主义经济生产的一大特点是缺少秩序的无政府状态，而在社会主义社会，会有秩序和国家指导。不过，李达指出，梁启超忘记了资本主义是不可避免的阶段，对于工人阶级意识的产生至关重要。然而，未来社会的经济组织必定是社会主义的。尽管中国的生产企业尚处于早期阶段，远不如欧洲、美国和日本的发达，但是，完全复制它们的惨痛经历是愚蠢的。相反，中国应该向那些国家发生的变革社会的运动的艰苦工作和牺牲学习，因为中国的变革依赖于那些由社会主义所激发的全新的理性观念。

李达指出，记住这一点非常重要，即资本主义是世界性的体系，反对资本主义的手段也必须是国际性的，特别是必须依赖于国际工人阶级的联合。工人阶级没有国家，它必须反对任何地方压迫工人的资本主义。不能像一些中国人所做的那样，反对外国资本主义，支持中国的资本家。正如李达所言，资本家是"老虎"，无论在何处都会吃工人。为了打倒这些老虎，李达再一次拒绝了改良主义的议会策略。必须组织劳动者加入工人运动，它将会推进罢工，在管理组织的过程中教育工人。但是，更为重要的是"直接行动"的策略。它可以采取两种方式：第一种是布尔什维克主义的劳农主义的自决运动①，第二种是工会组织主义。后者提倡利用罢工来补充革命；前者联合绝大多数的无产阶级，从而增加他们的战斗力，掀起一场激烈的、普遍的民众运动，以夺取国家权力，实现无产阶级掌权。这是李达所赞成的俄国布尔什维克主义的策略，俄国也是与中国一样的农业国家，这一策略也应该成为中国革命运动的策略。

1921年5月，李达再一次批判了无政府主义。在《共产党》月刊的一篇文章里，他详细论述并驳斥了不同流派的无政府主义的原则②。对我们的目的而言，这篇文章最为重要的部分是他对布哈林和克鲁泡特金的无政府主义的批判。李达同意布哈林的一些观点，即人类不是独立的实体，他们生活在社会中；他们是有意识的创造物，其任务是创造世界。但是，李达反对布哈林所说的所有国家都是

---

① "布尔什维克"一词在早期中国马克思主义文本中有多种译法。李达后来改用了"多数主义"的译法。关于他对这一术语译法的评论，参见《李达文集》第1卷，第91页。

② 同上书，第78—90页。

特权阶级的创造物。在俄国，权力已经转移到了工人阶级手里；在德国，正在试图建立社会主义民主国家。因此，布哈林反对国家的看法是随意的。李达同样反对克鲁泡特金的观点。克鲁泡特金认为国家、政治和法律都是由少数人所创造的，常常用来维护这些人的利益；相反，在李达看来，就像在俄国一样，社会主义社会的国家、政治和法律受到工人阶级的欢迎。李达反对无政府主义的立足点是他相信政治和国家并非天生就是罪恶的；政治可以用来改变压迫性的社会体系，掌握在工人阶级手中的国家可以组织生产，从而使生产高效运行，并维护劳动者的利益。李达这样总结对无政府主义的批判：社会、经济和政治的发展是历史性的，不可能像无政府主义者错误相信的那样，只是由于同情或意见而改变；对于实现革命目标而言，产生新力量的适宜的社会条件是必要的，只有马克思主义能够理解这一过程。

五、《马克思派社会主义》

在 1921 年 6 月的《新青年》中，李达再一次考察了马克思主义的本质[①]。为了弄懂什么是"真正的"马克思主义，有必要考察那些新出现的马克思主义流派。

在李达看来，19 世纪中叶马克思主义传播到欧洲各国，马克思主义者强烈赞成并参与了早期的社会革命。他们要求实现马克思主义理论，并且为之努力工作；他们拒绝妥协，并投身于直接的运动。他们的目标是现存制度的彻底变革，而不是改革。他们的策略是联合无产阶级，建立阶级斗争的组织。他们开始了革命的政治运动，还在共产主义理论的基础上追求共产主义社会的建立。他们拒绝宽容对手，拒绝运用合法手段来实现经济变革，拒绝与资本家阶级的合作以及对工业运动的完全依赖。那一时期的马克思主义运动因而运用无产阶级直接运动的策略，这些社会主义运动的策略旨在争取马克思主义的完全实现。

不过，李达认为，社会革命完全是无产阶级的事，只有当无产阶级意识到自己的使命时，才会有发展革命运动的希望。虽然资本主义持续扩张，工人阶级的规模也在持续增长，但是，工人阶级的意识和心理仍然处在初级阶段，结果，工

---

① 参见《李达文集》第 1 卷，第 91—104 页。

人阶级的组织和运动没有发展到较高程度。尽管出现了生产进步以及财产集中的趋势，这些却没有导致马克思所期待的速度。中小规模的企业似乎在增加，农业领域的事实也与马克思的期望相反，地主的数量在增多而不是减少；商业领域的危机也没有理论预想那样频繁。面对这一情况，社会主义者认识到他们提高工人阶级意识的努力没有成功。与马克思主义理论相反，他们改变了理论和实践领域的方法。李达又一次举出了德国社会民主党史上的例子。德国社会民主党改变立场，支持议会制，表面上仍在支持马克思主义，实际上已经成为一个民主党。19世纪末的马克思主义者中间出现了一场争论，争论双方是"正统"马克思主义者和修正主义者。所谓的"正统"马克思主义者自然主张"纯粹的"马克思主义，不过他们对马克思主义理论的理解也有一个不足，即他们支持民主制度和议会策略。在李达看来，对于马克思主义者而言，是否应该采取民主主义和议会政策是近期运动出现的重要问题。考茨基和列宁的著作与这一讨论相关，但是任何研究马克思主义并且读过两人著作的人无疑都能理解他们中的哪一位是真正的马克思主义者。

李达没有花费精力来说出自己的结论，不过，从他后来对修正主义的渐进主义和改良主义学说以及工团主义过于依赖工会联盟的做法的批判中，可以很明显地看出他对列宁式的布尔什维克马克思主义解释的同情。对于李达而言，无产阶级专政是评判什么是真正马克思主义的关键标准。针对考茨基的反驳，李达回到马克思那里，引用了《法兰西内战》、《哥达纲领批判》和《共产党宣言》，坚称这一观念来自马克思主义。此外，民主不是一个绝对的观念，它不是像考茨基所做的那样，与无产阶级专政相对立。相反，正如列宁所言，民主是阶级的民主。工人阶级民主（即无产阶级专政）的目标是推翻资本家阶级的民主。不过，无产阶级专政的实质是什么呢？李达指出，在这一问题上，列宁与马克思和恩格斯的看法一致。列宁根据马克思和恩格斯的国家观，认为国家是阶级对立的产物，是阶级利益相互冲突的表现。资产阶级专政只能由无产阶级专政所代替，后者的目标是消灭资本家阶级的思想、风俗和习惯的统治，废除资本家阶级用来压迫工人阶级的机关，掌握资本家阶级的武装力量，武装工人阶级，镇压一切反革命势力，并且通过政治过渡时期，巩固新社会的基础。

尽管李达明显赞成列宁的马克思主义解释而不是考茨基的，不过，他并不确定如何将布尔什维克主义应用到中国的现实。社会革命的时机和社会主义采取的手段取决于中国的国情和国民性。事先预测采取什么策略是不可能的，"所以不敢说中国应实行多数主义，却又不敢说中国一定不适宜多数主义。"

六、《马克思学说与中国》

马克思学说是否适用于中国的问题是李达在 1923 年中期脱离中国共产党前的最后一篇重要文章关注的焦点①。《马克思学说与中国》是一篇富有重大意义的文章，我们将详细论述李达论证的逻辑。这篇文章之所以重要是基于以下原因：第一，这篇文章表明，在中国共产党成立后两年内，李达已经充分考虑了马克思学说与中国条件的联系以及马克思学说应用于中国条件等问题。第二，这篇文章还表明李达更加精通马克思主义学说，他不是仅仅照搬熟知的论证和理论范畴，而是进一步运用他所理解的马克思的历史方法来分析中国的经济和政治状况，讨论由这一历史分析所得出的各种策略。第三，它还提供了理解李达在一个多月后……脱离中国共产党的线索，这一行为波及他生命的终点。

文章开篇概述了 1922 年中共二大通过的宣言。根据这一宣言，共产党的目的是组织无产阶级，用阶级战争的手段，建立劳农专政，达到共产主义的社会。党目前的政治主张是引导无产阶级帮助民主主义革命，和国内民主革命党派（如国民党之类）合作，共同推翻军阀的政治。在李达看来，政策主张的目标之所以重要是因为马克思学说在中国已经由介绍的时期进入了实行的时期。

李达把他的讨论分为三个部分。在第一部分，他提出了目前的中国能否应用马克思学说改造社会的问题。在回答这一问题时，李达首先建议要弄清楚马克思所说的社会革命究竟是什么、应该怎样实现以及在什么时机实现。根据马克思的唯物史观（李达在这里引用了著名的《〈政治经济学批判〉序言》）：

> 社会的物质生产力发达到一定阶段的时候，便和当时的生产关系相冲突，用法律上的术语说起来，就是和财产关系相冲突；然而社会的物质生产

---

① 《李达文集》第 1 卷，第 202—215 页。

力，从前却是在这财产关系里面活动发展过来的。这些财产关系算是从生产力发展的形式变成生产力的桎梏了。从此遂进于社会革命的时代。经济的基础一经变动，那巨大的上部建筑的全部，或是徐徐的，或是急剧的，也就跟着变革了。①

李达解释这段文字时，认为它意味着社会组织的完全解体。但是，社会革命怎样实现呢？李达指出，如果深入剖析"序言"中的这段文字，答案就在于社会革命是由无产阶级举行政治革命夺取政权来实现的。以机器为基础的工业的出现和发展见证了有产阶级利用大规模生产所带来的集中的劳动手段。工厂中的集中劳动，即工厂中许多劳动者共同制造出来的产品，是社会的，但集中劳动的产物不是社会的，却成了归资本家的私有财产。有产阶级利用这种盛行的财产关系极大地增加生产力，集中资本；至于生产、交易和分配自然不受调剂，其结果是一系列愈演愈烈的经济危机，以及雇佣工人状况的日益恶化。中产阶级也会因为大资本的压迫而降为无产者。整个社会分化为两大阶级：有产阶级和无产阶级。到这时候，财产关系阻碍生产力的进一步发展，就出现资本以及资本与无产阶级之间的冲突。无产阶级产生了阶级觉悟，并从阶级觉悟中萌生阶级斗争，其最终结果是无产阶级获胜。无产阶级就利用政治权力将一些生产监管收归社会公有。生产、交易和分配得到充分的调和，各个人的生存权利和劳动权都可得到充分的保障。所以，虽然政治组织随着经济基础的变动而变革，但政治组织的变革却比经济基础的变动率先完成，政治变革背后的原动力是无产阶级。

所以，社会革命是由无产阶级实行政治革命、夺取政权来实现的。这是马克思的真实看法吗？李达认为，马克思自始至终都没有改变这一信念。为了支持这一观点，李达引用了《共产党宣言》、《哥达纲领批判》和马克思发表在《新莱茵报》上的文章。李达说，从这些引述的段落似乎可以看见杀人和暴力的惨象，似乎可以听见阶级战争的呐喊声和枪炮声。无产阶级的政治革命没有妥协的余地。这些段落毋庸置疑地表明马克思坚信无产阶级借政治革命以实现社会革命。

李达接着讨论时机的问题。他指出，根据《共产党宣言》，社会革命大致要

---

① 此处直接引用了李达原文中的译文。亦可参见《马克思恩格斯选集》第 2 卷，第 32—33 页。
　　——译者注

经历三个时期。第一是准备时期，这一时期共产党的工作是宣传本党的意见、目的和趋向，进而组织无产者使之成为一个阶级；第二是劳动专政时期，这一时期共产党的工作是推翻有产阶级权势，协助无产阶级掌握政权；第三是发展产业时期，这一时期无产阶级利用其政治优越权，夺取资本家的一切资本，将一切生产工具集中在国家的手里。李达认为，这三个时期是社会革命必然经历的过程；各个时期的持续时间将由各个社会的现状和产业的发展程度决定。在这里要讨论的是这一过程将持续的时间长短。李达引用了马克思的观点，大意是新的社会组织只有当一切生产力在旧社会里发展成熟后才会出现。李达说，换言之，无产阶级要举行政治革命，实现社会革命，必须等到一切生产力完全发展。但是，一切生产力是否完全发展不是可以像用数学方法那样测量出来的。就是马克思自己对当时社会的一切生产力有无发展余地这一点也没有准确地测定出来，他的结论是说欧洲社会革命的时机已经到来了。李达举出了纺织工业的例子。在英国已经是纺织工业全盛的时代，法国和德国的纺织工业还在萌芽时代，恐怕不比李达所处时代的中国纺织工业发达多少。但是，马克思认定当时的社会已经达到了发展的顶点，因而主张革命。

李达接着提出了相关的问题：中国是不是也可以举行革命呢？他最后得出的答案是存在这样的可能性。不过，他对这一问题的回答先是分析了马克思的革命预言没有在欧洲发生的若干因素。一是因为当时无产阶级还缺乏巩固的组织，阶级战争的勇气尚未达到"白热"的程度。二是因为当时有产阶级通过海外的生产发展、夺取殖民地和半殖民地以倾销剩余产品，延缓了自己的生命。结果，资本主义竟能继续发展，由纺织工业进入钢铁工业时代。对于马克思而言，问题在于如何断定资本主义的扩张势头已经抵达终点，但是，他关于无产阶级借政治革命实现社会革命的主张丝毫没有错。一个社会的发展程度必须由无产阶级的组织及其战争勇气来决定，因为这些是决定性因素。有意思的是，李达在此引用了托洛茨基的话，其大意是说：无产阶级夺取政权的可能性不是由资本主义生产力的发展程度决定的，而是由阶级斗争、国际地位，特别是由各种主观因素，如无产阶级战斗的勇气和决心所决定的。在托洛茨基看来，主张一国的发展程度与劳工专政实现的可能性之间有一种自动的关联，是对唯物史观的幼稚理解，与马克思主义并无关系。李达认为，托洛茨基的观点很新颖，把握了马克思学说的精髓。由政治革命而实现的社会革命就是由那些要素所决定的。所以，在俄国，共产党能够借无产阶级巩固的组织和决战的勇气，趁着欧洲战争正酣、俄国帝国主义将要解体的危机，推翻了本国力量薄弱的有产阶级，建立了劳农专政。与之相比，社会革命在英国和美国的实现非常困难，并不是因为革命的时机未到。相反，这是因为无产阶级组织不健全，修正主义（即"黄色的"）的领导将无产阶级引入歧途，无产阶级决战的勇气不甚强烈。不仅如此，本国的有产阶级还利用国际上的优越地位和势力，掠夺海外殖民地和半殖民地人民的血肉，以此来延缓资本主义罪恶体系的寿命。不过，李达指出，资本主义最后的坟坑已经挖好了。

我们在这里再次看到了李达对唯物史观的理解：一方面，它承认社会、经济因素的长期作用；另一方面，它假定较为直接的政治因素如无产阶级的组织和意志的重要性。前者创造了一场政治革命得以可能的背景，不过，如果没有后者，无论适宜的社会和经济背景是否出现，都不会发生革命。李达认为这一理解没有偏离马克思唯物史观的意图，而是真实地把握了马克思学说的"实质"。

在概述了他的分析性前提后，李达开始具体分析中国的经济和政治状况。从两千年前以来，中国是纯粹的农业经济，在此基础上形成了封建的政治。在封建时代，经济没有发生任何重大的变化，尽管有王朝的更替，政治上却没有实质性的变化。鸦片战争以后，资本主义逐渐侵入中国，中国经济完全被破坏。中国由此进入产业革命时代。国际资本主义的商品畅销中国，中国的纺织工业仍处于萌芽阶段，手工业大受摧残，大多数人民沦为工钱奴隶或失业者。

李达提醒我们，政治建立在经济基础之上，后者一旦变化，政治组织就变得不适宜，必然会发生变化。当中国经济从农业经济变为工业经济时，它的政治会从封建政治变为民主政治。民主人士利用清朝崩溃的机会，推行民主政治。不过，由于帝国主义的压迫，早期的中国工商阶级没能成为革命的资产阶级。此外，宣称革命的国民党受到卢梭自由思想和仇视满清情绪的激励。因此，辛亥革命是建立在感情的基础之上而不是建立在经济基础上的；这种感情是不能持久的东西，辛亥革命的目的因而被袁世凯一派的封建军阀阻碍了。于是，中国政治的一大特色就是民主派与封建军阀之间的对抗。

李达接着把他的注意力转向了帝国主义与中国的关系。最近80年来，中国外交的历史是帝国主义侵略的历史。全国的金融操纵在外国资本阶级手里，全国的铁路、矿山、森林和水运交通以及许多企业，大多由外国控制。北京政府间接地被外国资本所支配。简言之，中国已经成了帝国主义的半殖民地。

在阐述国际、国内的政治经济现状的基础上，李达列表说明了阶级对抗的形势：

国际 压迫阶级 国际帝国主义者与 ⟶ 被压迫阶级 中国有产阶级
少数中国军阀 与无产阶级

国内 封建阶级 ──已成熟──⟶ 有产阶级 ──正在形成──⟶ 无产阶级 正在形成

代表各阶级的党派是：

北洋正统 ⟶ 国民党 ⟶ 共产党

李达说，由此可见，中国无产阶级承受了三重压迫：经济上受本国有产阶级的压迫，政治上受封建阶级的压迫，国际上受帝国主义的压迫；中国的有产阶级受到双重压迫：封建主义和帝国主义。在这样的经济和政治情形下，中国共产党趁机起来组织无产阶级，企图社会革命，在理论上和事实上都有确实的根据。但是，应该怎样进行呢？李达在此大量引用《共产党宣言》以证明共产党与代表资产阶级的政党之间的联盟在一定条件下是有效的策略；中国资产阶级受到帝国主义和封建主义的压迫，他们也都是无产阶级的敌人，这使得联盟可能形成。中国共产党联合国民党推翻军阀政治的主张在马克思学说中是有基础的。李达建议中国共产党在考虑两党结盟时注意两个因素。他认为，第一，国民党似乎是一个社会民主的党派，有资本家、知识分子和劳动者三种党员，共产党的策略最好是影响他们向左倾，将来民主革命成熟时，共产党应该领导革命转向无产阶级革命。第二，共产党应当注重组织无产者成为一个阶级的工作，时时要保持独立的存在，免受其他政党的影响。

但是，假如无产阶级能够掌握政权，应该采用什么政策呢？李达的回答是，新国家实施的政策将由生产的状况和文化的程度来决定；在这方面，无产阶级的国家与资产阶级的国家并无不同。李达还列出了马克思在《共产党宣言》里建议的十项政策，这些政策只能在当时最发达的国家里实施。这些政策也只能由最进步的无产阶级专政来实行。不过，自从马克思和恩格斯写作《共产党宣言》以来，时代发生了变化；当1875年马克思写作《哥达纲领批判》时，这些适用于1848年的政策已经过时了。马克思批评德国劳动党的领导人物没有意识到《共产党宣言》提出的一些措施已经不合时宜；不仅经济和文化已经发展了，而且一些政策已经被资本主义国家所采用。

李达继续说，列宁在分析俄国经济进化的特征时，划分了五种要素：1.家长的，即程度最幼稚的农民生产；2.小规模的商品生产（出售谷物的多数农民亦包含在内）；3.私的资本主义；4.国家资本主义；5.社会主义。

李达指出，如果列宁的分析适用于中国的经济社会状况，那么，很明显，列宁所列出的前三种要素也存在于中国，最具代表性的是私人资本主义。因此，如果中国无产阶级能够掌握政权，就可以利用政治的权力促进私人资本主义向国家资本主义的过渡。于是，李达根据马克思学说和中国的产业状况及文化程度，提供了自己的十二条大纲。他认为，无产阶级应该制定如下政策：1.不做工者不得吃饭；2.平均地权，开辟荒地；3.银行国有；4.交通及运输机关国有；5.对外贸易国有；6.大产业国有；7.废除一切税厘，征收严重累进率的所得税；8.有条件的输入外资；9.中学以下实行免费及强迫教育；10.立定保工法；11.工人及农人的无条件的选举权及被选举权；12.妇女在政治上经济上社会上一切与男子平等。李达总结道，这些只是大致计划，没有囊括更多的细节。

七、结论

《马克思学说与中国》拓展了李达早期著作已经明显存在的一些主题。其中最重要的一个主题是这一信念，即马克思主义的社会变革理论不只是一种以明显超越人类影响的经济力量的完全支配性为前提的进化理论。李达的确承认经济领域在一切历史分析中作为出发点的重要性，他大量引述马克思的著作，特别是1859年的"序言"来支持这一观点。李达在考察历史解释问题时首先关注的往往是生产力及其发展水平以及经济阶级的存在。李达反复强调经济基础决定上层建筑。不过，他坚定地认为，这只是唯物史观的一个方面，马克思主义不属于任何进化理论。尽管历史可能有进化发展的若干阶段，但它的首要动力是革命，主要的社会变革来自社会结构的革命性改造。不仅如此，社会革命的过程受到了人类活动的影响。在历史的任何阶段——李达最为关心的是资本主义兴起后的阶段——政治领域的阶级斗争会对变革的节奏产生决定性的影响。政治组织的变革起初跟随经济领域的变革，不过，一旦形成，政治组织和无产阶级的策略会施加决定性的影响。于是，虽然经济基础变革的背景使得政治革命得以可能，但是，政治层面的革命确保重大社会变革趋势得以实现。李达清楚地指出了经济基础和政治上层建筑之间的辩证关系，后者在一定程度上代表着社会变革的助产士，而不是对经济基础的被动反映。政治上层建筑自身不能引发经济基础推动的巨大变革，但是，一旦变革启动，政治上层建筑引导并推进这些变革的作用是决定性的。

李达坚定地相信工人阶级的阶级意识水平以及他的阶级"心理"对于无产阶级在革命斗中争获取胜利是极为重要的。正如我们已经看到的，李达认为19世纪后半叶的欧洲已经具备了革命的经济和社会条件。然而，欧洲无产阶级的意识水平和开展阶级战争的勇气不足以完成政治革命的任务。所以，提升无产阶级的阶级意识，让他们意识到自己所受的压迫和剥削，为实现自己推翻资本主义、建立社会主义社会的历史使命做好准备，就显得至关重要。特别是对于新成立的中国共产党而言，这是它的首要功能。李达早期著作中对于意识作为变革中介的作用的强调早于意大利马克思主义者葛兰西，尽管在李达的著作中的这一观念没有追求像意大利马克思主义者探讨意识问题时的理论复杂性和严密性程度。不过，李达著作出现的这些主题再一次表明他不是机械论的马克思主义者；对于李达而言，人类不只是历史的创造物，不只是迟缓、被动、麻木地受到变革潮流的推动。相反，他们是经济、社会和政治的变革力量得以实现的有力中介。变革可能正好是由经济基础中的生产力所产生的，但是，离开了人类要求变革的意识，内在于经济基础的趋势的全部潜能可能永远无法实现。欧洲政治革命的失败可以——至少是部分地——由人类在上层建筑领域的失败来解释。

这种对于唯物史观的解释来自哪里呢？青年李达的观点是否只是派生的、主要受到列宁主义解读马克思主义的行动主义倾向的影响呢？这些问题的答案并不是简单直接的。虽然李达在阐释马克思主义的社会变革理论时确实谈到了列宁，但是，他更多地是引述马克思的著作以论证他关于经济基础和政治、意识形态的上层建筑之间的能动的反映关系的观点。李达特别引用了《共产党宣言》，还引用了《哥达纲领批判》和马克思在《新莱茵报》上的文章。它们通常被归入马克思的"政治著作"，以区别于他那些被认为是"政治经济学批判的经济学著作"。

我们从李达的生平了解到，他在日本期间就学习了《资本论》第 1 卷以及考茨基和荷兰马克思主义者郭泰的著作。他们的著作都利用了马克思的政治经济学。李达还赞许地引用了著名的 1859 年"序言"。因此，李达清醒地认识到马克思理论方法的经济维度。但是，他没有意识到马克思著作中经济与政治主题之间的根本区别或是对立。相反，在他看来，这两大主题是一个"完整"理论所必需的部分。李达能够诉诸马克思的文本以证明这一解读。他正是这样做的，他相信这一解读真正把握到了马克思主义的"精髓"。李达对自己解读马克思主义的真诚态度的确信还经常表现为其著作的论辩语气，他总是通过回应其他解释的错误来阐发自己的观点。德国社会主义者的修正主义是最好的靶子，李达把他们对马克思主义的偏离当作阐明自己的马克思主义版本的完整性的理由。

不过，虽然李达对于唯物史观的解读受到了马克思的强烈影响，但是也不能忽视列宁的声音。正如我们所知，李达在《马克思学说与中国》中引用列宁的观点来支撑对中国的具体分析以及中国共产党应该努力的目标；他还是多次借鉴俄国革命的胜利和它新成立的工人国家，这些无疑表明李达非常敬佩列宁取得的成绩以及他作为马克思主义者特别是马克思主义实践家的地位。同样明显的是，他意识到马克思的观点不是永远正确的，它们需要不断发展，以适应资本主义的变化；列宁在这方面扮演着重要的角色。然而，李达也指出，他不是列宁和布尔什维克的被动模仿者。值得学习的是，他在《马克思学说与中国》中有保留地总结道：布尔什维克主义可能不适用于中国的状况。正如他在这里以及其他地方所说的，不同的状况要求不同的策略。

就李达的理论影响而言，毫无疑问，他发表在《新青年》和《共产党人》上的大量文章被早期中国共产主义运动的成员广泛阅读；他的短评《短言》以及其他一些文章对马克思主义理论和欧洲社会主义历史的介绍也为他的读者所知晓。他对马克思主义的社会变革理论的理解肯定对像毛泽东这样的思想饥渴的读者产生了影响，这些读者的理论水平还没有跟上他们的政治热情。此外，他作为著名刊物编辑的角色不仅确保他以文章和翻译的形式在一定程度上控制了对传入中国的马克思主义的理解，而且他作为新成立的党的宣传部门领导者的组织角色为他提供了确保其观点为群众接受的意识形态和理论的地位。李达还孜孜不倦地致力于在中国传播马克思主义的目标；他的大量成果，即使在早年也是数量颇丰，完全趋向于这一目标。单就著作的绝对数量来看，李达对于中国共产主义运动的理论发展的影响也是举足轻重的①。李达在这一领域所作出的贡献受到了中国人的广泛认可与赞扬，在西方却被普遍忽视②。当然，在中国马克思主义的早期理论发展中还有其他主要人物，如瞿秋白、李大钊和陈独秀。尽管如此，李达的贡献在很多方面是卓越的，即使他没能超越其他这些高产的政治人物。正如我们将会看到的，李达的贡献更为持久，因为一直到 20 世纪 60 年代中期他仍然是重要的理论家。

在中国共产主义运动形成时期，李达在传播马克思主义过程中的重要角色提出了他所理解的马克思唯物史观的"正统性"问题。我们在前面的章节曾经提到，西方评论家往往认为，中国的马克思主义特别是毛泽东思想非常强调上层建筑影响社会变革的能力。我们也说过，这些评价往往不可避免地假定"正统"的实质，它们认为中国马克思主义以对马克思主义的机械主义、经济主义和进化论的解读为前提。这就很容易推导出惹人反感的区别，一方面是"正统的"马克思主义，另一方面是强调人类活动在历史变革中作用的马克思主义。不过，正如我们所知道的，也有可能指出，马克思以及后来许多有影响力的马克思主义者都不把历史看作是与人类意识和行动无关的经济力量所推动的渐进变化。马克思、恩格斯、普列汉诺夫和列宁的著作都有着强烈的行动主义印记；基于同样的理由，他们也都强调经济领域作为历史造物主的首要性。马克思主义面临的重大理论挑战之一是把这两大彼此分离的潜在冲动整合为一个完整的、缜密的理论体系。

必须在这一理论背景下评价李达早年的马克思主义。正如我们本章的讨论所见，很明显，李达不认为在马克思主义强调生产关系和生产力的政治经济学与它的革命、行动主义的主题之间存在任何可能的矛盾。经济领域的变化产生政治和意识形态、上层建筑领域的变化；但是，后者不是被动的反映，而是具有反作用的能力，是经济基础的变化成功实现的重要因素。这就是社会与政治革命之间的辩证关系。李达对马克思主义的解读是"正统"还是"非正统"呢？这一答案当然取决于我们选择怎样的正统当作评价的标准。然而，很明显，李达毫无困难地把马克思主义重要理论家的著作置于他的唯物史观解读的优先位置；随着时间流逝，这一解读获得了相当的有效性，特别是与俄国革命成功联系在一起。这一解

---

① 一份李达著译目录罗列了他在 1919 年至 1923 年中期的 75 种文章、章节、译文和著作（《中国当代社会科学家》第 2 辑，书目文献出版社 1983 年版，第 131—134 页）。

② 卢克（Luk）是个例外，他称李达是一位"极为重要的理论家"（《中国布尔什维克主义的起源》，*The Origins of Chinese Bolshevism*，第 59 页）。

读之所以成为"正统",是因为掌权的人物和组织裁定它如此。就此而言,由李达介绍给中国早期共产主义运动的马克思主义是"正统"的马克思主义形式。正如我们所指出的,在面对各种歪曲、修正以及来自各方面的攻击时,李达试图忠实地捍卫它。我们由此能够得出结论,李达向中国早期共产主义运动介绍了一种独特的正统形式,一方面是通过他的理论阐释的内容,另一方面是通过他强化这种马克思主义的"正统"解读的争论。因此,他的影响是至关重要的。

不过,李达早年在脱离中共之前的影响还没有扩展到马克思主义的哲学维度。他早年著作缺少的正是对马克思主义哲学的阐释。瞿秋白扮演了向中国早期共产主义运动介绍马克思主义哲学的传播者角色①。李达在其早期著作中确实暗示了要注意新康德主义对马克思主义哲学的侵蚀,但他没有阐发这一点。这一时期他最为关注的是唯物史观以及社会和政治革命之间的关系。直到他 1926 年出版的第一部重要著作《现代社会学》才讨论了马克思主义哲学的问题,即使在那里,它也是附属于李达对唯物史观的扩展性解释。不过,到了 20 世纪 20 年代末 30 年代初,马克思主义的哲学维度的重要性给李达留下了深刻印象。通过他的译著的作者,如日本马克思主义者河上肇、苏联马克思主义者塔尔海玛②、西洛可夫和爱森堡,李达明显认识到理解马克思主义哲学对于中国共产主义运动极为重要。他以自己不屈不挠的独特方式,开始掌握这一复杂领域,写出了后来成为中国马克思主义理论经典著作的《社会学大纲》。该书一半以上的篇幅都在讨论辩证唯物主义哲学。

下一章我们将考察李达 1923 年脱党后出版的著作中的哲学和社会变革主题。我们主要关注的是李达的专著《现代社会学》中的内容,不过,我们也会涉及他在 20 世纪 20 年代末和 30 年代的其他著作。他的脱党行为是否削弱了他的马克思主义信念?这一行为是否改变了他关于历史变革过程的观点呢?他怎样把哲学领域融入他对唯物史观的解读之中呢?作为一名党外理论家,他又是怎样与"正统"联系在一起的呢?现在让我们开始探讨这些问题。

---

① 毫无疑问,瞿秋白在向中国早期共产主义运动引入马克思主义哲学方面远比李达重要。1923 年,瞿秋白就撰写了一部马克思主义哲学的重要著作,从而表明他非常熟悉当时关于唯物辩证法的起源和内容的争论。参见瞿秋白:《社会科学概论》,载《瞿秋白文集》第 2 卷,人民出版社 1988 年版,第 310—485 页。有学者在评论中国共产主义早期领导人的理论重要性时,认为瞿秋白为在中国阐释和传播马克思主义哲学发挥了最为重要的作用,参见宋志明、赵德志:《现代中国哲学思潮》,中国人民大学出版社 1992 年版,第 36—53 页。

② 塔尔海玛是德国人,作者误以为是苏联人。——译者注

第四章 李达与马克思主义理论（1923—1932）

在 1923 年 5 月出版的《马克思学说与中国》中，李达提出了国共合作的两种情形。第一种是共产党必须引导国民党，使他们成为左翼政党；第二种是共产党的独立性不容妥协。正如李达所言，共产党必须"时时要保持独立的存在，免受他党所影响"①。李达支持统一战线的策略，设想它能够带来极大的益处，但是，他坚持认为与国民党的联盟既不能削弱共产党的独立性，也不能削弱它从事无产阶级革命以完全实现民主革命的能力。因此，他赞同 1923 年 1 月共产国际在莫斯科提出的《关于中国共产党与国民党的关系问题的决议》的主要观点②。然而，他不能接受的是陈独秀和共产国际代表马林采取的方式，他们为了实现与国民党的合作而不惜放弃共产党的独立性。马林的俄文名是 Sneevliet，李达与他的关系非常糟糕③。陈独秀和马林的主张是"一切工作都要由国民党同意"④，而李达认为这只会削弱共产党的独立性。1923 年中期，李

---

① 《李达文集》第 1 卷，第 212 页。

② 这一方案明确指出，与国民党的合作"必须不能以中国共产党失去自身的政治认同为代价。共产党必须保持自己的组织和强有力的中央机构……中国共产党在合作中必须严格遵守自己的纪律并独立于任何其他政治团体……"参见托尼·赛什（Tony Saich）:《中国第一条统一战线的起源：马林（Alias Muring）所起的作用》[The Origins of the First United Front in China: The Role of Sneevliet (Alias Muring)] (Leiden: E.J, Brill, 1991), Vol. 2, pp.565–566.

③ 同上书，第 73 页。

④ Party History Research Centre of the Central Committee of the Chinese Communist Party (comp.), *History of the Chinese Communist Party: A Chronology of Events (1919—1990)* (Beijing: Foreign Languages Press, 1991), p. 20.

达愤然与陈独秀决裂，他极度愤怒于陈独秀的独断专权，毫不犹豫地离开了共产党。

李达的脱党举动本来可以成为他转变理论视角的契机，或许可以削弱他对马克思主义的认同。但是，他在 1923 年至 1932 年间的著作和译作表明，这种情况从来没有发生过。很可能是由于缺少在党内期刊和杂志发表文章的机会，他的著作在数量上并不多，主要是一些大部头。总的来说，它们展现了李达对马克思主义的坚定信仰，以及他对马克思主义理论维度的更为深入的理解。这一时期的主要著作有《现代社会学》(1926)、《中国产业革命概观》(1930)、《社会之基础知识》(1929) 和《民族问题》(1929)。他还翻译出版了数量可观的小册子，它们极大地扩展了马克思主义在中国发展的文本基础。这些译著第一次收录了马克思主义的哲学维度方面的精深研究成果，它们的作者包括日本马克思主义者河上肇以及苏联马克思主义哲学家卢波尔和塔尔海玛。

下一章我们将讨论这些著作和其他译著的内容和影响。本章我们将探讨第二章列出的那些主题，根据前面的章节来评价李达在 1919 年至 1923 年期间的著作。本章的重点是李达在 1925 年至 1932 年期间，也就是从他脱离共产党至 1932 年"北平时期"的初期的著作。我们还会追踪并评价李达对马克思主义的社会变革理论的理解，以及他对马克思主义的哲学维度的阐释。

一、《现代社会学》：社会结构和社会变革

《现代社会学》可能是李达这一时期最重要的，并且对革命运动产生了最大影响的著作。《现代社会学》出版于 1926 年 6 月，它以过去 3 年里李达在许多大学所做的唯物史观讲演为基础，是李达第一部论述马克思主义理论的重要著作[①]。这部著作共分为 18 章，近 17 万字。让人颇感意外的是，《现代社会学》是用文言文写成的，但是这并没有削弱它的吸引力。根据邓初民的回忆，当时革

[①] 参见黄楠森等主编：《马克思主义哲学史》第 6 卷，北京出版社 1989 年版，第 163—174 页；亦见庄福龄主编：《中国马克思主义哲学传播史》，中国人民大学出版社 1988 年版，第 210—221 页。

命者人手一册①。到1933年，这部著作已经再版14次②，被中国评论家认为是"为唯物史观在中国的传播作出了突出贡献，许多人由于它而第一次了解到马克思主义，并且走上了革命道路"③。确实，一旦读者越过该书的标题，就会发现它显然是一部马克思主义理论著作，而不是传统的社会学教材。在这本书以及后来的《社会学大纲》（1935、1937）的标题中插入"社会学"的字眼，都是有意用来迷惑人的。为了分散反动当局对该书内容的关注，排除出版和传播的障碍，李达用"社会学"来委婉地称呼唯物史观，唯物史观实际上是《现代社会学》的主要内容④。

在《现代社会学》的"序"中，李达强调了社会学的阶级属性⑤。他说，社会学的任务是研究社会进化背后的原理；在理解社会进化历史的基础上，理解现在的社会并预测未来。未来社会的理想是人类平等的社会。李达断言，由此来看，社会学的阶级性质非常明显，同样明显的是，真理也包含着阶级因素。学习社会学的人必须学习马克思的社会学，因为正是马克思提出了唯物史观，发现了社会组织的"核心"和社会进化的方向，并且提供了社会改造的指导原则。因此，社会学必须以唯物史观为前提。

于是，《现代社会学》主要关注的是对唯物史观的阐释⑥。李达将唯物史观与其他三种错误理论加以对照：契约论的社会理论、有机论的社会理论和唯心主义的社会理论⑦。李达指出，这三种理论都被用来维护资本主义。契约论暗含着对一切人类结成社会组织的理性同意，以及满足社会需求的意愿；有机论（或生物论）认为资本主义是自然界发展不可避免的产物；唯心论以心理学为前提，认为人们的风俗、习惯以及社会中的变化源自心理的变化。李达宣称，《现代社会学》

---

① 《中国哲学》1979年第1辑，第359页。邓初民是1928年在上海帮助李达创办昆仑书店的团体的成员之一。参见《中国哲学》1979年第1辑，第360页。

② 《现代社会学》于1926年由湖南现代丛书社出版。1928年，李达与几位志同道合的知识分子在上海创办了昆仑书店。参见《李达文集》第1卷，第236页脚注；亦见李达：《现代社会学》，昆仑书店1928年版，第1—2页。

③ 黄楠森等主编：《马克思主义哲学史》第6卷，第173页。

④ 宋镜明：《李达传记》，湖北人民出版社1986年版，第72页。

⑤ 《李达文集》第1卷，第236—237页。

⑥ 关于《现代社会学》中李达对唯物史观的简要阐释，参见《李达文集》第1卷，第370—372页。

⑦ 李达原文为契约的社会说、生物的社会说和心理的社会说。——译者注

的任务是揭露这三种理论的错误，倡导唯物史观的社会理论①。

唯物史观的核心观点认为，社会是由经济基础和上层建筑两大要素构成的结构。李达建议，首要任务是理解经济基础的结构，然后是"立于"经济基础之上的上层建筑，最后是这两者之间的关系。社会的基础是由经济关系组成的；上层建筑包含政治体系和各种意识形态。随着生产力的变化，作为组成部分的经济关系也会变化，政治体系和各种意识形态亦是如此。李达把人类关系区分为物质关系（也就是经济的关系）和精神关系，后者包括政治的、法律的、艺术和文学的、道德的、宗教的和哲学的等关系。所有这些关系构成了社会生活的总体，所有精神领域的关系组成了社会的上层建筑。

李达声称，在建立上层建筑的关系之前，人类首先必须为自己提供必要的物质资料。后者的生产导致生产关系，这些是人们改造自然并与其他人合作的关系。人们处在关系当中；在劳动过程中，通过利用劳动工具并且交换各自的劳动，人们成为生产关系的一部分。李达认为，一个社会的生产关系必须适应它的生产力，以促进这些生产力的发展。但是，生产力与生产关系的互相调和之形态仅仅是它们关系的一个方面；另一个方面是两者不相调和之形态，当它发生时，社会基础变得不稳定。为了发展生产力，劳动的技术与方式必须改变；不仅如此，劳动条件也必须改变。只有当劳动的技术与方式改变时，新的生产力才会出现；只有当后者出现时，生产关系才会变革。生产关系的变化意味着社会基础的变化，以及整个社会结构的完全转型。②

在确立了阐释唯物史观的前提后，李达的注意力转向上层建筑的结构和功能③。他说，社会的政治、法律的上层建筑和它的意识形态的出现是社会经济关系的产物，其功能是维系这些关系。社会的政治思想和政治方针的性质是由它的社会生活的性质所决定的；同样，政治组织是阶级斗争的产物。国家因而是统治阶级的机构，其目的是压迫劳动者阶级，在奴隶社会、封建社会和当代资本主义社会，国家都服务于这一目的。国家起初是由于统治阶级与劳动者阶级之间的矛盾不可调和而出现的。法律也是财产关系的表现，其作用是保护这些财产关系；它是为了使统治阶级剥削底层阶级的权利合法化。

---

① 《李达文集》第1卷，第238—240页。
② 同上书，第240—246页。
③ 同上书，第246—249页。

李达认为，科学也是上层建筑的一部分。它是人类用来统治和改变自然的工具，不过它是一种与表现人类情感、记录人类关系的技术密切相关的意识形态；随着这些关系的变化，艺术和文学同时改变。此前的很多艺术和文学都已成为统治阶级的产物，因为只有统治阶级的成员享受到足够的闲暇和机会来追求艺术和文学。同样，道德和伦理是社会的产物，随着生产力的变化，道德也发生变化；在阶级社会，道德发挥阶级的作用，使得一个阶级对另一个阶级的统治合理化。在李达看来，宗教世界也是现实世界的反映，宗教的神秘要结合现实生活来解释。自然崇拜适应于原始社会，基督教适应于封建社会，新宗教适应于资本主义。宗教跟道德一样，承担着阶级的功能，被一个阶级用来控制另一个阶级。

上层建筑的其他部分是哲学。李达在他早期讨论哲学的著作中认为，哲学的目标是理解生活和自然的基本原理。所有哲学概念都源于物质世界，哲学体系是普通群众的观念的系统表达，这些观念受到社会和经济环境的影响。人类思想与社会组织之间有着密切的关系；在特定社会发展起来的人类思想形式本质上描述了这个社会的经济状况，并且适应于社会阶级的需求。哲学由此产生，因此，它是特定阶级的哲学，它没有独立的存在。

李达总结道，当上层建筑由生产力和生产关系创造出来以后，它就能够影响它们。社会结构是由生产力所决定的，社会结构的形式变化也是由生产力的变化所决定的。上层建筑能够在量上影响这些变化，但不是决定经济的质的变化的主因。[1]

李达继续说道，人类区别于动物的地方不在于他们是社会动物，因为其他动物也有较高的社会组织形式；区别在于人类有能力制造工具和手段，并且有目的地运用它们来改变和控制环境。人类还能够积累经验，改进他们的生产工具，进而实现进步。一旦生产工具改变，人类生活会经历显著变化，一旦生活改变，意识随之改变。然而，新的意识能够产生新的工具。基于这一原因，统治社会性动物的法则不适用于人类社会。[2]

李达接着讨论了语言和思想的功能。它们的发展与生产工具的发明以及人类社会后来的发展紧密联系在一起。语言尤其是不可替代的交流中介；与动物不一

---

① 《李达文集》第 1 卷，第 249 页。
② 同上书，第 250—255 页。

样，人类能够运用语言表达情感，描述事物。语言和思想不可分，思想在人类进步过程中扮演着重要角色。李达指出，社会学研究者不应该忽视思想的意义；不能像心理学家那样把思想仅仅看作是事物的表现，而应该看到思想是能够对事物起反作用的。人类与动物的分离证明了这一点；人类能够确立、追求并实现目标，特别是通过意识来使用工具和手段。人类能够运用他们的思想能力，通过行动来努力实现他们的目标。通过工具的持续使用与发展，人类能够控制他们所处的环境，增强他们的思想和反思能力。于是，在生产工具的发展与人类思想能力的增强之间存在密切的联系；前者导致了后者，但后者反过来促进了前者的进一步发展，其结果就是社会进步。①

二、《现代社会学》：社会发展和社会意识

李达指出，社会发展是以社会生活日益增加的复杂程度和社会范围的扩张为标志的；社会生活的复杂程度源于生产关系的复杂程度，也就是说，发达的能力是生产与交换能力扩张的结果。李达建议那些探究社会生活的较高复杂程度及其范围的人们必须研究生产力的发展。生产力的发展有两个原因。在《现代社会学》的最初版本中，这两个原因是人口和人类欲望的增长。李达承认，考虑到人口的增长反映了人类生存必需的物质资料的增长以及人口的增长，马尔萨斯的人口理论有部分的正确性。人类也会努力满足他们的欲望，这同样会影响生产力，增加生产力的能力并推动其进步。

但是，在《现代社会学》的修订版中，李达利用以下两种因素来解释生产力的发展：劳动的社会化和劳动手段的发展。在初版中，上述两个因素被当作生产力发展的手段，而不是生产力的潜在原因。第一大因素即劳动的社会化的产生，以日益增长的劳动分工为基础。从工业的原始形式，如手工业，到复杂工业，如纺织业，不仅要求更为复杂的劳动分工，而且要求商品生产之间更为先进的合作；相应地，生产的发达形式发展出更加复杂的贸易与交换形式，它们反过来促进劳动分工的新形式。在资本主义社会，工人被按照有意识的计划，集中在工厂

---

① 《李达文集》第 1 卷，第 255—257 页。

里从事生产；大规模重工业组织建立在高度复杂的劳动分工之上，它同时促进生产的合作。发达的劳动分工以及随后的专业化生产能够促进生产力的发展。第二大因素即生产手段的发展之所以形成，是因为按照李达所引用的富兰克林的观点，人类是制造工具的动物，工具的发展能够增强人类对自然的控制。从人类直接作用于劳动对象的简单工具开始，人类发展了由许多小型工具制成的复杂机器。这些机器性能和动力方式的改进已经显著地增强了生产能力和生产力。①

当李达转而讨论社会变革时，他从革命是社会变革的核心这一前提开始②。他重复了自己早前的观察，即革命性的社会变化是由于社会组织阻碍生产力而发生的；生产力与生产关系，或者是与生产关系的法律表现即财产关系发生冲突。李达强调，必须是在社会的物质变化的基础上，而不是在社会意识的基础上评价社会变革，因为社会意识的变化跟随物质的变化，并且反映物质变化③。对于李达来说，社会意识仍然是一个非常重要的话题，他在《现代社会学》中用了整整一章加以讨论④。通过他在这一章中的阐释，我们能够清晰地理解他关于经济领域和上层建筑之间辩证关系的观点，经济基础仍然在这一关系中保持支配地位。

李达认为，为了实现他们的经济欲望，人们必须或直接或间接地与他人建立关系，这些关系具有生产关系的特征；同时，随着经济关系的出现，也会出现相应的意识活动。经济关系的总和构成了社会的基础，同时，各种意识活动的总和构成社会意识。所有个人都必须加入社会，因而必须服从社会意识。不过，在阶级社会出现后，社会意识由社会的统治阶级所决定。在封建社会，社会意识不是农民和穷人的意识，而是地主贵族的意识，尽管农民和穷人受到这一社会意识的支配；资本主义社会也是如此，工人受到来自资产阶级的意识活动的支配。

不过，社会意识的作用是什么？在李达看来，社会意识有助于支配个人的意识，从而维护现存社会。社会意识通过两种方式来拘束个人：第一种是内化的方式，是指个人没有意识到他跟随着社会意识的方向；第二种是外化的形式，它表

---

① 《李达文集》第 1 卷，第 258—263 页。
② 同上书，第 267 页。
③ 同上书，第 269—270 页。亦见第 516—517 页。李达在这里强调生产力中的技术的发展对于社会变化的重要性。
④ 《现代社会学》第 9 章，参见上书，第 287—294 页。

现为一种能够强迫个人认同的法律系统。李达认为，这种拘束的受益者是占有经济优势的阶级成员；那些受压迫的人们甚至可能意识不到他们是被压迫的，因为他们的观念受到社会意识的支配。①

但是，李达继续指出，社会不是静止不变的，一旦经济组织变得不稳定，社会意识的内容会发生缓慢的变化。构成社会意识的传统和习俗仍然会慢慢地改变，甚至在新的社会意识形态出现时还会持续地施加影响。这一点能够在资本主义社会看到，无产阶级受到资本家阶级的社会意识的强烈影响；然而，随着资本主义社会中无产阶级重要性的增长，无产阶级逐渐意识到这一社会意识之"不合理性"，就会出现一种在内容上反映无产阶级利益的新意识形态。无产阶级的意识建立在渴求社会主义的基础之上，随着资本家数量的减少以及无产阶级成员的增加，变革的力量增强；资本主义最终将被推翻，并且被社会主义社会所取代。随着无阶级社会的最终实现，社会意识将回复到它在古代无阶级社会所采取的形式，即适合于每个人而不仅仅是统治阶级的意识。②

在《现代社会学》后面的章节中，李达再度讨论了意识问题及其在社会变革中的作用。他强调，思想是由特定的阶级所创造的，但一般而言，在社会中占统治地位的意识形式是经济上占统治地位的阶级的意识。不过，随着新的阶级力量的出现，新的意识形态出现，在动荡和变革的时期，新的思想形态也会成为变革的因素，成为毁坏旧传统和习惯的"资助"③。李达阐释思想和社会意识的历史作用所形成的画面明显预设了社会结构和变革的唯物主义观念。他总是把意识形态的出现与特定社会及其特有的经济生产方式和关系形式联系在一起。他强调，意识与阶级联系在一起，在经济领域占优势的阶级同样也在社会意识领域占统治地位。在道德、法律、宗教、艺术和文化以及法律系统中，支配性的习俗、信念、习惯和实践都是在维护现存的社会和经济结构。只有随着新的经济实践和关系的出现，才会出现新的意识形态，即使到那时，旧传统和习惯在面对变革时仍会持续；只有在社会动荡和变革时期，新的意识形态才能够施加显著的影响，不过这一影响不如经济领域变革力量施加的影响那样强大。

---

① 《李达文集》第 1 卷，第 287—291 页。
② 同上书，第 291—294 页。
③ 同上书，第 370—374 页。

三、阶级、法律和政治

李达认为，阶级的出现是生产过程的结果，阶级结构的类型取决于生产的性质。正是生产力决定着生产关系①。社会分裂为彼此对立的两大阶级，意味着一切社会成员都是阶级的成员。对于李达而言，资源和生产工具的分配是理解社会成员在阶级结构中所处地位的关键因素。那些拥有生产资料的人占据领导者、管理者的地位，而那些缺少生产资料的人只能从事劳动；相应地，这种差别化的结构决定了不同的回报，资本主义社会的劳动者得到的是工资，而资本家从企业中获得了利润。

因此，在李达看来，阶级是一个经济范畴。不过，阶级同时也是一个法律和政治范畴，因为一个社会的法律系统和政治本质上是社会阶级关系的产物，必须与社会的阶级关系相一致。占有者阶级与无产阶级在生产关系领域截然不同的地位反映在法律领域中，法律的作用是维持占有者阶级的经济利益。这就是贯穿于李达论述法理学的诸多著作的一大主题。正如他后来在研究法律的《法理学大纲》（1947）中所指出的，法律中的财产关系就是经济层面的生产关系，它取决于私有财产的存在；法律中最基本的关系是阶级关系②。

同样地，阶级之间的对立是政治生活以及政治生活中的各种关系的前提。在李达看来，政治领域中最重要的机构是国家③，《现代社会学》的第八章集中阐述了国家与社会之间的区别、国家的实质和发展以及国家的消亡。不出所料，李达认为国家的基础是阶级之间的对立④。对特定类型国家的出现和特征的解释依赖于对社会的经济发展以及在经济发展过程中出现的阶级结构的类型的解释⑤。李达以不同阶级社会的国家为例，证明这些国家的结构和它们颁布的法律反映了生产过程的性质和占统治地位的经济阶级的利益。例如，以高级封建社会为特征的

---

① 《李达文集》第1卷，第315—316页。

② 同上书，第726页，亦见第508页。

③ 同上书，第507页。

④ 李达在其他地方指出，在原始社会中没有国家，因为那里没有剩余生产物，也没有独占剩余生产物的阶级。同上书，第507页。

⑤ 同上书，第330页。

国家是以具有初期封建社会特征的农业形式和经济生产的转变为前提的。人口的增长，新型农业技术的发明，庄园土地的扩张，手工业的快速增长，国家之间的大规模贸易和商业的出现，大城市特别是作为工商业中心的资本主义城市日益增长的重要性，所有这些都预示着从分散的政治结构向新生结构的转变；在这个结构里，政治机构和权力日益集中，君主的权力显著增强。这种权力显然是用来强化随着封建社会的经济变化而出现的阶级结构，是属于领主的国家。同样，资本主义社会的国家是以资本主义性质的经济活动形式为前提的。工业和商业取代了农业而成为居统治地位的经济活动。生产现在是以机器为基础，它迫使一个阶级操作这些机器以获取工资；劳动力集中在城市，出现了私有企业之间自由竞争的经济体系。旧的封建国家被推翻，代之以一个代表占统治地位的新兴资本家阶级利益的国家。这个国家的目标是将资本家对工人阶级的剥削合法化，并且强化这一剥削；它的法律和政策都是为了保护统治阶级的权力，因而它的主要功能是缓和由于资本主义阶级结构内的不平等所形成的阶级斗争。

但是，李达断言，资本主义是阶级社会的历史发展中的最后一个阶段，这个在激烈的阶级斗争阶段出现的国家，就像产生它的资本主义社会一样，正在接近崩溃的边缘①。一旦经济发展抵达它的最高点，阶级的必要性就会消失，它们将会消亡；以阶级的存在为前提的国家也将消亡。为了实现这一目标，无产阶级必须掌握国家，运用它的权力使生产机构社会化。但是，一旦阶级差别消失，国家将成为全体人民的国家，这样的话它将失去作为国家的特征。

李达对国家理论的详细讨论给人留下这样的印象，即政治领域只不过是经济状况的反映。他确实在一些地方指出，生产力产生了经济阶级，阶级及其对立为国家奠定了基础。但是，李达在早期著作中也强调政治革命对于实现社会变革的重要性，这一主题再一次出现在《现代社会学》的第十四章，用来修正这一章对国家理论的稍显经济主义的解读。他声称马克思主义由三种理论组成：历史观、经济论和政治论。前两者属于马克思主义的理论领域；后一种属于实际政策的领域②。很明显，对于李达来说，后一种领域非常重要，因为组织和政策在此所取得的成功能够显著地影响经济领域革命的成功。李达的确认为，要完全实现

---

① 《李达文集》第 1 卷，第 340 页。
② 同上书，第 370 页。

经济革命，首先必须实行政治革命①。无产阶级成功掌握了权力，才能推进经济领域革命的完成，利用国家来实现对生产资料的集中控制，以及生产力的快速发展。

于是，李达就把政治和国家看做是有能力影响经济领域的，但是很明显，政治和国家只不过是在实现包含在社会经济结构内部的变革潜力。同样，社会意识也能反作用于它的物质基础，不过它被李达称之为"资助"。由此，他的社会变革概念就有了辩证法的特点，不过一直到最后的分析，它仍然是一种还原主义理论，它把生产力及其发展理解为历史的创造者。

四、辩证法和哲学

尽管就李达的社会变革理论承认经济领域与上层建筑诸多要素的相互影响而言，它是辩证的，不过，直到 20 世纪 20 年代中期，李达都没有向读者提供对马克思主义辩证法哲学的集中阐释。实际上，是瞿秋白（1899—1925）而不是李达，在 20 世纪 20 年代初撰写了大量马克思主义哲学方面的著作。1923 年，在担任上海大学社会学系主任期间所写的系列著作中，瞿秋白已经展现出对辩证唯物主义的熟悉，而这是其他早期中国马克思主义理论家所没有的。特别是在他的《社会哲学概论》中包含了对辩证唯物主义原则的颇具趣味的介绍。他在解释对立统一原则时认为，事物及其运动中的矛盾构成了"最基本的原则"；没有矛盾，就不会有矛盾的转变，因而事物的运动也就不可能②。然而，瞿秋白没有进一步阐释不同辩证法原则之间的关系，也没有阐释历史唯物主义和辩证唯物主义之间的关系。尽管如此，他是马克思主义哲学在中国的先驱，其他马克思主义者特别是李达，立足于瞿秋白所奠定的基础，在他们的著作和译著中进一步阐释并传播辩证唯物主义。

在《现代社会学》中，李达已经思考了人类意识问题，并且得出结论说意识在社会和历史变革中扮演一定的角色。至于正确意识能在何种程度上影响变革，

---

① 《李达文集》第 1 卷，第 381 页。

② 瞿秋白：《社会学概论》，载《瞿秋白文集》第 2 卷，人民出版社 1988 年版，第 307 页；亦见宋志明、赵德志：《现代中国哲学思潮》，中国人民大学出版社 1992 年版，第 36—53 页。

对于共产党而言十分重要的是，要阐释、传播那些能够指导并鼓励无产阶级在政治革命中的行为的意识形态。从理论上说，李达正是由此出发，深入探索马克思主义哲学，因为马克思主义哲学在这里被认为是洞察到了支配自然和社会领域中的运动和变化的规律；理解这种复杂的哲学也许能很好地指导实现变革的政治运动。李达在 20 世纪 20 年代末和 30 年代初的著作和译著呈现出对哲学世界的着迷，尽管他从来没有忽视哲学的政治意义。下一章我们将考察李达这一时期的哲学译著，在后面的章节中我们还会考察他的主要哲学著作《社会学大纲》。

在本章的剩余章节，我们将简要考察李达著作对哲学的初步研究。在 1929 年署名"李鹤鸣"的《社会之基础知识》中，李达简要回顾了哲学的历史，最后讨论了辩证唯物主义及其超越其他哲学的地方①。与通常一样，李达在这里仍然把他对哲学的阐释建立在这一前提性的信念之上，即经济结构是社会的基础，其中起作用的技术系统决定生产关系；随着技术的改变，生产关系也会变化，最终影响到社会形式②。不过，上层建筑的诸多因素不是对经济基础的消极反映，而是能够施加一些影响，或是阻碍或是促进源自经济基础的变化。政治（在资本主义社会表现为政治革命的形式）在社会变革中占据特别重要的地位。哲学，特别是对马克思主义哲学的辩证唯物主义的正确理解，如今作为变革的潜在力量而出现；正如李达所指出的，哲学因而成为"科学的科学"，因为它代表着自然科学和社会科学知识的综合，它是一切科学知识的基础③。

李达认为，哲学关心的是诸如人类知识、知识与世界关系的问题；它还关注精神与物质的问题，即思维与存在的关系问题。哲学是人类精神活动的顶点，因此，它与生产力之间的依存关系自然是非常复杂的。李达认为连接生产力与哲学的有如下一些要素：社会和经济中不同阶级的性质；阶级的配置和阶级存在的一般条件；社会的心理；各种科学的状态。于是，李达论证道，尽管生产力与哲学之间的联系非常复杂，但很明显的是，生产力仍然是哲学研究的起点④。李达以原始社会缺少明晰的哲学世界观为例，认为可以根据这些社会的劳动过程的性质和生活"事实"加以解释。在古希腊出现了系统化的哲学，它开始于自然哲学，

---

① 参见李达：《社会之基础知识》，新生命书局 1929 年版。
② 《李达文集》第 1 卷，第 505—507 页。
③ 同上书，第 511 页。
④ 同上书，第 512 页。

泰勒斯等哲学家试图解释宇宙间一切事物的根本。泰勒斯相信万物起源于水；一切事物源于水，复归于水。但是，当古希腊社会变得更为复杂时，它的哲学就从自然哲学发展成为包括对人类生活的反思在内的哲学。

在李达看来，一种有条理的世界观必须关注以下问题："我"与"非我"、"认识"和"存在"、"精神"和"实在"的关系问题；这些是古希腊哲学关注的根本问题，也始终是迄今为止哲学的热门话题。他认为，根据各种哲学对这些问题的回答，可以把它们划分为两大阵营。第一类包括那些把客观、自然和实在当作出发点的哲学，也就是说，它们把自然或实在看作是独立存在于人类之外的根本，把精神或思想看作是自然界或是物质世界的产物。第二类包括那些把主体、精神和思维当作出发点的哲学，它们把精神和思想看作是独立存在于自然之外的基础，把自然和客体看作是思想或精神世界的产物。前一类哲学是唯物主义，后一类是唯心主义。李达把那些试图调和唯物主义和唯心主义的哲学形容为折中论。

李达声称，哲学史就是唯物主义和唯心主义之间的对立和斗争的历史。柏拉图是唯心主义哲学的创始者，他的主观唯心主义哲学认为，观念是唯一真实存在的事物，一切可知的物体和现象都不过是观念的影像。在中世纪，哲学家沿用了柏拉图的观念论，认为上帝最初创造了万物；中世纪末的英国哲学家巴克莱宣称，存在的东西只是精神，其他一切只是表象。黑格尔意识到了客观理性存在于辩证法的自我运动中，因而建立了辩证的唯心主义哲学，他认为一切事物都是辩证法运动的表现形式。

李达继续说道，辩证法与唯物主义的结合产生了辩证唯物主义，它是革命阶级的哲学。他指出，辩证的唯物主义因素包括以下前提：

1. 只有自然是真实的；

2. 自然独立存在于精神之外；

3. 精神是自然的一部分；

4. 自然先于生命，物质先于精神；

5. 精神只有当物质具有确定形式的时候才会出现；

6. 精神不能脱离物质而存在，而物质可以离开精神而存在；

7. 认识来源于经验；

8. 意识是由外部世界所规定的；

9. 现实是唯一的认识对象，我们的认识只有与现实一致时，才是真正客观的。

当李达转而讨论辩证唯物主义的辩证因素时，他首先在古希腊哲学带有哲学论辩性质的对话模式中揭示了辩证法的起源。在辩论中，第一位讲演者的论述被第二位讲演者否定，对前两位讲演者论述的综合最终导致真理。李达补充道，人类思考事物的思想模式与这一对话模式相同。黑格尔指出，客观理性通过辩证法的正题、反题和合题的原则发展而来，所以有必要通过事物之间的相互联系，探索运动、变化和生活中的事物。

李达指出，唯物主义辩证法把辩证法视为矛盾发展的法则、物质的运动变化的法则，以及自然界和社会的运动变化的法则。他声称，辩证思维模式是把握自然界辩证法的唯一方法，因而它是唯一的科学方法。唯心主义哲学在思想中寻找真理，而辩证唯物主义在实践中寻找真理；唯心主义关注的是远离生活的抽象，而唯物主义重视生活的现实。于是，唯心主义和唯物主义是两大阶级意识的表现形式，唯心主义是远离直接生产过程和生产实践的阶级的世界观，而唯物主义是从事生产实践的阶级的世界观。①

我们能够在《社会之基础知识》的哲学部分找到李达若干年后将要深入探讨的主题和观念。他对哲学的探讨在 1935 年出版的《社会学大纲》（1937 年出版了第 2 版）达到顶峰，这部著作详细阐释了辩证唯物主义。但是，那种认为李达把哲学研究看作是脱离于对社会生活和行动的其他维度的研究的印象是错误的。很明显，李达意识到，马克思主义哲学提供了分析的概念、范畴和模式，它们能够促进对法律和货币等社会领域的丰富内容的研究。特别是，他利用源自辩证唯物主义的本质和现象等范畴来理解和解释法律所宣称的目的（它的"现象"）与法律的真实目的（它的"本质"）。在《法理学大纲》（写于 1947 年）② 中，李达认为，一切事物都是本质和现象的统一；有关客体的知识反映了对这种统一的理解，它是矛盾的统一。本质与现象的统一反映了同一性与非同一性，相容性与不相容性；现象既能够反映本质，又不能完全反映本质。但穷其究竟，本质决定着现象；现象是客体内部各个方面的联系的表现形态，本质反映了现象内部的根本联系。现象以本质为媒介而存在，本质通过现象而发展；现象反映了对象的发

---

① 《李达文集》第 1 卷，第 511—516 页。
② 同上书，第 723 页。

展，本质是对象的相对稳定性。李达继续说道，现象与本质的矛盾是科学认识的前提；如果现象与本质完全一致，科学就变为无用之物。现象是在感觉层面对客体的直接反映，而本质是隐藏在对象深处的，要求运用思维来发现它。因此，要了解对象，不能止步于它的表面现象，而必须透过现象，发现其背后隐藏的本质。从现象中发现本质是科学认识的起点。[1]

李达接着运用现象与本质的辩证区别来分析法律。法律的现象表明它是在保护个人的自由，确保所有人的平等。例如，宪法赋予所有公民的法律平等，无论他们的性别、宗教、种族、阶级和党派。[2]但法律的实质却不是这样的，它的实质是一种阶级关系，它的阶级属性使得它被用于维护特定的阶级结构[3]。同样，在李达20世纪30年代初的经济学和货币学著作中，他运用现象与本质的辩证法分析货币。货币本质上是商品价值的一般的具体表现，是商品生产者的社会生产关系的表现，它是商品经济的矛盾运动的一种必要形式。在货币的现象形态中，它成为不同价值的商品进行交换的中介，这一中介解决了商品的价值（即商品包含的社会必要劳动时间量）与使用价值（即购买商品所支付的价格）之间的矛盾。必须区分商品的世界与货币的世界，尽管货币的实质存在于商品的世界，因为后者是价值的来源。[4]

五、结语

20世纪20年代末李达著作对马克思主义哲学的兴趣可能是由他所翻译的大量哲学著作而触发的。在李达《社会之基础知识》（1929）出版的同一年，他翻译出版了塔尔海玛的《辩证唯物论入门》，这部著作起初是莫斯科孙中山大学使用的教科书。第二年，河上肇的《马克思主义经济学基础理论》被译为中文，李达是译者之一。这部著作用大量篇幅讨论了马克思主义哲学，这些内容正是李达所翻译的。1930年，李达还翻译出版了苏联哲学家卢波尔的《理论与实践的社

---

[1] 《李达文集》第1卷，第723页。

[2] 同上书，第724页。

[3] 同上书，第727页。

[4] 李达：《经济学大纲》，武汉大学出版社1985年版，第186—190页。

会科学根本问题》，这部著作主要阐释了列宁对马克思主义哲学的理解。下一章我们将考察李达的上述和其他译著。

进一步而言，李达对哲学的关注是对苏联哲学日益增长的兴趣的反映。正如我们在第二章所谈到的，机械唯物主义的拥护者与辩证唯物主义的倡导者之间的激烈论战在 1929 年达到顶峰，辩证唯物主义及其主要代表德波林取得了胜利。这一胜利之所以重要是因为以下原因：第一，它确立辩证唯物主义为马克思主义的哲学。包括经验批判主义的追随者恩斯特·马赫在内的其他一些哲学家也宣称他们自己是马克思主义者。如今，第一次出现了裁定辩证唯物主义为马克思主义哲学的官方说法。与之相关的第二点是，由德波林主义者界定的辩证唯物主义成为正统的马克思主义哲学。苏联共产党利用权力强化了辩证唯物主义的正统地位，机械唯物主义等竞争对手很快发现哲学不再是自由探究或思考的智识领域；正统哲学家主张对非正统哲学加以约束。不仅如此，苏联的正统哲学在国际共产主义运动中保持着同样的地位。

正统马克思主义理论和哲学在中国的传播是马克思主义知识分子的翻译活动和解释性著作的产物，李达是这些马克思主义知识分子中最重要的代表人物。正如我们在前面的章节中所看到的，20 世纪 20 年代初李达的唯物史观著作明显是在构建马克思主义关于社会变革的正统观点。通过 20 世纪 20 年代末李达的著作和译著，我们能够看到类似的研究过程。尽管李达在 20 世纪 20 年代末的著作只是简略论述了哲学，但这些内容表明，李达不仅对辩证唯物主义越来越感兴趣，而且越发意识到在中国革命运动中传播的哲学应该是正统的版本。这种兴趣和关注随着 20 世纪 30 年代中期李达的代表作《社会学大纲》的出版而达到顶点，这部著作的前半部分都是在解释辩证唯物主义。值得注意的是，《社会学大纲》对辩证唯物主义的阐释没有把德波林的观点当作出发点；相反，李达所解释的辩证唯物主义是 1931 年后由德波林的哲学继任者米丁所提出的正统版本。李达对1931 年以后苏联哲学著作的阅读使他确信德波林犯了过于强调黑格尔主义、缺乏"党性"的错误，他确保了自己的著作不会出现同样的弊病[①]。这样一来，李达就为中国共产党提供了哲学领域的正统观点，这一观点将会产生强有力的持续

---

① 参见李达为西洛可夫、爱森堡的《辩证唯物论教程》所写的"译者例言"（西洛可夫、爱森堡等：《辩证法唯物论教程》，李达、雷仲坚译，笔耕堂书店 1935 年版，第 1—4 页）。

影响。

当我们把注意力转向李达在 20 世纪 20 年代末讨论马克思主义的社会变革理论的著作时，给我们留下最深刻印象的是他致力于一种把生产力特别是其中的技术因素当作首要原因的唯物主义解释。在李达看来，生产的技术维度的复杂本质和程度对于社会变革方式产生了决定性的影响，因为它既为一定的劳动形态提供必要性，又迫使其他劳动形态走向消亡。因此，特定社会形式的阶级结构植根于盛行的生产技术，尽管两者之间存在相互影响。同样，李达总是认为，在经济基础与上层建筑的关系中，经济基础占主导地位。上层建筑的各种因素（政治、法律、宗教、艺术和文学、道德、哲学）都起源于经济基础。正如李达在《现代社会学》中用大量篇幅所论证的，经济中的变革最终将导致国家结构和政策的变化，同样也会影响上层建筑的其他因素。不过，对于李达而言，经济基础与上层建筑之间的关系不是单向的。上层建筑的因素一旦被创造出来，就有能力影响经济基础，主要是阻碍或促进经济基础的变革。

李达所赋予的上层建筑的影响程度最明显地表现为他对政治革命促进社会革命实现的信心。在前面的章节中，我们就从李达的早期著作中看到，李达是政治革命的拥护者，因为他相信，只有一定的生产力和阶级关系已经出现，政治革命才有可能发生，由此形成的政治组织和意识形态就能作为催化剂来实现经济力量进一步发展的变革潜能。于是，李达早年对唯物史观的解释包含着强烈的辩证法主旨，其中经济基础和上层建筑以相互作用但最终不平等的关系结合在一起，经济基础领域规定了那些能够影响上层建筑诸多因素的性质和能力。

在 1923 年李达脱离中国共产党之后，这一主题仍然贯穿在他的著作中，他总是在历史分析中更为强调经济领域作为出发点的重要性。这是他扩展自己的唯物史观解释所得到的结论。他 20 世纪 20 年代末的著述中很少有这样的短文，它们充满论辩色彩，倡导同志们组织起来、为政治革命而战斗（这是 1923 年以前他的文章风格），而更多的是广泛、详尽地阐述马克思主义的各种理论维度。他的《现代社会学》是杰出的范例，他的《中国产业革命概观》（1929）也是如此。这部著作非常清楚地表明，李达认为中国政治革命的可能性出自 20 世纪中国经济的根本变化①。不过，这些论域广泛的著作并没有削减李达对于中国政治革命

---

① 李达：《中国产业革命概观》，昆仑书店 1929 年版。

的可能性和可欲性的信念，相反，它们充分考虑到构成政治革命可能发生的背景的经济力量，喊出了政治革命的呼声①。

有些吊诡的是，正是由于李达脱离中国共产党，他在 1923 年以后对马克思主义的更为深入、广泛的理论考察才得以可能。尽管他仍然是一名活跃在党外的革命家，但他不再参与党的日常事务或是宣传工作，这使得他有空探索并扩展自己在教育、社会科学理论和哲学方面的兴趣。这样一来，他就能够思考、写作马克思主义理论和哲学的大量著作，到 20 世纪 30 年代中期，他已经确立了作为中国杰出马克思主义知识分子的声望。正如我们所指出的，这些解释马克思主义理论的大部头著作对马克思主义在中国的发展产生了巨大影响，为其他更多优秀的政治人物特别是毛泽东提供了文本基础，他们从中形成自己对马克思主义的理解。

不过，李达在向中国人介绍马克思主义理论过程中产生的影响不仅仅是通过他自己的著作，还包括他的译著。一开始，李达就意识到向中国革命者提供获得日本、欧洲和苏联马克思主义者的著作渠道的紧迫性，他最早的一些著作都是译著，这绝不是是偶然的。1920 年至 1935 年间，李达出版了近 32 部译著，从马克思的《哥达纲领批判》等短篇文章到考茨基的《卡尔·马克思的经济学说》②、西洛可夫和爱森堡的《辩证法唯物论教程》等大部头著作。译著对于马克思主义在中国的传播所扮演的角色以及它对中国马克思主义发展形成的品质的贡献，是一片没得到研究中国马克思主义的西方学者应有重视的领域。然而，在评价李达为马克思主义理论在中国的发展所作出的贡献时，有必要详尽考察他的译著，这也是我们下一章的任务。

① 在 1928 年的一篇文章中，李达仍然呼吁中国所需要的革命。参见《中国所需要的革命》，《现代中国》第 2 卷第 1 期（1928 年 7 月 16 日）。
② 据考证，李达没有翻译过此书。参见汪信砚：《李达传播马克思主义的重要史实勘误之一——关于李达是否翻译过考茨基〈马克思经济学说〉的考辨》，《武汉大学学报（人文科学版）》2012 年第 11 期。——译者注

第五章　马克思主义在中国的传播与翻译

对于评价影响早期中国共产主义运动的理论来源而言，译著在马克思主义传播到中国的过程中扮演的角色具有显著的意义。然而，它居然被严重忽视了①。不过，任何试图评价第一代中国马克思主义者的理论成熟程度以及他们的马克思主义阐释的性质的努力都不应该忽略这些译著的内容，因为它们包含着酝酿后来影响中国马克思主义的理论形式和政治策略的重要因素。对这些译著内容的分析能够揭示为什么中国马克思主义采用这样的理论路线以及为什么中国马克思主义长期争论"正统性"问题。通过把这些译著看作是理论和政治灵感的源头，我们将更为清楚地认识到这一事实，即中国马克思主义延续了一种源自中国语境之外的理论传统，这一传统有自身的概念体系、理解模式和话语形式；认识到这一点，就会削弱那种广泛流传的偏见，即把中国马克思主义仅仅看作是假定的主流马克思主义（即欧洲和／或苏联马克思主义）的远房的、外来的亲戚。考虑到中国马克思主义的外部理论来源主要表现为译著的形式，中国马克思主义从来不是"封闭的"，尽管中国马克思主义者后来在应用他们所理解的马克思主义理论时有着鲜明的特色②。马克思主义在进入中国之前有着自己的历史，这一历史（围绕

① 不过，可以参见阿里夫・德里克（Arif Dirlik）：《中国共产主义的起源》（*The Origins of Chinese Communism*, New York: Oxford University Press, 1989）。更多信息可以参考张静庐辑注：《中国出版史料补编》，中华书局 1957 年版。

② 例如，施拉姆用"与世隔绝（hermetic）"一词来形容毛泽东的中国化马克思主义。参见斯图尔特・施拉姆（Stuart R. Schram）：《毛泽东的政治思想》（*The Political Thought of Mao Tsetung*, Harmondsworth: Penguin, 1969, revised edition），第 114 页。

理论、政治运动和斗争的争论）后来通过李达等人的努力传播到中国，他们承担了将马克思和马克思主义的著作译为中文的繁重任务。

李达在 20 世纪 10 年代末信仰马克思主义之后，开始了一段集中学习马克思主义基本理论的时期。当时，李达身处日本，能够利用的资源都是日文的①。其中许多资料是由日本社会主义者写成的，不过还有一些是欧洲马克思主义者研究马克思主义的著作的日文版。对于李达而言，那些没有译为日文的著作难以理解，因为尽管他略懂德文和英文，但他对这些欧洲语言的掌握程度远不及他对日文的精通②。在作为马克思主义理论家生涯的起始阶段，李达就意识到掌握马克思主义文本的问题，以及这一问题对于在中国传播马克思主义的重要性。青年李达把翻译马克思主义著作当作一项紧迫的、高要求的任务，并且投入了大量的精力。在接下来的 20 年时间里，从李达的笔下喷涌出翻译的泉流，包括 30 多部著作和文章。毫不夸张地说，李达是早期中国马克思主义翻译事业中最重要的人物之一。由于他的努力，初生的中国共产主义运动获得了阐释马克思主义的极为重要的著作，这些著作对中国马克思主义的理论发展产生了深远的影响③。

---

① 日本对社会主义和马克思主义的兴趣始于 19 世纪 70 年代，从 19 世纪 80 年代开始许多欧洲社会主义的译著和文章在日本出版。参见 [美] 贝纳尔：《一九○七年以前中国的社会主义思潮》，丘权政、符致兴译，范道丰、陈昌光校，福建人民出版社 1985 年版，第 4 章。亦见盖尔·伯恩施坦（Gail Lee Bernstein）：《俄国革命，早期日本社会主义者和教条主义问题》（"The Russian Revolution, the Early Japanese Socialists, and the Problem of Dogmatism"），载《共产主义比较研究》（*Studies in Comparative Communism*），Vol. IX, No. 4 (Winter 1976)，第 327—348 页。

② 参见袁锦翔：《无产阶级译界前辈李达》，载《为真理而斗争的李达同志》，武汉大学出版社 1985 年版，第 169—176 页；亦见李达为拉比托斯等著的《政治经济学教程》所写的"译者例言"（拉比托斯、渥斯特罗维查诺夫著：《政治经济学教程》，李达、熊得山译，笔耕堂 1932 年版，第 1—2 页）。李达在此承认他不懂俄文，只能利用日译本。因此，他所翻译的俄文本已被日本马克思主义者和社会主义者的选择和翻译过程所过滤。

③ 李达的翻译活动集中于对马克思主义的阐释，而不是马克思和列宁的文本。他只翻译了马克思和列宁的 3 部著作。第一部是马克思的《德国劳动党纲领栏外批评》，载《新时代》第 1 期，1923 年 4 月，第 1—28 页（这部著作通常被译为《哥达纲领批判》）。对李达这篇译文的分析，参见袁锦翔：《无产阶级译界前辈》，第 171—175 页。第二部是列宁的《列宁的妇人解放论》，载《新青年》第 9 卷第 2 期，1921 年，第 1—2 页。第三部是马克思的《政治经济学批判》，昆仑书店 1930 年版。（经考证，李达实际上并没有翻译过马克思的《政治经济学批判》，参见汪信砚：《李达传播马克思主义的重要史实勘误之二——关于李达是否翻译过马克思〈政治经济学批判〉的考辨》，《江汉论坛》2013 年第 4 期。——译者注）

当然，李达不是唯一一个投身于马克思和马克思主义著作翻译事业的中国知识分子。其他人如陈望道、吴亮平、张仲实、秦邦宪、侯外庐、王亚楠和郭大力也作出了重要贡献①。但是，李达的贡献非常突出，这是因为，首先他是把重要的欧洲马克思主义者和日本社会主义者的评论和阐释译为中文的第一人。例如，他把考茨基《马克思经济学说》的日文版译为中文②，这部著作简明扼要地概括了马克思《资本论》第1卷的主要观点。李达所翻译的这一重要著作产生了显著影响，它被李大钊在北京创办的马克思主义学习小组所使用③。同样，他在1921年翻译出版的荷兰社会主义者郭泰的《唯物史观解说》以通俗、广泛的形式囊括了马克思主义的主要论题。其次，李达的译著经常翻印出版，这表明它们备受欢迎，受众广泛。例如，截至1932年，李达翻译的郭泰著作再版了13次。再次，李达的翻译活动之所以突出是因为它们涉及广阔的领域，并且有着庞大的篇幅。尽管李达关注的重点是马克思主义的理论和政治维度，但他还翻译了其他主题的著作，如斯堪的纳维亚文学、中国关税制度、妇女运动、德国文学和艺术。我们不要忘记的是，在保持高产量译著的同时，李达还在著书撰文，积极参加政治和教育活动。最后，李达的翻译活动之所以超群是因为它们影响了毛泽东的哲学思想。毛泽东阅读并批注过李达与人合译的西洛可夫、爱森堡等著的《辩证法唯物论教程》和河上肇的《马克思主义经济学基础理论》（它包含了马克思主义哲学的核心内容）两部译著。第一部著作对毛泽东在1937年写作《矛盾论》和《实践论》产生了重要影响④。

于是，李达的翻译活动是他毕生在中国传播马克思主义活动的一个重要方面，要了解他的思想和政治活动，就不能不谈他的翻译活动。它们之所以对于这

---

① 参见王身炳：《中国马克思主义的一代宗师》，载《纪念李达诞辰一百周年——中国现代哲学与文化思潮（续集）》，湖南人民出版社1991年版，第25—27页。

② 经考证，李达并未翻译过考茨基的《马克思经济学说》，参见汪信砚：《李达传播马克思主义的重要史实勘误之一——关于李达是否翻译过考茨基〈马克思经济学说〉的考辨》，《武汉大学学报（人文科学版）》2012年第11期。——译者注

③ 王炯华：《李达与马克思主义哲学在中国》，华中理工大学出版社1988年版，第27页。

④ 《毛泽东哲学批注集》，中央文献出版社1988年版，第1—136、453—492页。亦见尼克·奈特（Nick Knight）主编：《毛泽东论唯物辩证法：1937年的哲学著作》（*Mao Zedong on Dialectical Materialism: Writings on Philosophy*, 1937, Armonk, New York: M.E. Sharpe, 1990)，"导言"。

一研究特别重要，是因为李达的译作涉及此前我们所考察过的他著作中的主题，如马克思主义哲学和社会因果关系问题。在接下来的分析中，我们偶尔会把注意力投射到李达译著的其他方面；不过，在大多数时候，我们主要关注的是马克思主义思想的这两大核心维度。对李达译著的这些主题的考察表明，中国马克思主义者面临的理论选择的实质和范围将变得更加清晰，尽管全面研究译著对于中国马克思主义发展的影响当然需要囊括为了早期中国共产主义运动而投身翻译活动的所有同志，而不限于考察这里所提到的译著。

李达的翻译活动可以划分为两个完全不同的阶段：第一个阶段是从他在 1910 年后期信仰马克思主义到 1923 年脱离中国共产党。在这期间，李达翻译了大量的文章和 3 部著作，涉及马克思主义理论和政治的不同方面以及其他主题。随后一段时间里，李达几乎没有出版任何译著。第二个阶段始于 1928 年李达、邓初民等人创办昆仑书店。这家书店的目标是向读者提供哲学和社会科学方面的进步作家的大量译著和书籍。昆仑书店的创立激发了李达翻译著作的汹涌之势，尽管他的有些译著是由其他书店出版的。到 1932 年，他已经翻译或合译了 13 部著作。李达的主要翻译活动结束于 1932 年西洛可夫和爱森堡的《辩证法唯物论教程》的出版，因为除了另外一部出版于 1938 年的译著，李达再也没有出版过译著。对此，有不少的解释：第一种解释是，正如我们在后面的章节将会看到的，从 1932 年开始，李达完全投入到他自己关于马克思主义哲学和社会理论的重要著作《社会学大纲》的写作当中。李达无疑意识到在中国传播马克思主义的第一阶段已经结束，虽然还有一些马克思和马克思主义的著作尚未翻译，但是，对于中国马克思主义者而言，当前的重要任务是撰写马克思主义理论的教科书。这些教科书不仅要包括对马克思主义普遍性维度的讨论，还要探讨把马克思主义运用于中国的特殊社会和经济状况的问题。导致李达中断翻译活动的第二个重要原因是日本军国主义和法西斯主义的崛起。不要忘了李达是从日文翻译马克思主义著作的，尽管他没有足够的德文水平来检查日文译本是否符合德文文本的原意。由于日本出现了敌对马克思主义和社会主义运动的政治环境，李达能够翻译的众多材料枯竭了[1]。第三个相当无趣的理由是，1932 年李达受聘于北平大学法商学院，

---

[1] 1993 年 10 月在武汉与袁锦翔的访谈。袁锦翔教授研究过李达的翻译活动。参见《无产阶级译界前辈李达》。

因而不再依赖于他的译作所带来的收入。20 世纪 20 年代末，李达发现自己陷入了窘迫的经济状况，他和王会悟当时要抚养两个孩子，在国共合作破裂之后的反动政治局面下，他们几乎找不到工作。由于外文译作销量不错，李达把翻译当作谋生的一大手段，但到了 1932 年，他已经度过了财务困难时期①。

　　本章我们将介绍并简要分析李达翻译的大量重要著作和文章。我们的目的是探讨这些文本对第二章详细讨论过的马克思主义理论问题的回应。李达译著的那些日本、欧洲和俄国作者是怎样论述社会因果关系问题以及经济基础和上层建筑的关系问题的呢？如果他们讨论了马克思主义哲学，他们是怎样思考它的核心观点的呢？他们列出了哪些哲学法则和范畴呢？其中，哪些法则和范畴更为重要？为了回应这些问题，我们显然应该提供关于这些非常重要的著作的概要预览。不过，这些简洁的预览将证明，这些译著提供了论述马克思主义的核心理论问题的海量信息，因此，这表明中国马克思主义者不像西方研究中国早期共产主义运动的著作所暗示的那样，是丛林中的理论婴儿。很明显，欧洲、俄国和日本的马克思主义者和社会主义者对经济基础和上层建筑的关系问题的回应将中国马克思主义者与在马克思主义传统中进行理论选择的可能性联系在一起；同样明显的是，对于中国马克思主义者而言，这就出现了替代对社会变革过程的机械主义和经济主义解读的可能性，而且这些替代性选择拥有相当程度的理论合法性。对于马克思主义哲学而言也是如此，因为在这些译著特别是苏联哲学界在 1931 年"大清洗"前后出版的文本中，明显有许多不同的解读。

一、李达论翻译

　　然而，在考察李达的翻译之前，了解他的翻译思想是非常重要的。不过，散布于李达译著中的译者前言和后记中没有发现这方面的踪迹，李达从未公开出版涉及翻译问题的讨论。在 1954 年的一次座谈会上，他却围绕这一主题发表了讲话。幸运的是，这一讲话被武汉大学的同事记录并保存下来了。在讲话

---

① 1993 年 10 月在武汉与王炯华的访谈。王炯华教授的李达研究著作目录，参见本书"参考文献"。

（《谈谈翻译》）中，李达提出了指导翻译工作的几条标准①。李达建议，翻译工作者应该争取做到三点：准确理解原意（信）、译文精确无误（达）和译文形式优雅（雅）。他承认最后一点最难实现，只要做到了前两点也就足够了。为了达到"信而达"，首先译者必须努力提高他们的中文修养，如果中文程度太差，就会在翻译过程中失去文本的原意。其次，译者必须提高他们的政治水平，如果政治水平不够，译者就无法理解原著中的进步知识或是它的基本精神。李达认为，无论从事何种翻译工作，都必须学习马克思列宁主义和毛泽东思想，因为只有掌握这一"武器"，才能提高自己的思想水平和政治认识，从而把翻译工作做好。再次，译者必须翻译自己熟悉的东西。翻译专业性的著作必须具备一定的专业知识。最后，译者必须采取对人民（包括作者和读者在内）负责的态度。为此，译者要竭尽全力。译者先要吃透原著，弄清疑难问题，然后才能动手去翻译。在李达看来，翻译既意味着深入理解作品，也意味着深入了解作者："据我的经验，翻译一部外国作家的作品，首先要了解这个作家的生平，他写过哪些作品，有什么特色，他的作品在他那个时代占什么地位，等等；其次要能看出这个作家的风格，然后再动手翻译他的作品。很重要的一点是要能将他的风格翻译出来。"②

很明显，这些评论和他的译著的主旨表明，政治俨然是选择原著和决定翻译模式的主要标准，这里的"政治"既是指作者和译者的政治倾向，也包括译者的政治水平。尽管李达的译著涉及不同领域的广泛主题，但贯穿其中的共同线索是他向中国进步知识分子提供国外社会、政治和文化等领域重要信息的期望。例如，1921 年他所翻译的生田春月论述斯干底那维亚文学的文章，就是为了向中国知识分子介绍斯干底那维亚作家，并且让他们知道斯脱林褒格（Strindberg）和易卜生等作家使用过的进步主题和写作技巧③。同样，他所翻译的高柳松一郎论述中国关税制度历史的著作提醒读者注意由于外国干涉和控制中国贸易而导致

---

① 《谈谈翻译》的摘录出自袁锦翔的《无产阶级译界前辈李达》。
② 同上书，第 177 页。根据袁锦翔的《无产阶级译界前辈李达》所述，作者所引的这段话实际上是袁锦翔所引述的茅盾的观点，并非李达的观点。——译者注
③ 生田春月：《现代的斯干底那维亚文学》，李达译，《小说月报》第 12 卷第 4 期，1921 年 1 月，第 1—11 页。需要注意的是，早期中国杂志的页码，经常是每一篇文章都从第 1 页开始。李达这篇译文也是如此。李达还翻译了宫岛新三的《日本文坛之现状》，《小说月报》第 12 卷第 4 期，1921 年 4 月，第 5—15 页。

中国承受的不平等和不公正①。我们在李达的大量译著中找不到向那种所谓译者的作用是提供消遣或娱乐的观念的丝毫让步；他的译著是为了教育、启蒙，并且最重要的是号召读者行动起来。

二、考茨基和马克思主义经济学、郭泰和唯物史观

在日本的时候，李达翻译了三部涉及马克思主义理论广阔领域的著作。一本是考茨基的《马克思经济学说》。该书首次出版于 1887 年，李达的中译本出版于 1921 年②。这部著作提供了对马克思《资本论》第 1 卷的既具可读性又相当全面的概要，自从问世以来的数十年间一直是马克思主义经济学的入门手册，许多初学者通过阅读它而更好地掌握了《资本论》③。考茨基遵循《资本论》论述商品的价值和使用价值的方式，展开了对商品的分析。他论述了货币及其流通以及价格问题。在分析货币时，他考察了货币转化为资本的方式，还探讨了剩余价值以及资本主义条件下劳动力如何成为商品的问题。他复述了马克思关于劳动日以及剩余价值如何成为产生利润的中心因素的讨论。通过讨论在降低工资的过程中对劳动力的剥削与产业后备军的作用，阶级概念被引入。考茨基明确指出，马克思运用政治经济学揭示了资本生产过程的自然法则，因此，他对资本主义"运行法则"的分析是以科学方法为前提的。

李达翻译的这本考茨基的《马克思经济学说》被李大钊在北京领导的马克思主义学习小组所采用。中国学者认为，它后来为在中国传播马克思主义政治经济学发挥了重要作用，许多读者是在它的帮助下学习唯物史观的④。它也是李达所

---

① 高柳松一郎：《中国关税制度论》，李达译述，上海商务印书馆 1924 年版。

② 卡尔·考茨基：《马克思经济学说》，李达译，中华书店 1921 年版。（经考证，李达实际上并没有翻译过考茨基的《马克思经济学说》，参见汪信砚：《李达传播马克思主义的重要史实勘误之一——关于李达是否翻译过考茨基〈马克思经济学说〉的考辨》，《武汉大学学报（人文科学版）》2012 年第 11 期。——译者注）

③ 莱泽克·科拉科夫斯基：《马克思主义的主要流派》第 2 卷，马翎、袁晶、赵艳萍译，唐少杰、魏志军校，黑龙江大学出版社 2015 年版，第 31 页。

④ 王炯华：《李达与马克思主义哲学在中国》，第 27 页。

翻译的第一部经济学和政治经济学著作，这方面的其他著作主要是在他翻译活动的第二阶段完成的①。

李达在日本翻译的第二部马克思主义著作更为直接地关注那些构成唯物史观的全部理论和概念。《唯物史观解说》的作者是荷兰马克思主义者郭泰（1864—1927），他是社会民主党左翼的领袖之一，也是荷兰最重要的诗人②。这本书共14章6万字。李达依据日译本而翻译。据他所言，日译本不完整，他在翻译时参考了德译本和日译本，确保了中译本是完整的。由于他自己的德文知识"不太好"，在碰到德文困难时他获得了朋友李汉俊的帮助③。

《唯物史观解说》开篇讨论了历史的唯物论与哲学的唯物论。郭泰认为，哲学的唯物论主张物质是永恒的，精神起源于物质的基础。他指出，哲学的唯物论探讨思想的起源，而唯物史观探究人类思想变化的原因。意识是由社会生活决定的，社会生活还构成了生产力和生产关系以及这二者之间的矛盾。因此，唯物史观认为阶级对立与不平等是塑造人类意识和历史的主要因素④。郭泰以宗教为例来说明。宗教是社会和经济条件的产物，它是原始社会中对自然的无知和恐惧的

---

① 参见米哈列夫斯基：《经济学入门》，李达译，上海乐华图书公司1930年版。这是一部根据苏联观点撰写的438页厚的教科书。它论述了资本主义经济、剩余价值理论、货币生产、劳动力、工厂管理、价值以及资本主义的成熟与崩溃。亦见拉比托斯、渥斯特罗维查诺夫：《政治经济学教程》，李达、熊得山译，笔耕堂1932年版。这部两卷本的、909页厚的著作的内容与米哈列夫斯基的书相同。该书各章论述了价值、商品经济的矛盾、一般价值概念、生产价值的具体劳动、价值形式和货币、商品拜物教、剩余价值的生产、相对剩余价值和绝对剩余价值、劳动和资本、生产和积累的一般概念、利润、资本循环和利润率、利润率下降趋势、商业资本、地租，以及农业生产的集中化。李达的中译本以1931年的修订版为基础。在李达看来，该书的早期版本犯有严重的少数派的错误；经过纠正后，该书现在包含了对马克思主义理论中的农业问题的详细研究，包括对马克思、恩格斯、考茨基、李卜克内西、列宁和共产国际的著作的研究。亦见河田嗣郎：《土地经济论》，李达、陈家瓒译，上海商务印书馆1930年版。李达翻译了该书的前篇"地代论"。

② 参见瑟奇·布里西亚内（Serge Bricianer）：《潘涅库克和工人委员会》（*Pannekoek and the Workers' Councils*, Saint Louis: Telos Press, 1978），第67、148页；亦见D.A.斯玛特（D.A.Smart）主编：《潘涅库克和哥尔特的马克思主义》（*Parmekoek and Carter's Marxism*, London: Pluto Press, 1978）。

③ 郭泰：《唯物史观解说》，中华书局1921年版，"译者例言""附录"第7—8页。

④ 同上书，第1—10页。

产物，也是阶级社会中剥削和异化的产物①。

在郭泰看来，唯物史观包含着三大要旨：第一，劳动者的技术即生产力构成了社会基础；生产力决定生产关系，生产关系与社会的财产关系相一致。因此，人们之间的关系必然是阶级关系，而不是个人之间的关系。第二，生产技术不断发展，阶级和财产关系随着生产力的不断变化而变化，这些变化也反映在道德、宗教、政治、法律、哲学和艺术等领域。第三，当生产技术发展到一定程度时，生产力与阶级、财产关系之间的矛盾就会出现；这一矛盾会产生趋向质的、革命性变化的推动力。② 在阐释这些主旨时，郭泰强调劳动过程是思想、政治和法律——简言之，人类精神——的根源；他还指出，认识到人类劳动是生产过程的基础也是十分重要的，因为是劳动让人类创造发明并进步。因此，人类精神是生产过程的一部分③。人类是能思考的动物，但人类的思想是在生产关系和财产关系所确立的界线之内运转的。郭泰指出，生产力和生产关系是物质的，精神自己也是物质的。他否认精神能够独立存在。精神产生了新的科学和新的生产技术，但它们不是作为独立的实体从精神中产生，而产生于那些与社会不可分的事物。不过，人类是创造性的动物，他们的意识是创造过程的一部分。④

尽管郭泰明显预设了一个相当机械的、决定论的前提，即劳动过程决定思想，但他进一步指出，坚持唯物史观并不意味着主张一定形式的生产将会自发地产生某种思想。他认为，其他因素会影响这一过程，这些因素在不同社会里各不相同，而且必须加以探讨。郭泰在书中所指出的重要因素之一是国家。一个国家的政治史以及它的环境和地理条件能够影响生产和思想；社会的各个方面相互依存、相互影响。因此，政治可能影响经济，习俗可能影响政治，艺术可能影响科学；由此类推，经济会影响政治，政治会影响习俗，科学会影响艺术。它们相互作用与反作用。⑤

---

① 这是李达所翻译的郭泰的一篇文章的要旨，这篇文章也于 1921 年在中国出版。参见郭泰：《唯物史观的宗教观》，李达译，《少年中国》第 2 卷第 11 期，1921 年 5 月，第 36—46 页。有趣的是，郭泰认为，宗教是个人事务；当适当的社会和经济条件实现时，宗教就会消亡。到那时，政治就不会干预宗教信仰。

② 郭泰：《唯物史观解说》，第 14—15 页。

③ 同上书，第 38 页。

④ 郭泰详细阐述了这一观点，列举了在历史上许多社会中发现的例子。同上书，第 40—45 页。

⑤ 同上书，第 124—126 页。

于是，尽管郭泰在著作开篇部分就提出了唯物史观的前提，即认为劳动过程决定思想，但在他看来，这一前提并不排除思想一旦产生就会影响历史进程的可能性。由于把生产看作是人类有意识进行的生产，郭泰实际上认为思想是生产力不可或缺的要素。人类具有创造性，他们有能力批判地反映他们的活动，形成一些可以改进生产技术的观念，这种能力代表着一种开启历史变革的重要因素。这本身就是一种极为有趣的主张，就它给早期中国马克思主义读者带来的触动而言，也是如此。这本欧洲左翼马克思主义者①的主要著作由考茨基撰写序言，因而获得了他的支持。该书坚持认为唯物史观不是机械论和经济决定论：经济领域具有重大的历史意义，但它不是唯一的决定性因素，人类意识也必须被看作一种变革的力量；人类社会的不同维度既相互关联，又相互作用。郭泰著作的中译本在中国出版于 1921 年，是最早被译为中文的唯物史观著作之一。它为中国共产主义者提供了一种初步的马克思主义观，即认为马克思主义既是灵活的又是辩证的。截至 1932 年，该书重版了 14 次，这足以看出这本书持续受到欢迎。这意味着它带来的最初印象后来扩展为中国马克思主义的传统之一②。郭泰这本来自欧洲的马克思主义研究著作的内容和影响确实可以用来质疑那种认为中国马克思主义是异端或变种的观点，因为中国马克思主义接受了人类思想和意识作为历史变革因素之一的观点；对中国马克思主义的思想来源如郭泰的著作的考察表明，这种观点如果被用于讨论欧洲马克思主义，也会把欧洲马克思主义中几乎最像经济学的、机械论的部分视为它们的异端邪说。但是，这种公正平等的评价几乎没有被考虑过，因为这样做会明显地削弱绝大多数对中国马克思主义的评论用肤浅的经济学方式阅读马克思主义的前提。

三、高畠素之与社会问题

在郭泰看来，唯物史观关注社会的经济领域，但不是一种机械论。他对唯物史观的理解后来以这样或那样的形式反复地出现在李达所翻译的其他马克思主义

---

① 列宁撰写了著名的《共产主义运动中的"左派"幼稚病》，批评郭泰所属的荷兰和德国左翼。
② 王炯华：《李达与马克思主义哲学在中国》，第 33 页。

著作中。它还以一种不同的形式出现在 1921 年李达翻译的《社会问题总览》一书中。这部著作的作者是日本社会理论家和《资本论》的译者高畠素之（1886—1928）①。这部著作共三编 21 万字，它论述了各种社会问题以及通过各种社会政策而采取的解决方式。

第 1 册② 详细考察了社会问题的起源和意义。在高畠素之看来，社会问题分为两种：一种关系到社会全体，另一种与占主导地位的生产制度下的劳动问题相关。如果劳动问题得到解决，其他社会问题就容易解决③。现代社会问题的核心不在于农业，而在于工业，因为工业中的劳动问题最为严重。工业发展的最后阶段是商品生产，这是分析社会问题必须重视的；日本跟欧洲和美国一样，已经进入这一阶段，即工业商品生产成为社会问题的根源，生产方式的中心是劳动与资本之间的斗争。作为解决其他社会问题的基础，劳动与资本之间的斗争必须最先被解决，尽管高畠素之承认这一问题的解决不会导致所有其他社会问题的彻底解决④。

社会政策必须应对现代社会组织的两大主要原则：自由竞争和私有财产。因为它们是现代社会不平等特征的根基。高畠素之认为，在社会政策的理论方面，德国是最发达的地方。德国非常重视国家在解决不平等问题中的作用；国家遵循平等原则，而不是社会的不平等原则⑤。国家政策的各个方面，如限制工作日长度，有助于实现平等这一目标，尽管这种形式的社会政策不过是改善资本主义产生的最恶劣状况。完全消除资本主义的问题离不开社会主义，高畠素之将社会主义界定为所有制结构的变革；在社会主义条件下，国家占有并管理财产⑥。于是，当他倡导社会政策，并在第一编的大部分篇幅讨论社会政策在不同资本主义国家的理论与实践时⑦，他认识到根本的改变依赖于社会主义。他在这一背景下引入了马克思的理论，因为马克思主张阶级斗争，被看作是社会政策的反对者⑧。

---

① 高畠素之：《社会问题总览》，李达译，中华书局 1921 年版，第 3 册。

② 同上书，第 1—162 页。

③ 同上书，第 1—2 页。

④ 同上书，第 4—8 页。

⑤ 同上书，第 19—20 页。

⑥ 同上书，第 34 页。

⑦ 同上书，第 116—162 页。

⑧ 同上书，第 100 页。

第二册① 十分详细地考察了社会主义思想的历史，并在社会主义思想演变的背景下论述马克思的理论。在高畠素之看来，虽然社会主义思想相对较新，它的现代形式仅仅产生于1833年，但是它发源于较早阶段的乌托邦式社会主义猜想。他论述了早期的各种社会主义思想，如托马斯·莫尔的《乌托邦》和詹姆士·哈林顿的《大洋国》，以及卢梭、洛克、孟德斯鸠和福禄特尔的思想。高畠素之还特别关注了早期英国社会主义思想家如高德文（Godwin）、威廉·汤普森，以及英国改进党（Chartists）和费边社的兴起。在考察德国社会主义思想时，他论述了黑格尔、费希特和谢林等人的思想。他们是马克思和恩格斯的思想前驱，而马克思和恩格斯的思想已是现代社会主义思想与运动的核心。② 高畠素之把马克思主义等同于科学社会主义，认为它包括三个不同且相关联的主题：哲学、社会学和经济学。在哲学上，马克思主义是一种唯物主义学说；在社会学上，它表现为唯物史观；在经济学上，它以剩余价值理论为基础。马克思的理论奠基于一种辩证法的分析模式和唯物主义的观察法；它综合了黑格尔的历史进步观念和马克思用以支撑唯物史观的唯物主义。

高畠素之是这样阐释唯物史观的：精神世界是对物质条件的反映，人类存在不是由人类思想决定的；相反，人类存在的条件决定了各种形式的人类意识的出现。包括生产技术与社会关系在内的经济是形成政治和精神的推动力，生产力和生产关系因而是社会的基础。从这一经济领域不可避免地产生了历史；社会的变化与生产力和生产关系的变化，而不是与真理和正义的抽象原则的变化保持一致。因此，社会变化的原因应该到经济而不是哲学中去寻找。③ 在介绍了对唯物史观的常规的经济学解释之后，高畠素之跟郭泰一样，进一步论述它的机械论含义。他指出，一旦阶级意识在经济基础上得以形成，它就会成为变革的一大因素④。有趣的是，高畠素之在这里引用了恩格斯从庸俗的经济学解释中解救唯物史观的做法；虽然上层建筑的各种要素受到占主导地位的经济关系的影响，但它们也能够并且确实会对社会变革施加影响⑤。

---

① 高畠素之：《社会问题总览》，第163—334页。
② 同上书，第214—217页。
③ 同上书，第219—220页。
④ 同上书，第224页。
⑤ 同上书，第225页以下。

　　高畠素之进一步讨论了对马克思主义思想的修正，特别是伯恩施坦和新康德主义的观点①。他详细阐述了英国、法国、美国和意大利等国社会主义政党的历史与现状，重点考察了布尔什维克主义理论②。同样，第三册的前半部分③细致分析了美国、俄国、英国、法国、德国、瑞士、意大利和其他欧洲国家的工会主义的历史、目标、组织和政策。该书其他部分讨论了妇女运动问题以及解决两性不平等问题的措施。这一问题引起了李达的极大兴趣，20 世纪 20 年代初他发表了关于这一问题的一系列文章和译著④。

　　高畠素之的《社会问题总览》之所以有意义，是因为以下原因：第一，如前所述，唯物史观再一次被理解为承认非经济因素可能在社会和历史变化过程中发挥一定的作用。第二，书中对社会主义思想和观念的全面考察揭穿了沃纳·迈斯纳的谎言。他认为中国马克思主义理论家既没有"掌握欧洲思想史中马克思主义的智识维度（intellectual dimension）"，也没有从被批准的苏联资源之外获取这一维度⑤。很明显，李达作为该书的译者，充分意识到了马克思主义的思想渊源和理论维度。从李达翻译的《社会问题总览》一书的成功可以看出，许多中国马克思主义者很可能不像迈斯纳所认为的那样完全忽视了马克思主义和其他社会主义思想。到 1932 年，该书重印了 11 次⑥。第三，高畠素之的这部著作可能是为李达在 20 世纪 20 年初大量著作中的诸多论题特别是欧洲社会主义政党的历史和妇女解放问题提供启发和信息的资源之一。

四、杉山荣的《社会科学概论》

　　虽然 20 世纪 20 年代初李达翻译和出版的马克思主义著作部分地涉及马克思

---

①　高畠素之：《社会问题总览》，第 241 页。

②　同上书，第 273—334 页。

③　同上书，第 335—488 页。

④　例如，参见《李达文集》第 1 卷，第 9—23、128—130、146—184 页。

⑤　沃纳·迈斯纳（Werner Meissner）：《中国的哲学与政治：20 世纪 30 年代的唯物辩证法论战》（*Philosophy and Politics in China: The Controversy over Dialectical Materialism in the 1930s*, London: Hurst and Co., 1990），第 29 页。

⑥　王炯华：《李达与马克思主义哲学在中国》，第 28 页。

主义哲学，但这不是它们的首要内容。正如我们在第三章所言，除瞿秋白之外的早期阶段的马克思主义理论家普遍关注唯物史观，很少涉及马克思主义的纯粹哲学维度。这同样适用于李达本人的著作。这些著作关注唯物史观的理论方面以及它对于中国和其他国家的实践意义。实际上，一直到 20 世纪 20 年代末，马克思主义哲学才在李达著作中具有显著的意义，它与李达翻译活动的第二个主要阶段相一致。1928 年至 1932 年间，李达翻译的许多著作深入讨论了唯物辩证法的前提、法则和范畴，以及围绕如何恰当阐释它们而发生的论辩。颇有意思的是，这一系列著作在苏联哲学具有转折点意义的 1931 年戛然而止。所以，德波林主义者如卢波尔的著作以及批判德波林的如西洛可夫和爱森堡的著作都出现在李达的译著库中。在这些译著中，西洛可夫和爱森堡的《辩证法唯物论教程》对马克思主义哲学在中国的发展产生了最为重要的影响，我们将会在适当的时候分析这一著作。

第一部涉及哲学的李达译著是日本社会主义者杉山荣的《社会科学概论》。《社会科学概论》的中译本出版于 1929 年。它如同一座有趣的桥梁，沟通了李达早期那些讨论唯物史观的译著和专著与后来那些以哲学为主要论题的译著和专著。这是因为，在杉山荣的书中，不仅有对这两大主题的大量论述，而且它对唯物史观的解读延续了李达早期译著的趋势，也把经济基础和上层建筑之间的关系看作是灵活的、辩证的，而不是机械的、经济决定论的。

在杉山荣看来，主导社会发展的法则最为明显地受到社会的生产领域的影响，后者包括生产的形式、设施和生产力以及生产关系。杉山荣引用了恩格斯、普列汉诺夫、韦伯（Webber）、奥本海默（Oppenheimer）和布哈林等人的观点，认为在上述事物之间确实存在因果联系[①]。例如，描述存在与意识之间联系的最基本的法则。杉山荣重申，不是意识决定存在，而是存在决定意识；不是思想的形式决定生产力、物质生产形式和社会关系，而是相反[②]。他还说，自然科学的法则与社会科学的法则之间只有程度的差异，并无性质的不同。然而，自然法则几乎不会变化，而社会法则经常变动；二者的区别在于自然法则是由自然界创造的，而社会法则是由人类所创造并发现的。社会法则反映了生

---

① 杉山荣：《社会科学概论》，李达、钱铁如译，昆仑书店 1929 年版，第 5 页。
② 同上书，第 18—19 页。

产力和生产关系，并且随着生产力和生产关系的变化而变化。科学的目的不只是揭示这些法则，还要提供改变世界的知识。所以，知识必须是实践的；科学的对象是实践，关于对象的知识也是由实践所决定的。①

当杉山荣转而讨论马克思主义哲学时②，他一开始就指出，马克思深化了费尔巴哈的唯物主义，颠倒了黑格尔的辩证法，通过综合二者而创造了一种合题。费尔巴哈认为，思想是人类所决定的，而人类是自然界的一部分；相反，马克思和恩格斯认为人类是社会存在物。在马克思和恩格斯看来，人类参与发展世界的活动，因而是能动的；他们以辩证的方式考察了人类与他们的社会和自然环境之间的关系，这种方式认为这是一种相互作用的关系。不过，黑格尔认为，具有普遍理性的精神是世界历史的推动力，因而是首要的。对于黑格尔而言，历史的发展采取一种辩证的形式，即正题、反题和合题，或者用逻辑学的术语来说，是肯定、否定和否定之否定。

在杉山荣看来，唯物主义的基本前提之一是认为一切事物都可以分成精神（思想、意识）和物质（存在）；物质存在于时间和空间中，意识则相反。但是，物质与精神，谁决定谁呢？唯心主义声称思想决定存在，而唯物主义主张存在决定思想。唯物主义关于思想和存在之间关系的观点可以概括为：

1. 人类是自然的一部分，因而必须从事自然的生产并观察自然界的法则。

2. 人类跟其他动物一样由进化而来，人类进化的一大产物是从物质中产生出了思想。

3. 思想被证明是物质如大脑的特殊形式之一。

4. 物质离开了思想仍然存在，但思想不能离开物质而存在。

但是，为了准确认识世界及其发展，唯物主义必须与辩证法相结合。杉山荣指出，辩证唯物主义的基本观点如下：

1. 一切事物都在运动之中，运动是物质的存在形式之一。

2. 一切事物都包含矛盾，矛盾持续出现并且被解决。

因此，事物应该被看作是处在运动中的、包含矛盾的。此外，辩证唯物主义

---

① 杉山荣：《社会科学概论》，第34—35页。

② 同上书，第49—71页。

认为，事物自身构成一个整体，并且与其他事物相联系。

虽然杉山荣起初告诉我们是生产领域决定思想，但是，他重新讨论这一论题时却带有明显的机械论和经济决定论的论调①。他认为，形成于社会的"基础"的上层建筑不能脱离社会而存在。这一基础由各种生产关系而组成，这些生产关系是由生产力所决定并与之相适应。有趣的是，杉山荣论述了两种而非一种上层建筑。第一种上层建筑由社会的法律和政治系统所组成，而第二种上层建筑由意识形态组成。经济结构则是由占主导地位和居于从属地位的生产关系组成。显然，从杉山荣对唯物史观这一核心理论问题的分析可以看出，他认为社会的经济结构和生产力是"历史的最终决定因素"。他确实引用了恩格斯的观点②。他还力图证明政治、法律、哲学、宗教、文学和艺术能够反作用于经济基础。于是，第一种上层建筑和第二种上层建筑不只是经济基础的被动反映，而是在社会变化中发挥重要作用。这尤其体现在杉山荣著作的图表5.1中③。

一眼就能看出，根据杉山荣的公式，在包括社会组织、经济结构、生产形式和物质生产力在内的"社会生活的过程"与包括精神生活与政治生活过程在内的两种上层建筑之间明显存在着显著的相互作用的关系；"社会"的不同领域显然是相互关联、相互作用的。这一图表没有明确阐述"社会"的哪一领域在它的因果序列中占支配性地位。不过，杉山荣在著作中强调，考察社会的出发点是经济领域特别是经济结构，因为社会考察必须反映社会中因果序列的现实特征④。杉山荣引用1890年恩格斯关于经济领域是"历史最终决定因素"的论述就不是偶然的，因为他力图获得一个既允许经济结构和生产形式的因果优先性（causal priority）又赋予上层建筑以重要反作用的公式。于是，他对唯物史观中因果序列的阐释就不是机械论的或独断的经济决定论；相反，它是灵活的和辩证的，同时保留了唯物主义的观点。在这方面，杉山荣的《社会科学概论》强化了李达此前翻译的郭泰和高畠素之著作对唯物史观的阐释。

---

① 杉山荣：《社会科学概论》，第74—100页。
② 同上书，第99页。
③ 同上书，第100页。
④ 同上书，第230页。

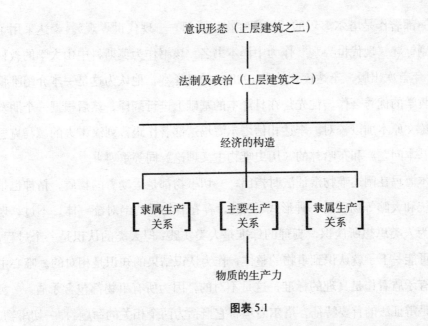

图表 5.1

　　有证据表明，李达把杉山荣的公式看作是对经济基础和上层建筑之间因果关系的恰当阐释。在后面的章节中我们将会看到，李达不仅在 20 世纪 30 年代的重要著作中提出了与之相似的对唯物史观的灵活的、相互作用的阐释，还在 20 世纪 50 年代末的著作中绘制了极为相近的表格，这一时期他十分关注社会主义社会背景下的经济基础与上层建筑的关系问题。同样，杉山荣对唯物史观的灵活理解也广泛影响了其他中国马克思主义者，因为到 1931 年 11 月这部著作重版了11 次。

五、塔尔海玛、卢波尔和河上肇论马克思主义哲学

　　由李达翻译并在 1929 年和 1930 年出版的诸多著作专门或是主要论述了唯物辩证法，即马克思主义哲学。有意思的是，这些著作是在德波林主义的唯物辩证法阐释的影响下写成的，因而具有明显的黑格尔式辩证法的特征，而这正是德波林及其追随者在 1931 年后遭到批评的原因[①]。

---

① 例如，参见塔尔海玛关于"东方"（即中国和印度）辩证法的论述（塔尔海玛：《现代世界观》，李达译，昆仑书店 1929 年版，第 156—166 页）。

第一部著作是塔尔海玛的《辩证唯物论入门——现代世界观》。李达采用了该书的副标题"现代世界观"作为中译本书名。该书作为莫斯科中山大学的教材于 1927 年首次出版，李达读到的是 1928 年的日译本，他认为这是一本介绍唯物辩证法哲学的优秀著作。他先是在日译本的基础上进行翻译，然后根据一个朋友送来的德文原本加以校对。李达相信塔尔海玛这部著作跟普列汉诺夫的《马克思主义的基本问题》和布哈林的《历史唯物主义理论》同等重要①。

塔尔海玛在阐述唯物辩证法时指出，一切事物都是运动着的物质，精神也是神经系统和大脑等物质的一种形式；因此，存在着物质的绝对统一体。不过，现实能够为人类思想所认识，真理的标准是人类实践；但人类的认识是一个过程，因为不可能一下子就认识到事物的整体，作为认识结果的知识是相对的。唯心主义把没有矛盾看作是真理的标准，这是不对的，因为所有事物都包含矛盾。② 实际上这是辩证法的首要特征，塔尔海玛将它概括为两个相关的命题：1. 一切事物、现象和概念都处在一个绝对统一体中，尽管它们有矛盾和差异；2. 一切事物都是统一的，尽管它们同时存在绝对和无条件的对立③。揭示后一种情形的法则是事物的对立统一法则，它是辩证法最普通、最基础的法则④。否定之否定法则揭示了事物矛盾的发展以及由此导致的不可避免的变化和运动；对立统一法则是否定之否定法则的前提，因为矛盾创造了变化和发展的推动力⑤。

塔尔海玛进而指出，辩证法必须应用于历史研究。他强调社会的生产和经济形式以及阶级和阶级斗争是分析的起点。但是，由阶级而产生的意识确实会起到反作用；历史唯物主义实际上没有否定社会集团和政党的作用，但决定性的因素是阶级⑥。我们再次注意到对经济领域产生的影响的让步，这一让步不可能没有被中国马克思主义者注意到，因为这部著作到 1942 年一共再版了 8 次。

这一时期的第二本哲学著作是卢波尔的《列宁与哲学——哲学与革命的关系问题》。李达再一次参考了日译本，并且将标题改为"理论与实践的社会科学根

① 例如，参见塔尔海玛关于"东方"（即中国和印度）辩证法的论述（塔尔海玛：《现代世界观》，李达译，昆仑书店 1929 年版，第 1—5 页。
② 同上书，第 144—148 页。
③ 同上书，第 155—166 页。
④ 同上书，第 167 页。
⑤ 同上。
⑥ 同上书，第 210 页。

本问题"。根据李达在 1930 年 8 月撰写的"译者例言"，他之所以更改标题，是因为他认为卢波尔著作的中心论题是理论与实践的统一。李达指出，这部著作是"马克思主义底研究者与实践者底一本必读之书"，因为"普罗列达里亚底理论与实践底方法论——唯物论的辩证法，已成为一切领域中必胜的武器了"①。

卢波尔这部 402 页的巨著详细论述了辩证唯物主义和历史唯物主义，不过它主要依据的是列宁的思想，尽管它也引用了德波林的许多观点。它引入了许多中国马克思主义者非常感兴趣的论题，首先，就是理论与实践的统一。卢波尔认为，实践是真理的标准，它确保知识是科学的，在理论与实践之间必须经过跳跃；在日常生活中，理论与实践的统一经常发生。然而，必须认识到知识的获得是一个过程，关于现实以及现实中的对象的知识逐渐形成于持续不断的实践中。② 其次，卢波尔讨论了列宁关于哲学党性的观点。哲学不是一种对人类及其与世界之间关系的中立的、公正的探究；它产生于阶级社会，体现了特定阶级的利益。在卢波尔看来，哲学因而是一门"阶级科学"③。再次，卢波尔强调了现实与发展的辩证特征。他指出，一切事物都是相互联系的、不断运动的；一切事物都充满着差异，矛盾在一定条件下通过否定之否定的过程而展现自己，并改变其形式④。此外，卢波尔还分析了形式逻辑与辩证逻辑、唯物辩证法与唯心辩证法之间的区别以及现象与本质的问题。而理论与实践相统一这一辩证唯物主义的基础支撑着上述论题。

河上肇的《马克思主义经济学基础理论》的中译本出版于 1930 年，是这一时期的第三部著作。它详细阐述了辩证唯物主义⑤。虽然河上肇这部著作是探讨马克思主义经济学的，但李达所翻译的共 310 页的上篇论述的是唯物主义、辩证法和唯物史观。20 世纪 20 年代下半叶，河上肇主要研究马克思主义理论，致力

① 卢波尔：《理论与实践的社会科学根本问题》，李达译，心弦书社 1930 年版，"前言"。

② 同上书，第 70—75 页。

③ 同上书，第 30—42 页。

④ 同上书，第 156—161 页。对于毛泽东而言，差异是不是一种矛盾的问题后来成为一个哲学问题。艾思奇在《哲学与生活》中给出了与卢波尔相同的构想。在回应这种观点时，毛泽东指出："如果发展和变化的原则被理解进而被认识，那么，在一定条件下，不同的事物可以转变为矛盾。如果两个特定的事物在同一时间和地点以相互排斥的方式互相作用，那么，它们就成为矛盾。"参见尼克·奈特（Nick Knight）主编：《毛泽东论唯物辩证法：1937 年的哲学著作》（*Mao Zedong on Dialectical Materialism: Writings on Philosophy, 1937*, Armonk, New York: M.E. Sharpe, 1990），第 258—60 页。

⑤ 河上肇：《马克思主义经济学基础理论》，李达等译，上海昆仑书店 1930 年版。

于将它的哲学和经济学维度纳入一个统一的理论框架①。为此，他首先考察了马克思主义的唯物主义前提，详细论述了马克思主义思想以前的唯物主义历史，特别是费尔巴哈的唯物主义，因为马克思和恩格斯的唯物主义建立在深化费尔巴哈唯物主义的基础之上②。费尔巴哈拒斥了世界是人类思想的显现的可能性，转而认为思想、意识或精神本身是由物质所产生的。不过，他没有推进这一观点，他的整个哲学框架建立在一种简单的、机械论的唯物主义之上，这种唯物主义认为人类及其思想只是自然界的产物。除了机械论特征之外，它还是非辩证法的，因为它不承认思想反作用于物质的可能性。因此，马克思和恩格斯吸收了费尔巴哈唯物主义的"合理"成分，但是，他们通过将它与辩证法相结合，以及将人类理解为社会的而不只是自然的存在物，从而深化并批判地扩展了这一理论。尽管马克思恩格斯以存在或现实决定思想或精神这一命题为基础，但他们意识到这一命题不能充分解释为何人类思想作为一个整体不是始终、迅速、准确地反映存在③。解决这一问题的重要事实是生活在社会中的人们不能分享同样的社会经验；尤其是由于人们属于不同的阶级，反映现实的人类意识因而受到许多其他因素的调节。于是，正确的思想逐渐形成，我们所掌握的反映现实的真理是相对的，而不是绝对的；不过，随着新科学的发展，人类思想正不断趋向绝对真理。④ 确保人类思想日益趋近绝对真理的中介是实践，实践是唯物主义认识论的基础⑤。

当河上肇转而讨论辩证法时⑥，他再一次指出，马克思和恩格斯通过将唯物主义与辩证法相结合而创造了辩证唯物主义，从而克服了费尔巴哈的机械唯物主义，因为马克思和恩格斯意识到黑格尔辩证法的革命维度。但是，辩证法如何奠基于唯物主义之上呢？就方法而言，马克思继承了黑格尔哲学的许多方面，但他拒斥了黑格尔辩证法的唯心主义维度；黑格尔认为世界的发展取决于绝对理念的自我运动，马克思拒斥了这一观点，他把世界的发展看作是物质的自我运动⑦。

---

① 参见盖尔·伯恩施坦（Gail Lee Bernstein）：《日本马克思主义者：河上肇的肖像，1879—1946》（*Japanese Marxist: A Portrait of Kawakami Hajime, 1879—1946*, Cambridge, Mass.: Harvard University Press, 1976）。

② 河上肇：《马克思主义经济学基础理论》，第46页。

③ 同上书，第82页。

④ 同上书，第85—86页。

⑤ 同上书，第93页。

⑥ 同上书，第101页。

⑦ 同上书，第105—106页。

不过，物质的自我运动采取一种辩证的形式，这就是为什么必须将辩证法和唯物主义相结合的原因。反过来，这就需要考察物质的自我运动，并把它看作是事物内部对立面之间斗争的产物，因为它是关于矛盾的知识，而矛盾是辩证法的实质，充斥于一切事物中①。不仅有对立面的统一，而且有斗争和分裂，因此，根本问题在于认识到否定在发展过程中的作用，因为它导致新事物的出现②。

因此，考察现实必须从承认事物存在的原因是内在的这一前提开始，内因也是驱动事物走向对立面的因素。存在于一切事物的矛盾意味着对变化的需求是普遍的，因此，必须把事物看作是处于运动和发展的过程③。发展自身可以看作是对立面之间斗争的产物，斗争导致发展表现为量变和质变的过程，而不只是扩张或收缩的过程；因此，发展经由跳跃而实现，正如事物通过否定之否定的过程而从一种形式的质转变为另一种形式的质④。

河上肇对唯物史观的阐释始于这一假定，即人类是他们的自然环境和社会环境的产物，他们能够通过实践改造环境⑤。他指出，社会的基本矛盾是生产力与生产关系之间的矛盾⑥。在河上肇看来，生产力主要包括生产的手段，如技术、劳动设施，不过他主张生产力有意识的维度⑦。社会变化的首先原因是生产力的发展，它是人类社会的推动力。因此，唯物史观始于对生产力和生产关系以及二者之间关系的分析。但是，上层建筑也会施加影响⑧。河上肇在此列举了国家这一例子，国家产生于对阶级之间斗争的控制与调和⑨。他引用列宁的大段论述以证明政治上层建筑产生于经济基础的需要，但这两者之间存在相互作用⑩。同样，就意识形态的上层建筑而言，社会意识反映社会，但意识也能施加影响。河上肇以新机器的发明为例，说明人类的意识有能力影响历史。不过，他也强调了从考

---

① 河上肇：《马克思主义经济学基础理论》，第108—119页。
② 同上书，第135—139页。
③ 同上书，第154—175页。
④ 同上书，第175—212页。
⑤ 同上书，第217—218页。
⑥ 同上书，第220页。
⑦ 同上书，第240页。亦见第295页。
⑧ 同上书，第256页。
⑨ 同上书，第269页。
⑩ 同上书，第282页。

察社会条件和社会存在出发开展历史分析的重要性。

河上肇对唯物主义、辩证法和唯物史观的论述广泛征引了马克思、恩格斯、列宁以及普列汉诺夫、德波林、卢波尔和塔尔海玛的观点。这显然标志着这是一部形成于苏联哲学断裂的 1931 年以前的著作，因为 1931 年以后普列汉诺夫、德波林和卢波尔对马克思主义哲学的阐释仅仅被认为是负面的。他们的观点被当作过于抽象理论的例子，因为它们以黑格尔主义的辩证法为前提，没有将哲学与政治相结合。

六、西洛可夫和爱森堡的《辩证法唯物论教程》

德波林及其追随者的"失败"在于没有将哲学与政治结合起来，没有使哲学从属于政党的需求，因而在 1931 年作为"孟什维克唯心主义"的典型，遭到了斯大林的批判。于是，20 世纪 30 年代早期，在米丁的领导下，新一代的苏联哲学家确保了他们的哲学著作不仅忠于马克思主义，而且忠于苏联共产党的政策。这些著作在某些方面不同于前文所考察的 1931 年以前的三本哲学书，具有强烈的论战特征，特别是经常把布哈林、普列汉诺夫和德波林当作 1931 年以前哲学失败的替罪羊加以攻击。20 世纪 30 年代初发表的新的苏联哲学著作由此成为新的权威。它们是对马克思主义的"正确"阐释，是党的哲学家们所确立的，并且由共产党及其机构来传播，通过党在慎重考虑后实行的有力惩罚所带来的威胁而得到强化。

20 世纪 30 年代初的苏联哲学著作还具有将辩证唯物主义的基本法则和范畴加以形式化编纂的特征。任何假装哲学的目的是思辨，或者认为哲学家应该具有不确定性或怀疑主义的态度的看法都消失了。相反，我们确实看到了逐渐形成的对唯物辩证法的教条式坚持和阐释。作为一种标准做法，这些阐释反复强调这种哲学的核心观点和政治含义。因此，这些哲学著作就有大量的重复，尽管它们并不完全相同，但存在着文本间的相似性，这就排除了任何显著不同的独立文本①。

---

① 关于苏联哲学的重复啰嗦特点，参见理查德·德乔治（Richard T. de George）：《苏联思想的各种模式》（*Patterns of Soviet Thought*, Ann Arbor: University of Michigan Press, 1966），第 193 页；亦见尤金·门卡（Kamenka）：《苏联哲学（1917—1967）》（"Soviet Philosophy, 1917—1967"），载亚历克斯·西米连科（Alex Simirenko）主编：《苏联的社会思想》（*Social Thought in the Soviet Union*, Chicago: Quadrangle Books, 1969），第 95 页。

　　这种苏联马克思主义哲学对马克思主义哲学在中国的发展产生了巨大影响，因为它的许多著作构成了毛泽东理解马克思主义新正统观点的核心材料①。1936年至1937年期间，毛泽东在写作自己的哲学论文之前所刻苦学习的哲学著作要么属于这种苏联马克思主义哲学，要么是像李达和艾思奇那样受到它的影响的中国哲学家的著作②。

　　这些著作中最早被译为中文的一本是西洛可夫和爱森堡等人的《辩证法唯物论教程》③。我们知道，作为该书的第一译者，李达不懂俄文④，所以我们推测他是依据日译本而翻译成中文的⑤。该中译本首次出版于1932年9月，在20世纪30年代曾多次重印。毫无疑问，这本书及其翻译过程会给李达留下这样的深刻印象，即他早前读过并翻译的马克思主义哲学著作存在不足。正如他在"译者例言"中所言，德波林在很多方面"无条件的容纳了黑格尔"，无批判地继承了普列汉诺夫，最终暴露了自己的"形式主义，黑格尔的倾向，及少数派的色彩"⑥，因而

①　参见奈特（Knight）主编：《毛泽东论唯物辩证法》（*Mao Zedong on Dialectical Materialism*），导言；以及尼克·奈特（Nick Knight）：《苏联哲学和毛泽东的"马克思主义中国化"》（"Soviet Philosophy and Mao Zedong's 'Sinification of Marxism'"），《当代亚洲期刊》（*Journal of Contemporary Asia*），Vol. 20, No. 1 (1990)，第89—109页。

②　关于艾思奇与毛泽东的哲学交往，参见约书亚·福格尔（Joshua A. Fogel）：《艾思奇对中国马克思主义发展的贡献》（*Ai Ssu-ch'i's Contribution to the Development of Chinese Marxism*, Cambridge, Mass, and London: Harvard Contemporary China Series, No. 4, 1987）; 以及伊格内修斯·察奥（Ignatius J.H. Tsao）：《艾思奇：中国共产主义的使徒》（"Ai Ssu-ch'i: The Apostle of Chinese Communism"），《苏联思想研究》（*Studies in Soviet Thought*）1972年第12期。

③　西洛可夫、爱森堡等：《辩证法唯物论教程》，李达、雷仲坚译，上海笔耕堂书店1932年版。后文所引用的是1936年12月4日出版的第4版。该书第3版出版于1935年6月，第4版曾被毛泽东阅读并批注过。参见奈特（Knight）主编：《毛泽东论唯物辩证法》（*Mao Zedong on Dialectical Materialism*），第33—35页。《辩证法唯物论教程》是在共产主义学院由米丁领导的一个哲学团体所准备的，是为了在苏共党校使用，并很快被翻译成日文。参见约书亚·福格尔（Joshua A. Fogel）：《艾思奇对中国马克思主义发展的贡献》（*Ai Ssu-ch'i's Contribution to the Development of Chinese Marxism*, Cambridge, Mass, and London: Harvard Contemporary China Series, No. 4, 1987），第68页。

④　李达在《政治经济学教程》的"译者例言"中说过自己不懂俄文（拉比托斯、渥斯特罗维查诺夫：《政治经济学教程》，李达、熊得山译，上海笔耕堂书店1932年版，上册，第1—2页）。

⑤　李达是根据拉比托斯《政治经济学教程》的日译本来翻译这部著作的，该书中译本出版于1932年。同上书，第1—2页。

⑥　西洛可夫、爱森堡等：《辩证法唯物论教程》，第3页。

是错误的。李达承认他自己无批判地采用了这些哲学家的观点，他将根据西洛可夫和爱森堡的《辩证法唯物论教程》的指示去"清算"普列汉诺夫和德波林的哲学。李达宣称，这本书的研究就是"我们的模范"①。

《辩证法唯物论教程》开篇就强有力地论述哲学的党派性绝非巧合。李达指出，苏联已经进入社会主义阶段；在这一背景下，理论的主要斗争对象是那些反对党的正确政策的机会主义者和"阶级敌人"。其中，少数派的危害最大，因为他们的机械论唯物主义和"孟什维克唯心主义"印记代表着哲学中的修正主义主题②。少数派的错误在于否定变化，即使在条件发生变化以及党的迫切需求要求他们改变的时候也是如此。因为现阶段马克思列宁主义哲学的任务是研究社会主义过渡阶段的实践所导致的问题，包括苏联各种阶级之间的关系、新的劳动形式的产生以及其他具有当代意义的问题。只有通过承认党的方针以及获得列宁主义真理的斗争，才能解决这些问题③。因此，哲学不再被看作是远离当前迫切任务的探究活动，而是一门"党派的科学"④。

少数派的错误还在于从空洞的理论前提而不是从"具体现实"出发；这样做的结果是，他们提供的阐释是主观的、非唯物主义的⑤。这些遭到批判的机械论唯物主义者的代表人物之一是米丁，他主张抛弃自然科学的哲学⑥。这些强调自然科学的主张实际上沿用了资产阶级哲学的前提，采取了一种静态的自然观和社会观，它忽视了运动和变化的辩证特征。后者的例子之一是布哈林的均衡论，它既忽视了阶级和阶级斗争的存在，也忽视了发展经由跳跃而实现这一事实。于是，这种观点拒斥了革命性发展的法则，也就是对立面相互斗争的法则，而主张变化只是渐进的扩张或收缩，仅仅是量变。⑦同样，少数派唯心主义者如德波林被指责为没有将理论与实践相结合，没有在哲学的"列宁阶段"把握住它的对象⑧。党的哲学家们的任务是与这些错误的倾向做斗争，并建立一种能够

① 西洛可夫、爱森堡等：《辩证法唯物论教程》，第4页。
② 同上书，第1—3页。
③ 同上书，第6页。
④ 同上书，第7页。
⑤ 同上书，第28页。
⑥ 同上书，第22—26页。
⑦ 同上书，第38—39页。
⑧ 同上书，第42—44页，亦见对卢波尔的批判，第297页。

解释党的目标和策略的政治性的哲学，这种哲学就是马克思主义的辩证唯物论哲学①。

西洛可夫和爱森堡告诉我们，哲学可分为两条基本路线：唯物主义和观念论；区分二者的标准是它们对哲学基本问题的不同回答，这一基本问题是指环境与人类意识之间的关系问题。唯物主义主张环境决定意识，而观念论主张一切现实的对象都是由意识产生的。②工人阶级参与阶级实践和斗争，所以是唯物主义者；他们知道自己的知识是对现实事物的客观反映。因此，是实践指导着唯物主义。不过，唯物主义必须与辩证法相结合，因为一切事物都处在运动和发展中，辩证法在事物和过程的矛盾中寻求事物运动和变化的原因；这就区分了辩证唯物主义与机械论的唯物主义③。

与唯物主义不同，主观唯心主义不是从现实出发，而是从关于现实的抽象命题出发。这一路线的例子有贝克莱、康德、马赫和波格丹诺夫等新康德主义者，当然，还有黑格尔。这些哲学家的后面几位对德波林主义者产生了恶劣的影响，使得他们错误地脱离了实践和党的政治斗争，因此，他们在思想上犯了主观唯心主义的错误。④他们强调黑格尔的思想多于马克思和列宁的，也没有充分重视无产阶级的革命斗争。他们痴迷于黑格尔的辩证法和黑格尔理论体系的严密性，黑格尔思想似乎不仅能够解释运动，还能够解释变化的方向。因为变化不是任意的，也不是偶然的；在黑格尔的理论体系中，意图和目的是由绝对精神的存在而确证的，包括人类思想的创造性、所有社会形式以及国家采取的各种形式在内的一切事物都被认为是这种绝对精神及其自我认识的产物。在黑格尔看来，这种理性的神灵在人类历史、哲学、科学、技术、法律以及各种社会系统中证明自己；这些事物的变化都是绝对精神在实现自己最终目标的过程中的种种表现。引起这些运动和发展的原因是普遍存在于绝对精神发展过程中的矛盾；所以，它们是一切事物的变化和过程以及对抗变化的推动力，而肯定与否定之间的斗争构成了发展的辩证模式。

西洛可夫和爱森堡认为，虽然黑格尔体系的辩证因素是理性的，它诉诸绝

① 西洛可夫、爱森堡等：《辩证法唯物论教程》，第47—48页。
② 同上书，第48页。
③ 同上书，第52—53页，亦见第76—100页。
④ 同上书，第142—166页。

对精神的存在和发展来解释因果联系（the causal impulse）的做法却不符合理性。只有与马克思的唯物主义相结合，将无产阶级看作是资本主义社会变化的动力，才能把辩证法从黑格尔的唯心主义中解救出来。"少数派唯心主义"的错误在于过于强调辩证法而忽视了马克思主义的唯物主义前提。此外，他们还错误地认为马克思是理论家，而列宁只是一位无产阶级革命实践者，而没有认识到列宁的著作和实践所具有的哲学和理论含义。① 对于列宁而言，辩证法贯穿于阶级斗争每一方面，因而具有伟大的理论意义，但是，分析和考察的对象不是辩证法自身，而是它之于革命斗争过程的含义。然而，列宁十分重视阐述马克思主义的哲学维度；他特别指出对立面的斗争法则是辩证法的基本法则，认为对立面的统一是相对的，而对立面的斗争是绝对的②。列宁还认识到辩证法、认识论和逻辑学的统一，并且批评普列汉诺夫将认识论问题与辩证法问题相割裂。

西洛可夫和爱森堡在讨论认识论问题时，强调实践在知识生产过程中的中心位置，以及主客体之间的统一；认识生产过程是综合了社会实践诸多方面的动态过程，其中，生产和阶级斗争是最重要的③。在这一过程中，人类作用于现实，在改变它的同时改变自己；实践是认识运动的基础，也是真理的标准④。不过，认识活动是一个过程，它经历了许多阶段。第一个阶段是感性认识，它从理解事物的外部表现出发；这一过程进而走向理论认识阶段，即理解事物的内在联系和各种法则。西洛可夫和爱森堡进一步指出，唯物主义者承认构成现实的对象都是可知的，它们经由社会、历史的实践而被认识⑤。但是，知识的获取包含一个辩证法的过程。在这一过程中，思想通过实践的中介而不断接近绝对真理。不过，真理是具体的；辩证唯物主义拒绝抽象真理的概念，因为只有具体的真理才能作为实践活动中的武器而起作用。⑥

在攻击普列汉诺夫和德波林对辩证法的大量误解时，西洛可夫和爱森堡还用三章的篇幅讨论了辩证法诸法则和范畴。第三章详细阐释了辩证法的根本法则，

---

① 西洛可夫、爱森堡等：《辩证法唯物论教程》，第 184—185 页。
② 同上书，第 189 页。
③ 同上书，第 193—202 页。
④ 同上书，第 213 页。
⑤ 同上书，第 232 页。
⑥ 同上书，第 240—252 页。

即质量互变法则、对立统一法则和否定之否定法则。他们认为，要把握的最重要一点是一切现实事物都是运动的，运动是由矛盾的斗争所推动的。因此，科学的任务是揭示这一过程的原因和阶段，换言之，揭示支配这一过程的法则。西洛可夫和爱森堡首先考察了质量互变法则[1]。现实由各种不同的质所组成，由多面相构成的过程具有许多的质，例如，资本主义的发展包括生产、分配和积累。辩证唯物主义的任务是研究这一过程的不同质的各个方面。[2] 为了揭示引起这一过程中的变化的原因以及为何一种质可能转变为另一种质，辩证唯物主义必须阐明量的积累最终导致质变的途径。这一原因是内在的，尽管一切事物都是相关的，外部因素确实会起作用；然而，事物的内在矛盾及其斗争起决定性的作用。[3] 矛盾贯穿于一切过程当中，辩证法本质上是关于组成看似统一对象的彼此独立的各部分经由分离而实现统一的道路的知识[4]。对立面的分离与统一确实是思想的普遍法则，也是辩证法的基本法则[5]。矛盾之间的斗争导致质变，质变采取跳跃的形式，这一过程表现为辩证法的第三条法则即否定之否定法则。这一法则描述了事物中的否定性因素被否定，从而导致一种新质和进步事物的出现。[6] 否定之否定法则是对立统一法则的具体表现之一。

　　西洛可夫和爱森堡指出，矛盾由不同方面所组成，一个方面是其他方面存在的条件，一个方面会变化为另一个方面。对立面的互相渗透存在于一切过程中，有必要展开具体分析以揭示矛盾的本质和不同方面，以及矛盾之间的斗争导致变化的途径。同一矛盾的不同方面的性质只是相对的，而它们之间的斗争是绝对的。在同一矛盾的不同方面之间的斗争中，有一个方面是主导方面[7]，在分析某一具体过程时，有必要辨明它的主导方面。另外，注意到矛盾的运动存在于这一过程的始末是很重要的，在分析这一过程的许多矛盾时，又必须要辨明它的主要矛盾，因为它对这一过程的其他矛盾起决定性作用[8]。于是就有了主要矛盾和主

---

① 西洛可夫、爱森堡等：《辩证法唯物论教程》，第 254 页。

② 同上书，第 261 页。

③ 同上书，第 278—279 页。

④ 同上书，第 280 页。

⑤ 同上书，第 309、349 页。

⑥ 同上书，第 321—348 页。

⑦ 同上书，第 295—297 页。

⑧ 同上书，第 298 页。

要矛盾的主导方面。

《辩证法唯物论教程》的第四、第五章论述了辩证法的各种范畴。这些范畴包括现象与本质、形式与内容、可能性与现实性、偶然性与必然性、基础与条件、必然与自由，以及链与环。西洛可夫和爱森堡强调所有这些范畴都是辩证法的基本法则即对立统一法则的特殊形式的表现①。所以，任何一组范畴都以一对矛盾的形式而被提出来。

最后一章考察了辩证法与形式逻辑的对立。通过考察形式逻辑的三条法则，西洛可夫和爱森堡给出了这一对立的理由。第一条法则是同一律，它认为一种现象的内容是不能改变的，这种现象永远只能等同于它自身。它的公式是 A 等于 A，因此，它不承认一切事物的变化以及事物的变化是由其内在矛盾所造成的。形式逻辑的第二条法则是它的矛盾律。不过，不同于辩证唯物主义，形式逻辑认为矛盾是思想的错误，它假定一个概念不能包括两种相对立的含义。一个对象的同一排除了它同时包含肯定和否定的可能性，因为只有一种是可能的；A 不能等同于非 A。第三条法则是排中律，它排除了某一事物或概念能够转变为显著不同的他者的可能性；A 要么等同于 B，要么不同于 B，但是，它不能等同于 C。在西洛可夫和爱森堡看来，形式逻辑仅仅提供了一套对事物或概念之间的关系进行形式化的、抽象的、静态的理解的法则，它排除了内在矛盾的存在是探索真理不可或缺的基础性前提这一可能性，因为形式逻辑认为矛盾的存在是一种错误，它标志着真理的缺失。于是，布哈林和普列汉诺夫等形式逻辑的倡导者就没有理解对立面的统一是辩证唯物主义的实质，或者没有理解实践是辩证唯物主义认识论的核心。辩证唯物主义坚持理论与实践的统一，而不是形式逻辑的被动的认识论；再者，辩证唯物主义具有革命的意义，因为通过承认矛盾内在于事物以及无处不在的变化经由跳跃而实现，它已经成为无产阶级手中的武器，无产阶级能运用它提供的知识来改变社会和自身。②

《辩证法唯物论教程》最后讨论了认识从特殊到一般以及从一般到特殊的运动过程。为了揭示特殊事物中的具体矛盾，思想必须运用推理或判断；以生产和阶级斗争的实践为基础的推理允许观察者去决定某一概念是否真实反映了事物矛

---

① 西洛可夫、爱森堡等：《辩证法唯物论教程》，第 349、385 页。

② 同上书，第 479、536 页。

盾的运动，因为正是社会实践提供了证明事物发生的标准。推理是认识从特殊到一般的运动中的重要阶段之一，它是从前提中推导出结论。不过，这种推论通过回溯到实践而避免了形式逻辑的主观主义和形式主义，因为认识的运动必须从推理和推论等普遍结论退回到具体现实，这些结论必须在实践中再次受到检验。同样，分析和综合虽然是认识的高级阶段，似乎非常抽象，但也必须跟判断和推理一样，回到实践以确保概括、法则和原则能够反映现实。从特殊到一般、从一般到特殊的持续运动使得思想反映不断地变化得以可能；因为变化和发展不是任意的，思想能够无限接近于它们的法则性规律，并在此基础上形成关于自然和社会现实的未来发展的预言。①

七、译著与马克思主义在中国的传播

虽然我们前面对西洛可夫和爱森堡的《辩证法唯物论教程》的概述只不过涉及这部厚达 582 页的艰深著作的主要线索，但这一概述力图为比较李达自己的哲学巨著《社会学大纲》与我们在后面三章将考察的历史和内容奠定一些基础。很明显，李达本人对辩证唯物主义的阐释受到了《辩证法唯物论教程》的显著影响，就跟毛泽东在 1936 年末和 1937 年初撰写自己的马克思主义哲学论文和演讲之前受到它的影响一样②。

这部苏联哲学著作的影响凸显了译著对于理解马克思主义在中国的传播过程的意义，因为它强调了这一重要认识，即中国马克思主义者在理解马克思主义理论时充分利用了外国资源。通过翻译文本这一中介，其他国家马克思主义思想的概念、法则、原则、话语模式和论辩特征大量（尽管不是全部）进入中国马克思主义的词汇③。于是，对20世纪二三十年代中国马克思主义者的理论成熟水平、中国马克思主义的发展是否偏离以及在何种程度上偏离其他国家形成的马克思主义

---

① 西洛可夫、爱森堡等：《辩证法唯物论教程》，第 537—582 页。

② 参见奈特（Knight）主编：《毛泽东论唯物辩证法》（*Mao Zedong on Dialectical Materialism*），"导言"，亦见《毛泽东哲学批注集》，第 1—136 页。

③ 这并非要贬低像李达和艾思奇那样曾经在国外生活，并通过他们自己的著作，为在中国介绍和传播马克思主义的概念和话语形式作出过贡献的学者的著作。

理论的评价，必须建立在更加熟悉这些译著的来源和内容的基础上。如前文所述，通过考察李达丰富的翻译活动中的一小部分就足以表明中国马克思主义者确实有途径了解世界其他地区的马克思主义理论和运动的大量不同信息。毋庸置疑，对第一代中国马克思主义翻译家的翻译活动的更为广泛的研究会强化这一论断。

更广泛的研究需要考虑的一个方面是马克思主义在中国的传播与日本之间联系的重要性。李达翻译了日本马克思主义者和社会主义者的许多文本；不仅如此，虽然他翻译的其他一些马克思主义著作的原文并非日文，但他从这些著作的日译本中获益良多。跟很多其他"五四"时代的留学生一样，李达在日本学习过；他在那里熟练掌握了日语，并且熟悉了日本左翼政党和人物活动于其中的政治环境①。日本左翼政党和人物对在他们自己的国家传播马克思主义时的问题的回应如同一面滤镜，通过这面滤镜，李达和其他中国人第一次辨明了马克思主义的理论和政治状况。日本马克思主义者和社会主义者对翻译文本的选择以及他们起初在理解马克思主义的概念和模式时的阐释都引导并限制了像李达这样的激进中国留学生的视域。于是，山川均、高畠素之、佐野学（Sano Manabu）、河上肇和杉山荣以及其他日本马克思主义者和社会主义者在他们的政治行动和理论著作中表现出来的关注，对于理解 20 世纪二三十年代马克思主义在中国的传播而言，并非毫无关联。

日本马克思主义者和社会主义者最经常遇到的问题之一是马克思主义阐释中的经济决定论。我们已经看到，高畠素之的《社会问题总览》通过引用恩格斯在1890 年的概述，已经提醒读者注意到唯物史观的灵活的、辩证的阐释；这一阐释认为，上层建筑的多个维度不只是对经济基础的发展的被动反映，而是赋予它们更为重要的意义。这部著作运用社会政策解决社会问题的一般思路实际上暗含着国家干预会影响经济领域活动的信念。河上肇的《马克思主义经济学基础》也是如此，它一开始依据生产力具有因果优先性的唯物主义的前提，认为上层建筑会产生反作用。他也是用国家的例子来证明这一观点。不过，最强烈地否定了机械的经济学决定论的是杉山荣的《社会科学概论》。在这里，上层建筑在唯物史观框架中产生影响的可能性展现得详尽且鲜明。李达没有忘记日本马克思主义者和

---

① 艾思奇在研究中也借鉴过日本著作，尽管他能够阅读俄文。参见福格尔（Fogel）：《艾思奇对中国马克思主义发展的贡献》（*Ai Ssu-ch'i's Contribution to the Development of Chinese Marxism*），第 68 页。

社会主义者对马克思主义社会理论的核心问题的回应，几乎可以确信的是，那些阅读他的译著的众多中国马克思主义者也没有忘记。

同样的回应可以在李达根据日译本翻译但原文并非日文的其他著作中找到。郭泰的《唯物史观解说》开篇论述了历史中生产力和生产关系之间因果联系的唯物主义解释，强调唯物史观不是只谈经济领域的作用的机械理论，相反，不同的社会领域相互依赖、相互作用，政治和文化能够影响经济。塔尔海玛的《现代世界观》也主张阶级所产生的意识有可能产生反作用；历史唯物主义不否认社会集团和政党有能力影响历史，尽管这种影响无法与阶级的重要性处于同等地位。

无论是来自日本还是欧洲，李达翻译的众多马克思主义著作都包含着一种清晰的模式。这些著作无一例外都不认为马克思主义的社会理论等同于一种机械论，这种机械论声称经济领域完全不受各种上层建筑的影响。它们都主张经济基础是历史和社会变化中最重要的因素，但是，它们又都承认社会的相互关联、相互作用的本质这一唯物史观的前提；政治、法律、文化、意识、艺术、文学和哲学都被看作是能够在历史变化中起作用的，正如它们能够反作用于经济基础。

这里不可避免要涉及"正统"的问题。西方学界经常讨论的一个话题是中国马克思主义特别是它的代表毛泽东思想的类别问题，他们称毛泽东思想是非正统的、乌托邦的、理想主义的、意志论的，因为它重视上层建筑的影响[1]。此外，为了坚持这一观点，它经常隐晦地假定"正统"马克思主义是一种机械论的、经济主义的教条，即不承认上层建筑的任何作用；于是，这就为形成一种经济决定论的"正统"马克思主义与它的意志论的"非正统"中国马克思主义之间令人生厌的对立奠定了基础。但是，这样建构起来的"正统"马克思主义是正当的吗？李达翻译的马克思主义著作的作者们明显没有参与这一建构；他们确实很有可能

---

[1] 特别是施拉姆、莫里斯·迈斯纳（Maurice Metsner）和魏斐德（Frederic Wakeman Jr）。参见斯图尔特·施拉姆（Stuart Schrarn）：《对毛泽东的初步评价》（*Mao Zedong a Preliminary Reappraisal*, Hong Kong: The Chinese University Press, 1983），第 17 页；亦见斯图尔特·施拉姆（Stuart Schram）：《毛泽东的思想》（*The Thought of Mao Zedong, Cambridge:* Cambridge Univerasity Press, 1989)，第 5、17、54—55、67、96、113、168、200 页；莫里斯·迈斯纳：《马克思主义、毛泽东主义和乌托邦主义》，张宁、陈铭康译，中国人民大学出版社 2004 年版。以及莫里斯·迈斯纳（Maurice Metsner）：《毛泽东时代的中国及以后：人民共和国历史》（*Mao ' China and After: A History of the People's Republic*, New York; The Free Press, 1977, 1986)；魏斐德：《历史与意志：毛泽东思想的哲学透视》，李君如译，中国人民大学出版社 2005 年版。

把对唯物史观的经济决定论解释看作是对马克思历史辩证法的庸俗讽刺。他们是否也应该为异端承担罪责呢？答案当然是取决于评价"正统"的标准。不过，重要的是李达译著的这些理论家代表了马克思主义传统中相当数量的不同流派。郭泰的著作受到了考茨基的赞赏，塔尔海玛的著作在20世纪20年代的莫斯科被当作教材使用，那些日本作者代表了日本马克思主义的许多不同的理论和政治流派；然而，这些作者都不赞同唯物史观是一种经济决定论的学说，上层建筑在这种经济决定论中不起任何作用；他们确实有可能会把这种解释看作是"异端"，或是看作机械论的、非辩证法的唯物主义形式。至少中国马克思主义者有足够的理由拒斥这种认为马克思主义是一种机械论和经济决定论学说的"正统"观念，因为通过李达的努力，现有的马克思主义译著展现了一种完全不同的唯物史观视域。

同样，李达的译著向中国马克思主义者介绍了有关马克思主义哲学的历史和内容的丰富信息。这些翻译文本中显而易见的大量主题对马克思主义哲学在中国后来的发展具有深远的意义。第一，中国马克思主义者发现在马克思主义传统中马克思主义哲学是有争议的一个重要领域，马克思主义哲学史的特点是充满许多激烈的争辩。哲学能作为试金石来决定哪一种形式的马克思主义是"正统"，因而就有为了控制哲学的内容和角色而进行的斗争。于是，哲学研究就成为马克思主义知识分子的一种合法的、重要的工作。第二，无处不在、恒久不易的运动和变化给他们留下了深刻的印象；一种静态的或仅仅是渐变的现实观被主张经由跳跃而实现质变的革命观所取代。第三，他们认识到，在辩证唯物主义的核心法则和概念中，对立统一法则是"最普遍、最基本的辩证法法则"[①]；这一法则的核心是，虽然存在矛盾的统一，但矛盾之间的斗争是绝对的。不仅如此，在分析各种矛盾时，有必要辨明主要矛盾和矛盾的主导方面。第四，他们意识到实践不只是知识生产过程的起点，还是真理的最终标准。对象的知识不能通过在思想中被动反映对象而获得；相反，人类主体必须参与实践，从而辨明对象的实质。因此，认识的探索是一个动态过程，人类持续与他们的环境相互作用，由此，人类及其环境得以改造；在实践的不同形式中，生产和阶级斗争是最重要的。

所有这些主题都反复出现在中国的马克思主义哲学史上的重要著作中。尤其

[①] 塔尔海玛：《现代世界观》，第167页。亦见西洛可夫、爱森堡等：《辩证法唯物论教程》，第189、280、285页。

是毛泽东对辩证唯物主义的解读明显结合了所有这些主题；他在《矛盾论》和《实践论》中明显探讨了这些主题，这两篇文章已经成为中国的马克思主义哲学的基石。我们将会看到，在李达的《社会学大纲》这部中国的马克思主义经典著作中，这些主题同样十分明显。这样，马克思主义哲学在中国的历史显然可以从源头上追溯到欧洲和俄国的马克思主义传统，不过这是一种频繁地被日本马克思主义者和社会主义者的关注和看法所过滤的传统。

因此，李达翻译的马克思主义著作为马克思主义在中国的传播作出了积极的贡献。他的译著为中国马克思主义获取有关马克思主义的运动和观点的信息提供了一条重要的渠道。然而，尽管李达认识到为中国早期共产主义运动提供马克思主义译著的重要性，并且准备为此花费大量时间和精力，但他并不打算只是充当传递观念的角色。我们知道，1923 年他就获得了作为一名作家和宣传家的稳固声誉，1926 年出版的《现代社会学》确立了他作为中国杰出的激进理论家的地位。从 1928 年起，李达出版的大量著作扩大了他在海内外的声誉。1929 年他出版的《中国产业革命概观》从列宁《俄国资本主义的发展》中获取了灵感，利用了国内外的中国经济数据，很快被译为俄文、日文和其他语言①。此后，他还出版了许多有关经济学理论和中国经济的著作，到 20 世纪 30 年代中期，他被公认为是政治经济学家。不过，在对政治经济学感兴趣的同时，他也十分关注马克思主义哲学。这一关注不仅是由于他在这一领域的翻译活动，而且是由 1929 年至 1931年间苏联马克思主义哲学的剧变所引起的。这场剧变最终形成的"新哲学"虏获了李达的兴趣和忠心。他对"新哲学"的研究在 1935 年出版的《社会大纲》第一版中达到顶峰。这部论述马克思主义哲学和唯物史观的著作是他理论成就的最高峰。接下来我们将详细分析李达的这部重要著作。

---

① 李达：《中国产业革命概观》，昆仑书店 1929 年版。亦见李达：《经济学大纲》，武汉大学出版社 2007 年版，"编者前言"第 4 页。

第六章　李达的《社会学大纲》和
马克思主义哲学在中国

正如我们所知，在 20 世纪 20 年代以及 30 年代初，李达已经为马克思主义理论和哲学在中国的传播与普及作出了主要贡献。他不仅通过自己的译著让马克思主义的理论原则前所未有地被共产党员和共产党的同情者所掌握，而且他本人的《现代社会学》是一部探讨了绝大部分马克思主义理论问题的早期中文著作。尽管该书论述辩证唯物主义哲学的部分比较简略，但它明确指出，辩证唯物主义是"革命阶级"的哲学，是把握自然辩证法的"唯一正确和恰当的方法"[①]。《现代社会学》也预示了李达对马克思主义哲学的日益关注，这一关注使得他创造了自己的重要哲学作品《社会学大纲》[②]。《社会学大纲》被毛泽东誉为"中国人自己写的第一部马克思主义哲学教科书"，他还说自己读过十遍[③]。在延安新哲学会和抗日军政大学，毛泽东还向同志们推荐了这本书[④]，在 1938 年 10 月召开的中

[①] 《李达文集》第 1 卷，人民出版社 1981 年版，第 514 页。

[②] *Elements of Sociology* 是欧·布里埃（O.Briere）为李达的《社会学大纲》所取的英译名。参见《中国哲学五十年，1893—1948》（*Fifty Years of Chinese Philosophy, 1893—1948*, translated from the French by Laurence G. Thompson, New York; Praeger, 1965）第 76 页。之所以坚持《社会学大纲》的这一英译名，是因为 1935 年李达这部著作出版时，有一本同名的外文著作在中国翻译出版。它的英文名是 *Outlines of Sociology*，这一名称也可以用来翻译李达的著作。参见白克马、季灵合：《社会学大纲》，吴泽霖、陆德音译，世界书局 1935 年版。与李达的《社会学大纲》相比，后一部著作代表了西方传统的、非马克思主义阐释的社会学。

[③] 《中国哲学》1979 年第 1 辑，第 364 页。

[④] 同上。

共六届六中全会上，他号召党的高级领导学习李达这部著作。20 多年后的 1961 年，毛泽东在庐山一次会议上碰见李达，还重申《社会学大纲》的重要意义，建议修订出版它，因为这部著作仍然有其当代价值（参见第十章）①。毛泽东对《社会学大纲》的推崇后来确保了这部著作在中国的马克思主义哲学史上的稳固和崇高地位，也让该书作者成为 20 世纪中国知识分子领袖之一②。

接下来的两章详细概述并分析了这部重要的马克思主义哲学和理论著作。本章评论了《社会学大纲》的历史和影响，特别是它对毛泽东哲学思想的影响。

一、写作与出版

1932 年 8 月至 1937 年 5 月，李达任教于北平大学法商学院，这期间他在开设其他课程的同时，研究并讲授马克思主义的经济学和哲学。他还写作、翻译了许多著作。这一时期他最主要的著作是 1935 年由法商学院印行的《经济学大纲》以及《社会进化史》和关于辩证逻辑和形式逻辑的一些论文。毛泽东称他把《经济学大纲》读了三遍半，打算再读十遍③。1932 年，李达还与雷仲坚合译了西洛可夫、爱森堡等人合著的《辩证法唯物论教程》。在前面的章节中，我们考察了李达的这部译著和其他译著对马克思主义在中国的传播与发展的影响。不过，在讨论《社会学大纲》时，李达翻译的《辩证法唯物论教程》有双重意义，因为李达把西洛可夫和爱森堡的著作看作是《社会学大纲》中的哲学路径所效仿的模型④，尽管一些中国哲学家质疑该书影响李达的程度。后面我们将会讨论这一话题。

---

① 王炯华：《毛泽东与李达》，《新华文摘》1992 年第 2 期，第 132—135 页。亦见《李达文集》第 1 卷的"李达同志生平事略"。

② 一本关于中国最有影响力的知识分子概要中有一章介绍李达。参见《中国当代社会科学家》，第 111—130 页。亦见《中国哲学年鉴 1984》（中国大百科全书出版社 1984 年版，第 489—499 页）中关于李达的部分。

③ 参见《李达文集》第 1 卷的"李达同志生平事略"。

④ 参见李达的"译者例言"（西洛可夫、爱森堡等：《辩证法唯物论教程》，李达、雷仲坚译，笔耕堂书店 1936 年版，第 4 页）。

《社会学大纲》的写作花了三四年时间。对于李达而言，这是一段艰难的时期，由于被怀疑与中共有联系，他被国民党当局骚扰。该书第1版由北平大学法商学院1935年印行①。它有近31万字，544页的篇幅②。其中的若干章节发表于1935年、1936年的一些刊物上。关于辩证逻辑和形式逻辑、唯物辩证法的对象以及唯物辩证法的法则的章节发表在1935年法商学院的刊物《法学专刊》上③。关于唯物辩证法的法则的章节转载于《中山文化教育季刊》第1期，第三章"认识过程的辩证法"发表于这本刊物的第3期④。在北平大学印行第一版后，李达继续增补、修订手稿，于1937年5月在上海笔耕堂书店出版了修订后的第二版。该书第二版扩充到了40万字的篇幅，有800多页，即使收录在《李达文集》中也有613页，因此，无论如何它都称得上是一部巨著。实际上，它从学术角度概述了正统马克思主义哲学和社会理论的各个方面。欧·布里埃在对李达哲学著作的简短且不友好的评论中指出，《社会学大纲》"是我们所知的中国马克思主义流派出版的最博学的著作"⑤。

在该书第2版出版后，李达赠给毛泽东一本，希望他能批评指正。正如我们所知，毛泽东以极大的热情欢迎该书的出版，还在给李达的信中称他是"一个真正的人"⑥。毛泽东的肯定让这部著作获得了积极的反响，20世纪30年代后期它经常再版，到1940年出版了第14版。1939年，《社会学大纲》中"唯物辩证法的诸法则"一章的内容被选入由艾思奇编辑、在延安出版的《哲学选辑》⑦。由于毛泽东的推荐，1948年该书由新华书店略做修订后出版，书中一些过时的早期

---

① 王炯华：《〈大纲〉的创造性贡献及〈两论〉与它的关系》，《毛泽东哲学思想研究动态》1984年第1期，第20—23页。

② 1935年版的《社会学大纲》到1981年才被北京大学的图使馆馆员"发现"，并在1982年的《哲学年鉴》中向中国哲学界公布。参见《中国哲学年鉴1982》（中国大百科全书出版社1982年版），第179页。亦见《李达文集》编辑组：《李达的〈社会学大纲〉最早版本的发现》，《哲学研究》1982年第3期。

③ 参见李达《辩证逻辑与形式逻辑》，《法学专刊》1935年第5期；李达：《唯物辩证法对象》，《法学专刊》1935年第6期；李达：《辩证法的几个法则》，《法学专刊》1935年第7期。

④ 《李达的〈社会学大纲〉最早版本的发现》。

⑤ 《中国哲学五十年》，第76页。

⑥ 《中国哲学》1979年第1辑，第364页。

⑦ 参加黄楠森等主编：《马克思主义哲学史》第6卷，北京出版社1989年版，第277页。

中国马克思主义的术语被改为现今的通用译语①。该书论述唯物史观的第二部分也于 1948 年在香港修订出版，题为《新社会学大纲》②，整部书被收入 1981 年出版的《李达文集》第 2 卷。于是，《社会学大纲》就成为稍显动荡的中国马克思主义世界中顽强的幸存者，在首次出版后的半个多世纪期间，它一直是中国学者开展热烈学术研究和论辩的对象。

二、影响

就对李达的影响而言，写作《社会学大纲》的时间并非偶然。正如我们所知，李达在 20 世纪 20 年代就写作了马克思主义哲学方面的著作，在 30 年代就与人合译了日本著名马克思主义者河上肇的《马克思主义经济学基础理论》。这部出版于 1930 年的译著包含了题为"马克思主义之哲学的基础"的部分，它分析了唯物辩证法的基本前提和法则，追溯了它的历史发展③。他还翻译了塔尔海玛和卢波尔的马克思主义哲学著作。因此，到了 20 世纪 30 年代初，李达熟知发展到当时的正统马克思主义哲学的历史和结构。

不过，在 1931 年，辩证唯物主义的主旨和政治意义发生了显著的转变。这一年的 4 月，自 1929 年以来在苏联占主导地位的马克思主义哲学阐释遭到了攻击。唯物辩证法在 20 世纪 20 年代的主要说明者和阐释者德波林④及其支持者受到红色教授学院的成员尤其是米丁的批判，因为他们"直接限制党的实践政

---

① 参见《李达文集》第 1 卷的"李达同志生平事略"；亦见"新华书店翻印者的话"，《李达文集》第 2 卷，第 8 页。术语改动的例子如"德谟克拉西"改为"民主主义"，"观念论"改为"唯心论"，"普罗列达里亚"改为"无产阶级"。

② 《中国哲学》1979 年第 1 辑，第 372 页。

③ 毛泽东在延安时期阅读并批注过李达翻译的河上肇这部著作的这部分内容。参见《毛泽东哲学批注集》，中央文献出版社 1988 年版，第 453—492 页。亦见石仲泉：《研究毛泽东哲学思想的新文献——〈毛泽东哲学批注集〉介绍（大会发言）》，《毛泽东哲学思想研究动态》1987 年第 5 期。

④ 关于德波林的生平和观点的评传，参见雷恩·阿尔伯格（Rene Ahlberg）：《被遗忘的哲学家：亚伯兰·德波林》（"The Forgotten Philosopher: Abram Deborin"），载利奥波德·拉培兹（Leopold Labedz）主编：《修正主义：马克思主义观念史论文集》（*Revisionism: Essays on the History of Marxist Ideas*, London: George Allen & Unwin, 1962），第 126—141 页。

策"①。1930年6月《真理报》上的一篇文章指责德波林主义（Deborinite）"缺乏党性"，是"极端形式主义，恶意分离国家的实践问题和哲学"。1930年12月，德波林的观点最终被斯大林扣上了"孟什维克唯心主义"的帽子②。对德波林的否定不仅标志着哲学完全服从于苏联共产党的需求，而且意味着在米丁领导下的一种新型哲学家的出现。这类哲学家认为阐释不同形式的唯物辩证法这一任务现在成为正统。紧随1931年的这一重大转变而产生的哲学著作明显区别于早期苏联哲学之处在于：第一，它们更为强烈地否定黑格尔主义；第二，它们更为坚定地忠于党派（partiinost）或者党的精神（party spirit），这一概念是指哲学的任务是推进共产党的目标③。因此，这些著作的显著标志是一种关于唯物辩证法的历史、法则和范畴的明显的形式主义论述。由于政治主导了哲学，它们几乎没有留下创新的空间。实际上，一些苏联哲学的评论者已经注意到了这些著作的重复性特征④。

---

① 尤金·卡门卡（Eugene Kamenka）：《苏联哲学（1917—1967）》（"Soviet Philosophy, 1917—67"），载艾利克斯·西米连科（Alex Simirenko）主编：《苏联的社会思想》（*Social Thought in the Soviet Union*, Chicago: Quadrangle Books, 1969），第95页。

② 同上。

③ 对这一时期苏联哲学的分析，参见古斯塔夫·韦特（Gustav A. Wetter）：《辩证唯物主义：对苏联哲学的历史与系统考察》（*Dialectical Materialism: A Historical and Systematic Survey of Philosophy in the Soviet Union*, New York: Praeger, 1958）；以及理查德·德乔治（Richard T. de George）：《苏联思想诸模式》（*Patterns of Soviet Thought*, Ann Arbor: University of Michigan Press, 1966）；赫伯特·马尔库塞：《苏联的马克思主义——一种批判的分析》，张翼星、万俊人译，黄振定校，中国人民大学出版社2012年版；卡门卡（Kamenka）：《苏联哲学（1917—1967）》（"Soviet Philosophy, 1917—1967"）；洛伦·格雷厄姆（Loren R, Graham）：《苏联的科学和哲学》（*Science and Philosophy in the Soviet Union*, New York: Alfred A. Knopf, 1972）；Z.A. 乔丹（Z.A. Jordan）：《唯物辩证法的演进：一种哲学和社会学的分析》（*The Evolution of Dialectical Materialism: A Philosophical and Sociological Analysis*, London: Macmillan, 1967）；大卫·乔瑞夫斯基（David Joravsky）：《苏联马克思主义和自然科学（1917—1932）》（*Soviet Marxism and Natural Science, 1917—1932*, New York: Columbia University Press, 1961）；洛伦·格雷厄姆（Loren R. Graham）：《苏联科学院和共产党（1927—1932）》（*The Soviet Academy of Sciences and the Communist Party, 1927—1932*, Princeton: Princeton University Press, 1967）。关于苏联学者对苏联哲学的评价，参见维·尼-科洛斯科夫：《苏联马克思主义列宁主义哲学史纲要（三十年代）》，徐小英、王淑秋译，求实出版社1985年版。该书的俄文版写于1978年。

④ 参见德乔治（Richard T. de George）：《苏联思想诸模式》（*Patterns of Soviet Thought*），第193页；亦见卡门卡（Kamenka）：《苏联哲学（1917—1967）》（"Soviet Philosophy, 1917—1967"），第95页。

李达与人合译的、西洛可夫和爱森堡等人合著的《辩证法唯物论教程》就是 1931 年后的这代苏联哲学家的作品。实际上，李达翻译了这部书的三分之二，并且校对了整个译本。从李达撰写的"译者例言"可以清楚看出，他非常了解写作这部著作时已经变动的环境，以及马克思主义哲学发展的新阶段对唯物辩证法的哲学内容和政治功能所产生的影响：

> 本书……统一理论与实践，结合哲学与政治。从这个根本观点出发，在绪论之中，从新说明了哲学的党派性。[1]

事实上，《辩证法唯物论教程》的"绪论"部分非常明确地阐述了这一观点，即以唯物辩证法形式存在的哲学是党派的科学，它"给予我们以多数派的立场去研究周围世界"[2]；唯物辩证法要有效完成这一任务，必须不断修正，使自己成为更加"实践的"，因此必须实现理论与实践活动的统一[3]。

李达在"译者例言"中对德波林的评论也反映了发端于苏联哲学界的观点变化。李达指出，德波林在他的哲学著作中不加批判地继承了普列汉诺夫以及黑格尔主义的抽象内容，从而暴露了他的"'形式主义'，黑格尔的倾向，及少数派的色彩"。李达确实承认，在自己最近的著作中，他犯了不加批判地采用费尔巴哈、普列汉诺夫和德波林等人观点的错误，他必须根据《辩证法唯物论教程》的指示来清算自己。哲学的任务必须是"新时代的新实践与新理论的统一"，要完成这一任务，这本苏联著作"就是我们的模范"[4]。

虽然李达的《社会学大纲》无疑受到了西洛可夫和爱森堡的《辩证法唯物论教程》的深刻影响，他称这本书为"指示"和"模范"，但由此得出该书是唯一影响的结论是错误的。通过阅读《社会学大纲》，我们会发现李达熟知米丁的著作。尽管他没有引用米丁的著作，这是当时中国学者普遍的疏忽，但几乎可以确定李达读过米丁的《新哲学大纲》，还可能读过他的《辩证唯物论与历史唯物论》。因此，李达受到过 1931 年后苏联哲学的许多重要著作的影响，并且引用

---

[1] 西洛可夫、爱森堡：《辩证法唯物论教程》，第 1 页。
[2] 同上书，第 8 页。
[3] 同上书，第 14 页。
[4] 同上书，第 3 页。

过它们①。这无疑会在李达的头脑中强化"新哲学"的内容，并且更为重要的是，强化"新哲学"中可以接受的不足。当他开始写作《社会学大纲》时，他就能够清晰地认清自己的哲学著作所处的广阔领域以及适宜的语言风格和论述方式；借助他对苏联哲学著作的熟悉，他对应该讨论和避免讨论的话题，就形成了一种良好的、敏锐的感觉。

在考察苏联著作深刻影响李达对唯物辩证法的内容和作用的理解，以及哲学家在阐释唯物辩证法时扮演的角色时，需要考虑一个问题。也就是说，李达并非唯一一个接触苏联哲学的新潮流并受其影响的中国知识分子。毕竟，还有很多中国知识分子参与了对苏联马克思主义著作的翻译与传播，他们也受到了这些著作内容的影响②。特别是艾思奇，他翻译了米丁的《新哲学大纲》，并在他的大量文章和专栏中用通俗的语言论述唯物辩证法那些通常是晦涩的公式③。令人好奇的是李达翻译《唯物辩证法教程》和写作自己的《社会学大纲》的时间，当时他不是中国共产党的成员，因此严格地说，他不用服从党的命令。既然如此，为什么李达完全遵从发端于苏联哲学界的标准呢？是由于一种对 1931 年后唯物辩证法的苏联阐释的正确性的真诚哲学信念，还是他与中国共产主义运动之间依然密切的联系和对共产主义的革命计划的信心所产生的影响？抑或是这两种因素的混合？我们知道从 20 世纪 20 年代末到 30 年代初李达一直与中国共产党保持着密切联系，还接受了党指派的任务④，从他这一时期的著作明显可以看出他始终是中国革命的热心支持者。可能李达并不认为他的非党员身份是规避党员纪律的充足理由，修改或者挑战源于苏联"新哲学"的阐释可能被等同于违反纪律。我们

---

① 关于另一种截然不同的中国观点，参见赵德志、王本浩：《中国马克思主义哲学七十年》，辽宁大学出版社 1991 年版，第 113 页。该书作者认为，尽管《社会学大纲》的确吸收了苏联哲学教科书的一些结论，但更为重要的是李达自己在研究马克思主义的过程中发展出来的观点。

② 参见沃纳·迈斯纳（Werner Meissner）：《中国的哲学与政治：20 世纪 30 年代的唯物辩证法争论》（*Philosophy and Politics in China: The Controversy over Dialectical Materialism in the 1930s*, London: Hurst and Co., 1990）。

③ 参见约书亚·福格尔（Joshua A. Fogel）：《艾思奇对中国马克思主义发展的贡献》（*Ai Ssu-ch'i's Contribution to the Development of Chinese Marxism*, Cambridge, Mass, and London: Harvard Contemporary China Series, No. 4, 1987）；以及伊格内修斯·曹（Ignatious J.H. Ts'ao）：《艾思奇：中国共产主义的使徒》（"Ai Ssu-ch'i: The Apostle of Chinese Communism"），载《苏联思想研究》（*Studies in Soviet Thought*）1972 年第 12 期。

④ 参见《李达文集》第 1 卷的"李达同志生平事略"。

不要忘了李达很早就信奉了马克思主义，还是中国共产党的创始人之一，1923
年他的脱党是由于策略上的分歧，而不是因为他拒绝中国共产党的基本理论和哲
学学说。事实也许是这样的，经过与中国共产主义运动的长期联系，成熟起来的
李达意识到有必要灵活应对党的路线和哲学路线所发生的变化。发生于1931年
的哲学路线变化足以明确地验证了他的观察。新的哲学路线可能会明显地偏离主
流革命运动的哲学和理论活动，并且会对他自己参与并产生影响的理论活动带来
严重的损害。基于同样的理由，我们不能忽视这种可能性，即李达对1931年后
的"新哲学"的论述表明，他没有认识到把哲学当作一种抽象的智识工作的危险
性，他还接受了随之发生的将哲学与革命的实际政治需求相结合的必要性。西洛
可夫和爱森堡的《辩证法唯物论教程》对李达的影响可能让李达在哲学上相信哲
学家和哲学是政治斗争和经济斗争的组成部分，因而这些斗争的策略最终不是由
哲学，而是由党所决定的。

　　无论出于何种理由，李达接受了"新哲学"宣称的路线。他对自己过去无原则
地引用德波林和普列汉诺夫的哲学著作的自我批判意味着他自己的哲学著作特别是
《社会学大纲》将继续对马克思主义哲学在中国的发展和传播产生重要的影响，而
不是由于它们的独立性而被放置一旁，无人问津。然而，另一方面，李达对源于苏
联哲学界的哲学路线的观察削弱了他自己著作的确定无疑的原创性，这可能会把他
区别于真正伟大的马克思主义哲学家。服从1931年后的苏联哲学路线所带来的优
势包括与革命运动持续接触，以及对革命运动产生的影响，但是，它也要求付出一
定的代价，如被限制在官方所批准的马克思主义哲学框架内活动。这一限制消解了
李达从事创造性哲学思考的显著能力达到其本可以企及的程度的可能性。①

三、作为"作者"的李达

　　毫无疑问，在中国，李达作为马克思主义哲学家的崇高地位很大程度上取决

---

① 布里埃（Briere）评论道："没有必要去增加……人们不必在这些（李达的）著作中寻找任何原
　创性的思想"。不过，我们将表明，有一本李达的著作可能具有重要的意义和影响，却没有呈
　现布里埃（Briere）所寻找的那一类"原创性"。参见《中国哲学五十年》（*Fifty years of Chinese
　Philosophy*），第77页。

于并且仍将取决于《社会学大纲》中对唯物辩证法的阐释。正如我们所知，毛泽东给予这部著作极高的评价；20世纪80年代初它作为《李达选集》第2卷再版，从而确保了未来一段时间内它仍会在中国的马克思主义哲学中占据重要位置。于是，我们有必要从细节上探讨这部著作的内容，这番探讨将为获得关于中国第一代马克思主义哲学家运用和传播苏联马克思主义哲学的过程的明智判断奠定基础。这也有望丰富我们对马克思主义哲学在中国的谱系和内容及其后续发展轨迹的理解。由此，评论《社会学大纲》对于理解当代中国的马克思主义哲学维度的结构、内容和发展趋势是有意义的；它还提供了有关毛泽东据以形成自己所理解的唯物辩证法的文本基础的更为清晰的认识。

第七章和第八章将详细概括并分析《社会学大纲》的内容。不过，在读者进入这些章节之前，最好保持警惕。也就是说，考虑到前面谈到的苏联哲学特别是西洛可夫和爱森堡的《辩证法唯物论教程》对李达的影响，在详述和分析《社会学大纲》的内容时仅仅把它看作孤立的文本，而不是看作构成1931年后讨论唯物辩证法这一主流类型的众多著作之一，是很危险的。这一危险就在于它会造成这样的印象，即《社会学大纲》所包含的概念和范畴是李达的成果，是他自己的创造，而不归功于现有的某种理论。这样的印象是错误的。在一般意义上，李达无疑是《社会学大纲》的作者，他自觉地按照一种被清晰、牢固地限定过的话语的要求来写作。偏离这一话语会导致负面的结果，特别是会被革命运动的理论派系所放逐，尽管考虑到20世纪30年代苏联的恐怖氛围和列宁主义政党盛行的严苛且强硬的纪律，实际的遭遇可能会更为不幸。虽然在写作或出版《社会学大纲》时，李达不是一名正式的中共党员，但是很明显，他一直以来的活动都表现出对中共的强烈认同与服从。从该书的字里行间我们找不到像叶青那样标新立异的哲学家的动机。叶青有意利用自己作为了解情况的局外人的身份，来与他仍然部分认同的理论展开论战①。李达的动机更为明显，即传播唯物辩证法的主流版本，也就是他完全支持的"新哲学"；他用于完成自己任务的媒介又不同于艾思奇，艾思奇的媒介是用通俗语言在杂志和期刊上开设专栏而进行的大众化，而李达凭借的是一本几乎没有迁就读者认知水平的厚重教科书，该书直接面向知识分子。贯穿于《社会学大纲》的主要论调是对

---

① 参见迈斯纳（Meissner）：《中国的哲学与政治》（*Philosophy and Politics in China*）。

"新哲学"的赞同。在书中找不到对原创性的探求，这种原创性隐含着一定程度的怀疑精神；甚至李达在该书的某些部分批判德波林、普列汉诺夫和布哈林等人时所采取的论辩式的语言风格不过是同时期苏联哲学著作的语言风格的反映。德波林、普列汉诺夫和布哈林的哲学观点与官方认可的唯物辩证法阐释截然对立。

我们在《社会学大纲》中能找到的是作者的博学，作者对唯物辩证法复杂性的深刻且精妙的理解，以及与志同道合的中国知识分子交流唯物辩证法的渴望。由此，该书促进了马克思主义哲学在中国的传播。因此，通常的看法认为，《社会学大纲》是一本教科书，它的基本内容是现有的话语体系，它的目的是传播这些信息。正如我们已经指出的，在后面的章节中概述李达著作时记住这一点十分重要，因为夸大《社会学大纲》的原创性就暗示着切断中国的马克思主义哲学与苏联和欧洲的马克思主义哲学之间的联系，而这种趋势已经普遍存在于西方学者研究中国马克思主义的著作中。李达如此明显地断言自己对哲学的关注受到了苏联主流哲学的影响这一事实本身就对理解中国马克思主义的起源和发展有着深远意义，因为它表明中国马克思主义的哲学部分不是纯属"中国的"，而是与同一时期被广泛认为具有普遍性的马克思主义形式有很多相似之处。

四、毛泽东论唯物辩证法:《社会学大纲》的影响

1937 年 4 月至 8 月，毛泽东在延安的抗日军政大学发表了 110 多场讲演①。他讲演的主题之一是马克思主义哲学的唯物辩证法，这一系列的哲学讲演后来以"辩证法唯物论（讲授提纲）"为题出版②。中国马克思主义最有影响力的两篇文章《实践论》和《矛盾论》就出现在这一系列讲演中。因此，毛泽东在写作以及后来修改这些讲演期间所受到的哲学影响十分值得探究。李达的《社会学大纲》

---

① 吴军:《毛泽东生平、思想研究概述（十二）》,《毛泽东哲学思想研究动态》1987 年第 1 期，第 53—58 页。

② 对这一文献的翻译和详细分析，参见尼克·奈特（Nick Knight）主编:《毛泽东论唯物辩证法:1937 年的哲学著作》(*Mao Zedong on Dialectical Materialism: Writings on Philosophy, 1937*, Atrnonk, New York; M.E. Sharpe, 1990)。

在这一重要时期对毛泽东产生过怎样的影响呢？

我们从毛泽东在 1936 年留下的哲学批注了解到，他曾经专门研究过 1931 年后的苏联唯物辩证法哲学，这番研究对他自己在 1937 年的哲学著作产生了显著影响。1936 年 11 月至 1937 年 4 月，毛泽东阅读并批注了西洛可夫和爱森堡的《辩证法唯物论教程》；在 1937 年 7 月前，他阅读并批注了米丁的《辩证唯物论与历史唯物论》。他在自己读过的这两本著作上留下了许多下划线、摘要和批判性批注。对这些苏联著作与毛泽东哲学著作的比较分析表明，他在写作《辩证法唯物论（讲授提纲）》时大量利用了这些著作①。虽然毛泽东读过的米丁《新哲学大纲》尚未找到，但据中国的毛泽东研究者所言，可以大胆地推断毛泽东也像读其他两本苏联著作那样深入钻研过这部书②。考虑到这些苏联著作对毛泽东逐渐深入理解的唯物辩证法的影响，李达的《社会学大纲》可能扮演过什么角色呢？

这一问题的答案是复杂的，因为目前无法确定毛泽东是否在撰写他自己的《辩证法唯物论（讲授提纲）》之前即 1937 年 7 月和 8 月之前读到过《社会学大纲》。李达送给了毛泽东一本 1937 年 5 月出版的《社会学大纲》上海版的修订和扩展版，根据毛泽东的批注和阅读日记，我们有直接的文本证据表明他确实在 1938 年 1 月 17 日至 3 月 16 日期间读过《社会学大纲》。但是，在这之前他是否读过呢？诸多证据表明他读过，但这些证据都不是决定性的。第一，毛泽东有可能在 1937 年 7 月以前读过《社会学大纲》，但该书的第 1 版是 1935 年在北平出版的③。中国研究李达的重要权威之一王炯华持这一观点。王炯华举例说毛泽东反复阅读过的李达《经济学大纲》也是 1935 年在北平出版的。即使 1935 年版的《社会学大纲》没有被送到延安，毛泽东仍有可能通过其他渠道读到它的部分内容；该书第二章"唯物辩证法的诸法则"和第三章"认识过程的辩证法"已经发表于1936 年第 1 期和第 3 期的《中山文化教育馆季刊》，以及北平大学法商学院的刊

---

① 尼克·奈特（Nick Knight）主编：《毛泽东论唯物辩证法》（*Mao Zedong on Dialectical Material-ism*），第 80—83 页。

② 田松年：《对几本哲学书籍的批注》，载龚育之、逄先知、石仲泉：《毛泽东的读书生活》，三联书店 1986 年版，第 71 页。

③ 支持这一点的证据是：1961 年 8 月毛泽东在与李达的一次谈话中回忆道，他曾经阅读并批注过《社会学大纲》，但不幸在旅途中遗失了该书。很有可能毛泽东曾经批注且后来遗失的是《社会学大纲》1935 年版，因为他批注过的 1937 年版后来被保持下来了。参见孙琴安、李师贞：《毛泽东与名人》上卷，江苏人民出版社 1993 年版，第 71 页。

物《法学专刊》①。第二，毛泽东后来称自己读过"十遍"《社会学大纲》，这可是相当可观的壮举，因为 1935 年北平版的《社会学大纲》有 31 万字，而 1937 年上海版超过了 42 万字②。即使承认毛泽东的说法有些夸张，这不过表明他为完全弄懂这部艰深著作花费了相当长的时间，很有可能追溯到他撰写自己的讲演《唯物论辩证法（讲授提纲）》以前。第三个因素是《社会学大纲》和毛泽东的唯物辩证法著作的主题。王炯华指出，虽然毛泽东没有抄袭《社会学大纲》，但《实践论》和《矛盾论》的内容与它是"一致的"③。考虑到苏联哲学著作在内容上的一致性以及它们对李达和毛泽东两人的唯物辩证法哲学的影响，这一说法不能令人信服，因为所有这些著作都有显著的一致性。许全兴否定了王炯华关于《社会学大纲》与毛泽东的唯物辩证法著作之间一致性的论断，认为"从文字的叙述上，《两论》与《大纲》没有什么直接的联系"④。

　　于是，就存在着毛泽东在 1937 年中期以前读过《社会学大纲》的可能性。不过，这一假设缺乏直接证据，中国学者对于这一问题没有达成一致意见。现有文献证据仅支持我们确信这一事实，即毛泽东的确在 1938 年初阅读并批注了《社会学大纲》。

五、毛泽东读《社会学大纲》的批注

　　当我们把注意力转向毛泽东读《社会学大纲》的批注时，我们可以从该书的页数得知毛泽东在 1938 年读到的是 1937 年上海版。就跟他读苏联哲学教科书一样，他在这本书的页边和空白处留下了大量批注，在书的正文部分划了许多下划线。绝大部分的批注出现在第一部分，这部分探讨了人类思想史上的唯物辩证法（对这一部分的概述，参见本书第 7 章）。这些批注之所以重要，是因为它们能告

---

①　王炯华：《续谈〈两论〉与〈大纲〉》，《毛泽东哲学思想研究动态》1986 年第 3 期，第 39—40 页。亦见王炯华：《李达与马克思主义哲学在中国》，华中理工大学出版社 1988 年版。

②　《中国哲学》1979 年第 1 辑，第 34、364 页。

③　王炯华：《〈大纲〉的创造性贡献及〈两论〉与它的关系》，第 20—23 页。

④　许全兴：《再谈〈两论〉与〈社会学大纲〉——复王炯华同志》，《毛泽东哲学思想研究动态》1985 年第 3 期，第 24—29 页。

诉我们毛泽东对西方哲学的主要论题和人物的熟悉程度。从这些批注可以清楚看出，毛泽东赞同李达的这一前提，即必须历史地考察唯物辩证法。毛泽东评论道，"用历史主义看唯物主义的发生发展过程"①。接下来，紧随着李达对西方哲学中唯物辩证法发展的分析，毛泽东写下了零散的批注，这些批注从早期原始社会出现的万物有灵论思想开始。毛泽东指出，原始思维的两大特点是："（一）自然与人类一样是生动的。（二）自然与人类互相转变"②。在毛泽东看来，这是原始辩证法的一个例子。即使在这些早期阶段，劳动过程的发展也会对自然和人类的转变产生影响，正如它导致了语言的发展。毛泽东写道："语言是劳动的结果，交通的手段，认识的前提。有语言表现的概念，才能开始思维。"同样，人类大脑的发展也是劳动的结果。③ 在下面这一大段批注中，毛泽东深入考察了原始社会中劳动与人类思想发展之间的关系：

> 生产过程中，由于不断认识自然的新方面，就能改变对自然斗争的方法，同时改变了生活方法。于是有了剩余生产物，改良了技术，人类对自然的支配就增大了。在这种时候，就在思维体系中出现了万物有灵论，就能把世界分为物质与灵魂。这是人类最初企图认识自然，成为自觉地对自然斗争的开端。④

毛泽东写道，随着人类对自然的理解不断增加，宗教发生的一大来源逐渐消失；然而，随着生产过程发展而出现的阶级社会导致了哲学的发生，它最初是经济上的统治阶级和闲暇阶级的消遣。起初，阶级社会的形式建立在奴隶制上；奴隶主阶级，特别是古希腊时代的奴隶主，产生了包含唯物主义主题的哲学⑤：

> 为什么唯物哲学只能出现于希腊时代而不能在其以前？因为（一）对自然法则的认识有待生产技术的进步，人们才能逐渐窥知自然的性质，才能开

---

① 《毛泽东哲学批注集》，第 210 页。
② 同上书，第 211—212 页。
③ 同上。
④ 同上书，第 212—213 页。
⑤ 同上书，第 214—216 页。

始用一种与宗教不同的眼光去说明世界；（二）必待有了手工业与商业，有了商业奴隶主，他们有钱有间时〈时间〉，才能发生求高深学问的动机；（三）必待有了商品交换的经验，养成了思维的抽象能力，才能从事于哲学；（四）必待异民族的接触，地理眼界的扩大，才能扩大精神的眼界；（五）必待自然科学的初步发达，有了知识的基础，才能据之找出一种普遍必然的因素，才能形成自然哲学。这些就是反宗教的新世界观即古代自然哲学的历史根据。在这以前，人类束缚于自然力与社会力的压迫，只能用灵魂或神的观念去解释世界，断不能出现唯物的思想。①

在确立了唯物主义哲学出现于古希腊时代的基础之后，毛泽东将注意力转向了古希腊哲学家们。在毛泽东看来，第一个古希腊哲学家泰勒斯第一次对宇宙发生问题作了自然的解释。泰勒斯说，宇宙是由水发生的，水是万物之源，是万物的真正本体；这一见解认为一切物质都是由单一东西构成，因而允许物质之间互相转变。这是第一次出现的唯物论与辩证法，虽然是十分简单的形式。②

毛泽东在批注中考察的第二位古希腊哲学家是赫拉克利特。他也是唯物论者，主张宇宙是由水、火、气、土四种原素构成的，不过他认为火是基本的原素。毛泽东据此称他的观点是唯物一元论。然而，毛泽东指出，赫拉克利特的主要功绩是他发现了辩证法思想的两个根本概念，即万物不断变化与变化源于内在的对立斗争。赫拉克利特还认为，宇宙在时间空间上是无限的，不断变化着的，万物由于内在对立物的斗争而从一种形态转变为另一种形态。在赫拉克利特看来，矛盾是变化过程的核心。毛泽东引用了他的原话，大意是"斗争是万物之父"。毛泽东称，所以赫拉克利特有"辩证法父亲"之称③。

毛泽东讨论的第三位古希腊哲学家是德谟克利特，其主要功绩是他的唯物的原子论。毛泽东评论道，虽然德谟克利特的唯物论是很原始的、很机械的，但是他的原子论产生了重大影响，发生了哲学指导科学的作用。德谟克利特认为物质由极微小的不可分的微粒即原子构成；这些原子在空间里的种种分离与结合产生了物质世界的多样性，这样万物都具有了各自特殊的相对的形式。德谟克利特

① 《毛泽东哲学批注集》，第 217—218 页。
② 同上书，第 219 页。
③ 同上书，第 220—222 页。

认为原子和虚空外没有他物；他由此否定了精神。运动不能与物质相分离，空间是物质运动的条件。毛泽东指出，虽然他的物质运动观是机械论的，但他提出了物质变化的根本法则、宇宙的因果必然性，力图在物质自身中探求运动的根本原因。①

毛泽东在这里停顿一下，讨论了代表古希腊反动贵族的观念论思想的产生。他列举唯物论为观念论所取代的六条"历史根据"：

（一）由于希腊奴隶经济的向下发展而产生的深刻的阶级分化与斗争，引起贵族主义与民主[主]义之意识形态的斗争，前者便以观念论哲学为其基础；

（二）由于奴隶制阻塞了技术的进步，奴隶所有者便不去研究与技术改良有关的自然现象，而集中注意于研究社会现象，于是道德哲学、国家理论就起来了；

（三）由于离开肉体劳动的自由民普遍地轻视肉体劳动，因而夸大精神要素，产生了观念论哲学；

（四）由此，在意识领域中，贵族们也轻视与厌恶所谓研究"卑劣的物质"的哲学，以为观念论哲学才是真理；

（五）由于从前唯物论哲学因受当时科学水准限制，不免幼稚简单与自相矛盾，因而被观念论哲学家看不起；

（六）由于唯物论哲学只是客观现实的辩证法，没有注意过主观思维的辩证法，于是注重论理学的观念论就起而代之了。②

毛泽东接着讨论了第一个同唯物论斗争的观念论哲学家苏格拉底。毛泽东称赞苏格拉底提出了道德论和认识论，并把哲学引入社会和思维两个领域；在道德论上，苏格拉底论述了知识与行为关系的辩证法；在认识论上，他谈到了普遍与个别的辩证关系。不过，毛泽东批评苏格拉底的道德哲学是反动的，因为他支持传统的贵族制度，排斥新兴的民主制度。毛泽东还谴责了苏格拉底的观念论，因为他断定知识决定行为。与之相反，毛泽东指出，行为（实践）是决定知识的基础，是检查知识的标准。毛泽东承认苏格拉底的认识论有一部分是正确的，它主张知识的目的是从感性的个别到达于理性的普遍；不过，他认为后者是前者的基

---

① 《毛泽东哲学批注集》，第222—224页。
② 同上书，第225—227页。

础，因而是观念论者①。

毛泽东在读李达《社会学大纲》的批注中谈到的最后一位古希腊哲学家是柏拉图。毛泽东跟李达一样，认为柏拉图的思想是观念论的、反动的、错误的。柏拉图相信只有理念是永久的、真实的存在，理念在世界与人类存在以前就已经存在了；世界与人的思维都是理念的产物，是理念的反映或影子。由此，他就创造出理念的逻辑学，主张认识的对象是理念，而不是感觉世界，认识的方法是依据空洞无物的概念以从事于思维。但是，柏拉图的理念的逻辑学有其积极作用，因为他的理念的逻辑学表示了与思想相关联的概念的作用。②

毛泽东讨论古希腊哲学和哲学家的批注之所以有意思，有多种原因。首先，尽管毛泽东阅读西洛可夫和爱森堡的《辩证法唯物论教程》和米丁的《辩证唯物论与历史唯物论》时所做的批注远远多于他读李达《社会学大纲》时的批注，但他在阅读这两本苏联哲学教科书时没有留下任何有关古希腊哲学的重要批注。原因很简单：这两本苏联著作根本没有涉及古希腊哲学。真正包含这部分内容的苏联著作是米丁的《新哲学大纲》，《新哲学大纲》中的这部分内容与李达《社会学大纲》确实十分相似，这表明李达可能在写作自己的著作时参考了这一来源③。毛泽东读到的《新哲学大纲》没有留下来，但有可能他像读其他哲学著作一样阅读并批注了《新哲学大纲》；不过，很有可能毛泽东没有关注或批注《新哲学大纲》中的这部分内容，所以，后来他读到李达著作时认真地批注了书中讨论古希腊哲学的章节。后来毛泽东自己的《辩证唯物论（讲授提纲）》没有一处引用李达著作所提到的古希腊哲学这一事实强化了上述观点；如果毛泽东是在写完《辩证唯物论（讲授提纲）》后才读到《社会学大纲》的，我们就有可能解释这一疏忽。

其次，毛泽东有关古希腊哲学的批注之所以重要，还因为它们表明毛泽东接受了辩证唯物论的一个基本前提，即哲学及其发展只有经由时代的社会条件，特别是生产方式及其限制或促进生产和技术发展的程度，才能得到理解。正如我们所观察到的，毛泽东在解释古希腊哲学的兴盛和观念论哲学的兴起时援引了这一

---

① 《毛泽东哲学批注集》，第 227—230 页。

② 同上书，第 230—231 页。

③ 许全兴比较过《社会学大纲》与《新哲学大纲》，认为它们关于唯物辩证法基本法则的论述也十分相似，但并不意味着李达在抄袭。参见《再谈〈两论〉与〈社会学大纲〉——复王炯华同志》，第 24—29 页。

前提。

最后，毛泽东的批注代表了毛泽东探讨古希腊哲学的主题和人物的为数不多的例子之一，因而值得关注。虽然在毛泽东论述唯物辩证法的其他著作中包含了大量对康德、黑格尔和后来其他哲学家的引用，但是它们都没有像读李达《社会学大纲》的批注那样探究西方哲学的早期历史。尽管这些批注不能证明毛泽东在这方面的博学深思，但它们的确表明他对这一主题的熟悉以及对这一主题的强烈兴趣，以至于他耗费时间和精力，写下了如此多的批注。

毛泽东读李达《社会学大纲》的其他批注较少且零散，因为大部分都是一些偶发的、意味深长的评论、问号和粗重的下划线。有意思的是，剩下的那些大段批注出现在《社会学大纲》论述唯物辩证法的法则和范畴的地方，而该书讨论唯物史观、社会经济结构和意识形态的后半部分基本上没有被批注。我们知道毛泽东从 1938 年 1 月 17 日到 31 日阅读了辩证法章节，早于他开始自己的"读书日记"，他还在日记中记录了阅读该书后半部分的进度，并在 3 月 16 日读完了整本书。毛泽东所读过并在"读书日记"中详细记录的《社会学大纲》章节因而与该书的后半部分相关，这部分几乎没有留下他的批注。毛泽东读《社会学大纲》的批注之所以不平衡，是因为这一时期他对马克思主义的哲学维度的强烈兴趣以及他深刻意识到有必要精通唯物辩证法的历史、法则和范畴。同样的画面出现在他读西洛可夫和爱森堡以及米丁的苏联哲学教科书中；毛泽东注意到这些教科书中讨论唯物辩证法的章节，并留下了大量的批注①。

尽管毛泽东读《社会学大纲》中关于唯物辩证法的法则和范畴的论述所做的批注较少且十分隐晦，但有一些批注仍值得考察。其中有一处关于唯物辩证法是在哲学斗争的过程中出现的、哲学斗争反映政治斗争的论述，毛泽东在旁边评论道："斗争就是辩证"②。此后，毛泽东草草写下"矛盾即运动"③，还在论述拮抗是矛盾发展阶段之一的段落旁写道："要承认飞跃律的普遍性"④。还有一些批注出现在李达强调要通过正确分析客观力量和主观条件来认识和把握可能

① 关于其中一些批注的英文译文，参见奈特（Knight）主编：《毛泽东论唯物辩证法》（*Mao Ze-dong on Dialectical Materialism*），第 267—280 页。
② 《毛泽东哲学批注集》，第 232 页。
③ 同上书，第 240 页。
④ 同上书，第 242 页。

性的论述附近。在这里，毛泽东不无悲观地写道，"抗日战争的客观条件与主观条件都不足"，他紧接着评论道，"西安事变时抓住两党合作，七七事变后抓游击战争。"① 毛泽东关于认识论的批注也有意思。李达写道，当分析认识过程时，第一要阐明由物质到意识的推移的辩证法，第二要阐明从感觉到思维的推移的辩证法。毛泽东在一旁写道："第三要阐明由思维到物质的推移的辩证法，即检验与再认识。"②

从毛泽东读李达《社会学大纲》的批注中能得出什么结论呢？最重要的结论是这部被毛泽东誉为"中国人自己写的第一本马克思主义哲学教科书"的哲学著作强化了毛泽东通过阅读苏联哲学教科书而形成的关键信息。从内容上看，《社会学大纲》的作者是中国人这一事实并不重要，因为李达没有试图引用中国的例子来说明唯物辩证法的形成③。实际上，这本书从开篇到结尾都是一篇抽象的论文，李达从未妥协到让自己的观点变得更为易懂、更易接受，以及像艾思奇所做的那样从中国人的日常生活中举例来解释"新哲学"，从而使它更为贴近生活。正如我们所看到的，这本书的目标读者是知识分子；它的目标是向读者传播当代苏联学者对马克思主义哲学的阐释。正是因为这本书完全实现了这一目标，毛泽东才赞扬该书作者，还花费了大量的时间和精力来阅读、批注它。

毛泽东读《社会学大纲》的极少数批注中谈到了中国例子，这反映了他经常重复的观点，即必须运用唯物辩证法的方法论来实现解释中国现实的具体特征的任务，而不是把学习这一复杂哲学的形成当作抽象的理论训练。就此而言，他读《社会学大纲》的批注与他读《辩证唯物论与历史唯物论》的批注是同步的，尽管要更为审慎；这些更早的批注包含着大量毛泽东试图运用唯物辩证法于中国语境的例子。由此我们能看到毛泽东是一位积极的读者，他反思文本不只是为了理解其内容，而是揭示它们对于实现中国革命目标的适用性。我们没有证据表明《社会学大纲》的抽象本质以及它对中国内容的忽视让毛泽东不满意，不过，从他论述哲学、政治和军事问题的著作的一般主旨就能发现，毛泽东把为理论而学

---

① 《毛泽东哲学批注集》，第262—263页。七七事变参见对中日战争的评论。

② 同上书，第265—266页。

③ 公允地说，李达已经意识到《社会学大纲》的第6部分会集中研究中国社会。不过，他没有写完这一部分。参见《李达文集》第2卷，第5页。

习理论视为典型的浪费时间①。《社会学大纲》让毛泽东十分受益，因为它解释了唯物辩证法哲学，但对毛泽东而言，接下来无疑更为重要的阶段是运用这一哲学完成中国革命的各项具体任务。

六、《社会学大纲》：来自中国的看法

在 1966 年 8 月 24 日逝世前夕，李达由于对林彪言论的坦率批评而受到打击，他认为林彪的观点"违反了辩证法和科学"，是"任何人都不会同意的"。李达被林彪和康生分别扣上了"毛泽东思想最凶恶的敌人"和"叛徒"的帽子。② 因此，从 20 世纪 60 年代末到 70 年代初，李达对中国马克思主义的贡献受到怀疑，直到 1978 年才得到积极的评价。然而，根据中共十一届六中全会通过的《关于建国以来党的若干历史问题的决议》的指示，毛泽东研究在中国的迅速和广泛发展充当了兴起并推动李达哲学著作研究的主要前提，因为这一决议的一个重要论题是毛泽东思想是一个科学体系，而包括李达在内的许多中共领袖和理论家为此作出了重大贡献③。于是，在 20 世纪 80 年代对《社会学大纲》的评价就与对毛泽东思想的更为广泛的关注联系在一起，特别是与重新兴起的对毛泽东哲学思想的来源和内容的兴趣相关④。

中国学者普遍认为，李达的《社会学大纲》是马克思主义学术界的一部杰作，它为马克思主义哲学在中国的传播作出了突出贡献。1982 年版《中国哲学年鉴》给出的观点是这一看法的典型代表。它认为，《社会学大纲》具有以下特色和优点：

第一，它比较完整、系统地论述了马克思主义哲学，是一本包括了自

---

① 特别是参见毛泽东的《改造我们的学习》、《整顿党的作风》和《反对党八股》（《毛泽东选集》第三卷，人民出版社 1991 年版，第 795—803、811—829、830—846 页）。

② 《中国当代社会科学家》，第 129—130 页。

③ 《关于建国以来党的若干历史问题的决议》，人民出版社 2009 年版。

④ 参见奈特（Knight）主编：《毛泽东的哲学思想：来自中国的研究（1981—1989）》（*The Philosophical Thought of Mao Zedong: Studies from China, 1981—1989*），"导言"。

然、社会和人类思维的一般规律在内的马克思主义哲学专著。第二，在正面论述马克思主义哲学的基础上，对其他各哲学流派和它们的相互界限也阐述得很清楚，哲学基本问题像一根红线贯串全书始终。第三，体现了理论联系实际的优良学风。作者很注重在运用马克思主义哲学原理研究具体问题时，不能抽象地分析，而要具体情况具体分析。第四，坚持批判的战斗的精神。《社会学大纲》在正面论述的同时，对唯心主义和形而上学的观点进行了分析批判，坚持了哲学的党性原则。第五，书中资料比较充实。它吸收了当时自然科学方面的一定成果，大量运用了哲学史上的资料，论述问题都力求从渊源讲起，这对没有系统学习过哲学史的读者，帮助更大。①

虽然中国哲学家对于《社会学大纲》的意义达成普遍共识，但是关于这一阐释的许多方面存在分歧。最激烈的一场争论发生华中科技大学的王炯华教授与北京大学的许全兴教授之间，1984 年至 1986 年他们在上海的《毛泽东哲学思想研究动态》上展开争论②。这场争论虽然聚焦于《社会学大纲》与毛泽东的《实践论》和《矛盾论》之间的关系，但实际上贯穿了阐释李达著作的主要话题。这两位著名学者的观点几乎完全对立，这让这场争论十分有趣③。

在考虑《社会学大纲》和毛泽东两篇哲学论文之间关系这一核心论题时，王炯华认为，毛泽东在写作《矛盾论》和《实践论》时很可能在 1937 年中期以前读过李达的著作。正如我们所知，他指出了这一事实，即《社会学大纲》的第 1 版是在 1935 年出版的，该书讨论唯物辩证法诸法则的重要内容已经在刊物上重新发表；毛泽东可能在 1937 年中期以前就直接或间接地获得了这一文本。不仅如此，我们知道李达曾经在 1937 年 5 月寄给毛泽东一本上海版《社会学大纲》。但是，毛泽东是否在 1937 年 7 月和 8 月读过《社会学大纲》呢？这一时期毛泽东正在写作《辩证法唯物论（讲授提纲）》，而那两篇著名的哲学论文是从这一提纲而来的。许全兴认为毛泽东当时读到《社会学大纲》的可能性"很小"，说他

---

① 《中国哲学年鉴（1982）》，第 178—179 页。

② 参见《毛泽东哲学思想研究动态》1984 年第 1 期，第 20—23 页；1985 年第 3 期，第 24—29 页；1986 年第 3 期，第 39—40 页。

③ 不过，1993 年 10 月在武汉的访谈中，王炯华教授告诉我，许全兴教授后来对他们争辩中的一些观点做了让步。

在完成自己的文章后才读到它会更谨慎一些。在许全兴看来，毛泽东的文章与《社会学大纲》之间没有直接的文本联系这一事实支持了他的观点；这也表明一些中国学者和日本学者所持的毛泽东抄袭李达著作的观点①是站不住脚的。尽管王炯华赞同许全兴所说的毛泽东在写作《辩证法唯物论（讲授提纲）》时没有抄袭《社会学大纲》，但是，他不能接受的是毛泽东的著作与李达的著作之间没有直接联系。他给出了许多表明李达著作中的一些概念也出现在毛泽东哲学文章中的例子；于是，王炯华主张这两份文献之间存在一种"一致性"。不过，王炯华也承认李达和毛泽东都读过苏联哲学教科书，这一事实使得他关于"一致性"的论断缺乏说服力。许全兴确实坚持认为《矛盾论》和《实践论》中的概念不是源于《社会学大纲》，而是源于经由苏联哲学著作而来的列宁主义。他还认为，毛泽东在20世纪50年代初修订自己的两篇哲学文章时没有受到《社会学大纲》的影响。

关于李达写作《社会学大纲》时在多大程度上受到苏联哲学著作的影响，王炯华与许全兴的看法也不一致。许全兴认为，李达的著作主要是苏联著作，特别是米丁的《新哲学大纲》和《辩证唯物论与历史唯物论》的"复写"或"翻版"。王炯华在反驳这一观点时指出，这两部苏联著作直到1936年6月才被翻译出版，这时候《社会学大纲》第一版就已经出版了；因为李达著作两个版本的基本结构大致相同，所以，那种认为它们不过是那些苏联著作的明显翻版的观点是不成立的。但是，王炯华的回应明显忽视了这一事实，即李达承认在自己的唯物辩证法著作中把西洛可夫和爱森堡的《辩证法唯物论教程》当作范例。不过，在我看来，虽然李达对"新哲学"的阐释无疑受到苏联哲学著作的很大影响，但许全兴关于《社会学大纲》不过是它们的"复写"或"翻版"的指控走得太远，因为它意味

① 王炯华：《〈大纲〉的创造性贡献与〈两论〉与它的关系》，第23页，脚注2。亦见福格尔（Fogel）：《艾思奇对中国马克思主义发展的贡献》（*Ai Ssu-ch'i's Contribution to the Development of Chinese Marxism*），第108页，脚注33。福格尔引用了日本毛泽东研究者竹内明纳（Takeuchi Minoru）的观点。竹内明纳声称毛泽东《辩证法唯物论（讲授提纲）》中"意识论"的部分抄袭了《社会学大纲》。竹内明纳观点的问题在于，李达论述意识的章节也引用了卢卡捷夫斯基的《无神论教程》第2章（参见《社会学大纲》，第212页）。关键在于毛泽东和李达的观点都非常依赖苏联的哲学和社会理论著作。因此，辨明毛泽东的著作与李达或艾思奇（像福格尔那样，第68—71页）的著作的相似性，并断定毛泽东对唯物辩证法的理解源自这些中国著作，就显得没有什么意味

着李达只是在抄袭苏联著作，而这显然与事实不符。

这场争论关系到李达《社会学大纲》的原创性程度问题。王炯华批评许全兴否认了李达著作中的"创造性贡献"，认为李达虽然使用了苏联著作中的许多概念和材料，但他赋予《社会学大纲》以自己的特色，因而展现了"创造性劳动"。王炯华指出，李达的成就不仅表现为在《社会学大纲》中提供了对马克思主义哲学的完整阐释，而且"发挥"了马克思主义哲学的一些基本观点。许全兴反驳道，确认《社会学大纲》的原创性是非常困难的，因为同时期许多哲学著作的论述基本相同。在许全兴看来，《社会学大纲》的成就不在于它的原创性，而在于它是"在我国第一次比较全面地介绍马克思主义哲学"。王炯华认为事实并非如此，瞿秋白在20世纪20年代写的《社会哲学概论》和《现代社会学》以及李达自己1926年的《现代社会学》，再加上译作如布哈林的《历史唯物主义》、李达所译的卢波尔的《理论与实践的社会科学基本问题》与西洛可夫、爱森堡的《辩证法唯物论教程》，都已经向中国读者提供了马克思主义哲学的完整概述。

最后，许全兴认为《社会学大纲》的成就受限于它没有将马克思主义哲学与中国"实际"相结合。对于许全兴的评价，在此我们应该抱有一些同情，因为如后面两章的概要所指出的，李达没有试图借助中国社会的例子来阐释他对唯物辩证法的理解。我们知道，李达曾经想写研究中国社会的第六篇，但直到1937年5月都没有完成，也没有被收入①。不过，李达或许在这部著作中没有认识到唯物辩证法"中国化"的迫切性，因为在他的其他许多专著和文章中，他已经给出了对中国社会和历史的诸多重要问题的详细分析②。就其整体而言，李达著作代表着对中国社会进行唯物主义阐释的尝试，在这一更为广阔的背景下考察他的《社会学大纲》，许全兴的上述评价就要缓和一些。

七、结论

王炯华与许全兴关于李达《社会学大纲》的辩论对任何试图为这一文本的来

---

① 《李达文集》第2卷，第5页。
② 特别是参见《李达文集》第1卷中探讨中国历史和社会中的大量问题的诸多文章和著作，以及李达的《中国产业革命概观》（昆仑书店1929年版）。

源、历史和影响提供最终阐释的努力赋予了争议。不过，如果评判原创性的标准变得不那么重要，或者说，让位于考察这一文本的其他视角，那么，评价文本的任务就会轻松许多。我将会论证，《社会学大纲》的主要价值不在于它对 20 世纪 30 年代早期所理解的正统马克思主义哲学论述的概念或形式的发展，而在于它展现了马克思主义在中国的起源和发展。关于中国马克思主义的许多观点强调它的内容的异端性，关注它区别于马克思主义的苏联与欧洲形式的理论差距。不过，我们已经知道，《社会学大纲》作为中国最有影响力的马克思主义著作之一，其作者由于在中国传播马克思主义理论而获得广泛的赞誉，而该书的正统观点被看作是它的不足。李达这部巨著中没有一处考察正统观点的不足，他确实努力向读者保证他在自己的思考中拒斥了在哲学依附于政治的新环境中被视作异端的观点，如德波林辩证法中过多的黑格尔主义。如果《社会学大纲》被看作是某种正统的模式，那么，这一观点是否有助于反驳、削弱那种持续强调中国马克思主义的非正统特性的主流观点呢？我认为的确如此。尽管我在这里主张的论证尚有局限，我随后会简单论述这些限制条件，但关键在于，那些笼统地主张中国马克思主义的特殊性和异端性的观点经不起细致的推敲，特别是对李达《社会学大纲》或是对毛泽东唯物辩证法著作的认真解读。

当我们考虑到《社会学大纲》与毛泽东对马克思主义哲学的理解之间的关系时，这一观点会得到进一步的强化。我们目前不清楚毛泽东在 1937 年中期写作自己的《辩证法唯物论（讲授提纲）》时是否读过李达的著作，尽管正如我们所提到的，他在 1938 年初已经读到该书。这一关系的重要方面主要不在于李达与毛泽东的唯物辩证法著作之间的直接关系，而在于两人的著作都与为数不多的 1931 年后的苏联哲学著作之间有联系。《辩证法唯物论教程》、《新哲学大纲》和《辩证唯物论与历史唯物论》等著作让李达和毛泽东开始关注"新哲学"的内容，从毛泽东自己论述唯物辩证法的大量著作中可以明显看出他在很大程度上运用了这些著作中的概念、逻辑模式和话语形式。于是，《社会学大纲》对毛泽东的影响在于它强化了毛泽东在 1936 年末到 1937 年上半年刻苦学习苏联著作所形成的对唯物辩证法的理解。《社会学大纲》因而成为彼此重叠、相互交织的星丛般的众多著作中的一本，这些著作担负着同样的重要作用，即在马克思主义哲学领域解释和传播新正统。

辩证唯物主义仍然出现在近些年中国出版的哲学教科书中，这些星丛般的著作的持续影响由此可见一斑①。这些启蒙书读起来就像是苏联哲学的回流，这种苏联哲学是李达在《社会学大纲》中所传播的，也是毛泽东在《矛盾论》和《实践论》中所支持的。因此，如果这样来理解马克思主义哲学在当代中国的谱系，就有必要意识到 1931 年后的苏联哲学的重要意义。否则，我们怎么能够解释对马克思主义的解释在中国持续不断地反复出现呢？《社会学大纲》之所以重要，是因为它揭示了中国马克思主义在哲学方面的源头以及它后来经历的发展轨迹。

最后，尽管我强调《社会学大纲》和毛泽东的唯物辩证法著作具有明显的正统性，但需要注意的是，不要由此掉入这样的陷阱，即假定那些构成整个中国马克思主义的论题和概念都具有同样的正统性。我们对于《社会学大纲》及其与毛泽东的哲学思想的关系的分析只能得出这样的结论，即从苏联哲学界 20 世纪 30年代早期到中期盛行的正统观念来看，中国马克思主义在哲学方面不属于异端。不能对中国马克思主义的其他概念和论题的谱系做这样的推论，而应该进行具体的考察；只有这样，才能避免那些只会遮蔽中国马克思主义发展的复杂模式的笼统的概括。

下一章我们将详细分析李达《社会学大纲》的内容。读者可以由此判断李达对唯物辩证法哲学的阐释的正统性程度。

---

① 例如，参见肖前、李秀林、汪永祥主编：《辩证唯物主义原理》（人民出版社 1981 年版）、陶德麟、黎德扬主编：《辩证唯物主义与历史唯物主义》（湖北人民出版社 1983 年版），以及《辩证唯物主义研究》（求实出版社 1986 年版）。

第七章 《社会学大纲》: 唯物辩证法
的历史、法则和范畴

一、导论

《社会学大纲》共分为五篇。收入《李达文集》的第一篇"唯物辩证法"篇幅最大，有 270 多页。其他四篇涵盖了历史唯物论、"社会的经济构造"、"社会的政治建筑"和"社会的意识形态"。本章和下一章将详细概述并分析关于唯物辩证法的章节。它之所以是必要的，是基于以下原因：第一，李达的哲学著作，或者说他的任何著作，几乎都没有被译成英文。李达著作英译本的缺乏无疑导致了英语评论界在讨论中国马克思主义的传播与发展时对李达的无端忽视①。随后的概述试图纠正这一状况，即使它只能部分地做到。第二，即使对于那些中文水平足以理解唯物辩证法的晦涩术语的人来说，李达在《社会学大纲》中讨论的哲学主题也极其复杂。我希望，这里所提供的概述能够成为处理中文一手文献时易于理解的、即使是部分的替代品。第三，李达在中国作为马克思主义哲学家的声望无疑取决于《社会学大纲》中呈现出来的博学。如果我们要评价在李达在中国的马克思主义哲学中的重要性，以对这一关键文本的认真、详细阅读为依据是至关重要的。

最后，这一概述力图强化这一观点，即任何对中国马克思主义特别是对其哲学维度的理解都必须以熟悉唯物辩证法的前提、范畴、法则、认识论、逻辑形式、论证和术语为基础。我们在这里会遇到一个相当复杂的哲学体系，它给出了根本的本体论和认识论主张。那些不屑于阅读和掌握唯物辩证法的评论者通常会

---

① 例如，迈斯纳（Meissner）实际上忽略了李达。参见《中国的哲学与政治：20 世纪 30 年代的唯物辩证法论战》（*Philosophy and Politics in China: The Controversy over Dialectical Materialism in the 1930s*, London: Hurst and Company, 1990）。

发表责难唯物辩证法的观点①，这会阻挠对马克思主义在中国发展意义的清晰认识。向读者提供《社会学大纲》的详细论述，不仅能让李达对唯物辩证法的理解变成丰富、明晰，而且能表明我们在此讨论的是一种复杂的哲学，其强有力的论证逻辑说服了包括毛泽东在内的很多中国知识分子；如果唯物辩证法能作为谬误而轻易被驱散，或是仅仅当作政治斗争的副产品，那么，这些中国知识分子对这一信念系统的坚持就是无法理喻的②。

在随后对李达《社会学大纲》的概述中，我试图把握论证的主要线索以及这些论证之间的联系。我的目的是提供关于李达对唯物辩证法的解释的全面且易懂的解说。

在转入这一任务以前，回顾上一章提出的对李达的作者身份的质疑这一警告是恰当的。虽然我们从未说过李达没有撰写《社会学大纲》，但我们应该记住的是，这部重要著作中出现的绝大部分概念、范畴、法则、论证形式和逻辑都不是原创的；它们大体上出自20世纪30年代初的苏联马克思主义哲学(参见第二章)。我们的目标之一是在这一时期的一般理论背景下定位李达和毛泽东的著作，由此作出关于李达和毛泽东受当时苏联哲学著作中被批准的唯物辩证法解释影响的程度的可靠判断；换言之，我们关注的是中国的马克思主义哲学与其他的马克思主义哲学之间的联系，特别是它与"正统"苏联马克思主义之间的关系。这样，这一任务就是比较《社会学大纲》与激发李达灵感的苏联哲学著作，并评价它们之间的重叠程度。在精读《社会学大纲》的内容时，我们必须注意到李达写作该书时并没有企求或是声称任何显著的原创性。因此，我们所寻找的不是原创性，而是谱系；这才是李达解释一种重要的现存哲学的基础和风格。

在进入《社会学大纲》的内容前，有必要评论它的大致结构。李达首先考察和分析了人类认识史上的唯物辩证法，其次论述了作为科学的唯物辩证法，在此基础上，较为详细地探讨了唯物辩证法的法则和范畴；最后他详细解释了认识

---

① 例如，施拉姆认为20世纪30年代的苏联理论著作"水平极低"，应该予以抛弃，参见《毛泽东的政治思想》(*The Political Thought of Mao Tse-hmg*, Harrnondsworth: Penguin, 1969, rev. edn)，第88页。对唯物辩证法的详细的、带有同情心的重建，参见洛伦·格雷厄姆 (Loren R. Graham)：《苏联的科学与哲学》(*Science. and Philosophy in the Soviet Union*, New York: Alfred A. Knopf, 1972)，特别是第2章。

② 特别是参见沃纳·迈斯纳 (Werner Meissner)：《中国的哲学与政治》(*Philosophy and Politics in China*)。

论和逻辑学的一些问题。就其呈现的模式和顺序而言，《社会学大纲》的结构明显类似于苏联哲学著作；一些部分实际上使用了同样的副标题①。下文将详细比较《社会学大纲》与苏联哲学著作和毛泽东的唯物辩证法著作，但为了保持李达的流畅解释，将会有大量的注释。

二、人类认识史上的唯物辩证法

李达在开篇就重申这一准则，即"社会学的唯一的科学的方法，是唯物辩证法"②。他指出，这是能够提供有关社会的发展着的、生动的、有机的解释的唯一方法。尽管唯物辩证法现在是无产阶级及其政党在斗争中实现社会主义社会的武器，但它能够被追溯到人类历史上最早的哲学探索。不过，代表着人类社会进步的不同经济结构的发展水平限定了唯物主义或辩证法思想得以产生的程度。例如，原始社会形成了万物有灵论形式的"原始的辩证法"。李达认为，它之所以是辩证的，是因为它把外部世界看作是活动的、变化的；然而，受限于低水平的社会和经济发展，这种初期的辩证法无法超越意识的宗教和迷信因素。不过，古代社会如古希腊的哲学标志着辩证法思想史的发展；以技术、手工业、手工业和航海业为基础，人类思想产生了对自然的更为深刻的认识，它促进了诸如数学和地理学等自然科学不同分支的进步。李达特别提到了赫拉克利特对辩证法的贡献，因为赫拉克利特用矛盾解释宇宙万物的普遍变化；"对立物的斗争，是引起一切变化、一切发展的动因，这也是辩证法的根本思想"；由于这一洞见，赫拉克利特被称为"辩证法之父"③。

李达继续指出，尽管古希腊哲学取得了进展，但由于经济发展水平，特别是

---

① 这种情况尤其能在《新哲学大纲》的认识论部分中找到，参见《新哲学大纲》，第341—420页。

② 《李达文集》第3卷，人民出版社1981年版，第9页。

③ 同上书，第17页。我们在前面的章节已经注意到毛泽东对《社会学大纲》部分内容的兴趣，他在论述泰勒斯、德谟克利特、赫拉克利特、柏拉图和苏格拉底等古希腊哲学家的地方写了重要的批注。相应地，我们能够看到，李达从20世纪30年代初的苏联哲学教科书中的唯物辩证法观点出发理解古希腊哲学。尤其是米丁等主编的《新哲学大纲》包含了关于古希腊哲学的辩证法和唯物主义主题的章节，它实际上囊括了李达涉及的全部材料。参见《新哲学大纲》，读书生活出版社1936年版，第1—26页。

奴隶社会的阶级结构和阶级斗争的实质的限制，辩证法的观念论形式取代了唯物论形式而占据主导地位。李达同样联系辩证法和唯物主义的主题来解释后来的哲学家特别是康德和黑格尔哲学的失败。例如，尽管康德似乎承认客观物质世界的存在，实际上他在解释认识过程时退回到强调认知主体的先验知识的唯心主义和形而上学①。这是康德生活其中的封建社会所带来的限制。同样，在李达看来，尽管黑格尔将辩证法发展到顶峰，但他是 19 世纪初的资产阶级革命和德国阶级斗争环境下的产物；他由此解释了黑格尔哲学中的矛盾，即它的进步与反动、方法和体系之间的矛盾②。他把"世界精神"看作是主宰变化和进步的造物主，这意味着他的辩证法不过具有观念论的性质；然而，他把现象界的对立面的统一与斗争看作是变化和发展的原因，这使得他的观念论辩证法成为唯物辩证法的先导③。

李达指出，只有随着资本主义社会的出现，随着资本主义社会中资本与劳动的内在矛盾，以及企业的有计划、有组织的生产与社会生产的无政府状态之间的矛盾，早前彼此分散的辩证法与观念论思想才能结合在一起，成为唯物辩证法。马克思和恩格斯在 1844 年至 1845 年的早期著作中受到黑格尔的观念论辩证法和费尔巴哈唯物论的强烈影响，形成了唯物辩证法哲学，这一哲学克服了费尔巴哈哲学的形而上学唯物主义和黑格尔的观念论。李达指出，这一发展的关键因素是对工业无产者在资本主义社会结构和发展中的重要作用的承认，以及在《德意志意识形态》等著作中认识到人类存在的物质条件代表着一切历史变化和发展得以产生的场所④。由这一前提得出相应的结论，即包括劳动过程在内的社会经济结构构成了法律关系和国家形式的基础⑤。

在认识论上，李达强调实践作为知识产生过程的基础的作用。他随后详细考察了认识论问题。他认为，唯物辩证法的历史观与自然观的统一以社会实践

---

① 李达：《社会学大纲》，第 37 页。

② 同上书，第 38 页。

③ 同上书，第 40—41 页。关于康德和黑格尔的部分完全按照所有苏联哲学教科书中的观点而写成。参见米丁：《新哲学大纲》，第 70—108 页；米丁主编：《辩证唯物论与历史唯物论》，商务印书馆 1936 年版，第 90—154 页；西洛可夫、爱森堡等：《辩证法唯物论教程》，笔耕堂书店 1932 年版，第 120—165 页。

④ 同上书，第 48—54 页。

⑤ 同上书，第 57 页。

为前提：作为劳动、物质生产和社会斗争的实践规定着表象、概念等精神产物的生产①。李达区分了唯物辩证法的认识论与费尔巴哈的旧的或"形而上学的"唯物主义的认识论；后者只知道认识是客观实在在观察者头脑中的反映；而唯物辩证法超越了被动的反映论，把实践看作认识发展的原动力②。

当李达考察唯物辩证法的发展时，他认为唯物辩证法经历了一系列哲学斗争；"哲学斗争是政治斗争的反映，这个命题，是我们理解唯物辩证法的发生和发展的关键。"③李达进一步阐明马克思和恩格斯在《哲学的贫困》和《反杜林论》等著作中是如何通过一系列斗争来反对"科学社会主义"的批评者的。同样，列宁在《唯物主义和经验批判主义》和《哲学笔记》中对唯物辩证法的发展与他在这一时期的政治斗争相关联。

于是，李达对唯物辩证法在人类认识史上地位的阐释就为与更广阔的政治和社会斗争相连的哲学观念设置了场景，经由斗争而产生的哲学可以解释中国马克思主义经常出现的激烈论辩的语调。李达的这一解释还为他所理解的唯物辩证法在"现阶段"的作用提供了前提："为了指导生活和进步阶级的斗争"④。

三、当作哲学的科学看的唯物辩证法

李达进一步详细讨论了唯物辩证法的主要问题和观点。他首先考察了哲学的根本问题，即物质与精神的关系问题⑤。他指出，一切流派对这一根本的解答都被分裂为两大派别：唯物论或观念论⑥。

---

① 李达：《社会学大纲》，第 60 页。
② 同上书，第 61 页。
③ 同上书，第 62 页。
④ 同上书，第 68 页。
⑤ 同上书，第 70—76 页。
⑥ 关于哲学基本问题是物质与精神的关系问题以及只存在唯物主义和唯心主义两大阵营的观点，也出现在苏联教科书和毛泽东的《辩证法唯物论（讲授提纲）》中。参见米丁：《新哲学大纲》，第 183—189 页；米丁主编：《辩证法唯物论与历史唯物论》，第 47—60 页；西洛可夫、爱森堡等：《辩证唯物论教程》，第 48—75 页；尼克·奈特（Nick Knight）主编：《毛泽东论唯物辩证法：1937 年的哲学著作》（*Mao Zedong on Dialectical Materialism: Writings on Philosophy, 1937*, Armonk, New York; M.E. Sharpe, 1990），第 86—87 页。

唯物论主张世界先有物质，后有精神；物质是本源，精神从物质产生。物质是独立于精神的客观实在；精神依赖于物质，物质不依赖于精神。李达继续指出，这一原理同样适用于社会现象，社会生活可以被分为物质生活和精神生活两部分。精神生活是物质生活的反映。物质生活是本源，是基础，而精神生活是从物质生活产生的；精神生活随着物质文明的进步而发达起来。唯物论的根本论纲就是存在规定意识，意识不能规定存在；由此得出社会存在规定社会意识。

另外，观念论主张世界先有精神，后有物质。根据这一主张，世界是精神的产物。例如，黑格尔认为"绝对精神"先于物质世界而存在。在李达看来，观念论者认为思维中的一切东西就是世界，断定意识创造了物质世界。因此，精神先变化了，物质世界才随着变化和发展。观念论者主张人类的历史也是意识的产物；由于意识的变化，社会随着发生变化。观念论的根本论纲是：意识规定存在，存在不规定意识；这一论纲应用于历史和社会的结果是认为社会意识规定社会存在。

李达声称，力图调和物质与精神的二元论表面上好像属于另一种哲学，它实际上属于观念论。整个哲学史就是唯物论与观念论的发展和斗争的历史。他指出，唯物论与唯心论的论战是现实的历史斗争的反映，因为创造哲学学说的人们属于特定的社会集团。任何哲学学说都反映所属时代的经济生活状况，反映当时自然科学知识的程度，并表现特定社会集团的利益和希望。在哲学的历史上，观念论常代表保守阶级的意识形态；反之，唯物论常代表进步阶级的意识形态，进步阶级总是利用唯物论作为对抗保守阶级的精神武器。李达把无产阶级看作是现代的进步阶级，这一阶级始终拥护唯物论并不断与观念论做斗争。

究竟哪一方面是正确的呢？李达认为真理在唯物论一方面。人类实践的历史与科学的历史都证明唯物论的正确，并暴露观念论的谬误；社会的生产越是发达，科学的进步越是暴露自然的秘密，唯物论的真理基础就越发巩固。

李达接着讨论了唯物辩证法对于克服观念论支配的作用①。他认为，观念论的根据在于精神劳动与肉体劳动的分离，在于社会的阶级分化。当阶级社会从原始社会中产生出来后，精神劳动变为支配阶级的特权，而肉体劳动就成为被支配阶级的负担。由于支配阶级的成员不从事体力劳动，他们不与现实的世界相接

---

① 李达：《社会学大纲》，第76—83页。

触，因而不能在他们的意识中正确反映现实世界。观念论所说的"绝对精神"之类的思维模式完全与宗教所说的精神和上帝相同。基督教和佛教等宗教来源于万物有灵论，宗教与观念论有着同样的社会作用，都是服务于支配阶级对下层阶级的压迫。

李达进而指出，辩证唯物论继承了唯物主义的传统，但克服了唯物主义的形式主义因素，强调辩证的方面。辩证唯物论把离开意识而独立存在的、在时间空间中无始无终的物质世界，作为自己的体系的出发点。这一观点的中心范畴是运动。物质世界是物质的运动的各种具体形态的统一。在李达看来，思维也是运动形态，是物质世界的特殊的性质，是这个世界的发展在社会的人类头脑中的反映。

李达强调，发展的根源不在于外部原因，而在于内部的自我运动①。这种自我运动的源泉是矛盾；对立物的斗争是互相结合、互相排斥的。一种事物到它自己的对立物的转变，是由于飞跃，由于量的蓄积所引起的质的变化。辩证唯物论是唯一的科学的世界观，它反映现代社会中一切矛盾的社会生活的真相，反映现代的一切科学的进步，反映进步的社会阶级的要求。它是人类知识的全部历史的综合。

四、本体论：物质与运动

当李达着手考察唯物辩证法的本体论时②，他提出了一个基本问题：什么是物质？他在回答这一问题时引用了这一事实，即人类每天都以各种方式与自然界打交道；他们了解物质世界的很多方面。所有这些方面都具备一个普遍的、决定性的特征：它们都独立于我们的意识而存在，同时是我们观念的来源。辩证唯物论认为，这些不同物质实体的总和就是物质。因此，物质是一个哲学概念，它是独立于思想的客观实在，并且能被思想所反映。物质是包含了最复杂的有机物质范畴的一般概念，意识是有机物之一；意识也是物质的。意识与物质的对立是有条

---

① 李达：《社会学大纲》，第83页。
② 同上书，第84—90页。

件的，这一对立仅在认识论背景下被提出来才有意义。①

李达接着论证了哲学的物质概念体现了绝对真理。然而，自然科学中的物质概念通常只是相对的真理；这是因为自然科学的物质概念随着物理学和化学的进步而不断进步，因它们而趋于正确。现代机械论唯物主义者犯的主要错误在于：他们没有区分哲学上的物质概念与自然科学所使用的物质概念。他们混淆了这二者，用后者替代了前者，主张用自然科学代替哲学。必须区分物质的一般规定（哲学的规定）与特殊的规定（自然科学的规定），不能把它们混淆在一起。

李达继续探讨了唯物辩证法的本体论，指出物质存在的主要形式是运动。物质与运动不可分。他指出，这一观点是基于如下前提，即没有无运动的物质和无物质的运动。从来形而上学的、观念论的见解认为自然界处于永恒绝对静止的状态，似乎没有什么发展。但是，辩证唯物论承认静止是运动的一种特殊形式；它是相对的静止，而物质的运动是绝对的。辩证唯物论还承认运动的复杂形式，而机械唯物论把一切运动都还原为一种简单的、机械的形式。

运动还不能与时间和空间相分离②。时间和空间本身是物质存在的基本形式，没有它们，就没有运动的物质；它们跟物质一样，独立于人类意识而存在。客观实在的时间和空间是不断地发展着、变化着的，反映于人类意识中的时间和空间的表象，是相对的、发展的。康德派、黑格尔派和马赫派的观念论者主张时间和空间只是主观的概念，否定它们的客观性。李达明确指出，这些观点是非常错误的。

五、唯物辩证法的对象

李达随后考察了唯物辩证法的对象③。他指出，唯物辩证法首先是世界观，

---

① 李达：《社会学大纲》，第 85 页。试比较奈特（Knight）主编：《毛泽东论唯物辩证法》（*Mao Zedong on Dialectical Materialism*），第 101—110 页；米丁：《新哲学大纲》，第 201—214 页；米丁主编：《辩证唯物论与历史唯物论》，第 160—171 页。

② 试比较奈特（Knight）主编：《毛泽东论唯物辩证法》（*Mao Zedong on Dialectical Materialism*），第 110—112 页；米丁：《新哲学大纲》，第 201—214 页。

③ 李达：《社会学大纲》，第 90—97 页。试比较奈特（Knight）主编：《毛泽东论唯物辩证法》（*Mao Zedong on Dialectical Materialism*），第 96—101 页；米丁：《新哲学大纲》，第 190—200 页。

是研究整个世界的发展的一般法则的科学世界观。不过，世界分为自然与社会两部分，研究这两部分的特殊发展法则的科学是各门自然科学与社会科学；它们的目的是揭示、说明各种特殊发展法则。而哲学的目的是发现世界的一般原则、范畴和法则，以及现象世界的发展与相互联系的一般法则。李达认为，理论与实践的统一对于这一任务而言十分重要。因为自然科学和社会科学所揭示的自然法则和社会法则都是社会实践的结果。实践确证了这些法则，同时确证了哲学。哲学不只是解释世界，而且还变革世界；它因而成为理论与实践的统一。

李达告诉我们，概括各门科学的成果而形成的世界观就是唯物辩证法的世界观。首先，这种世界观是唯物论的，因而个别科学的认识是对客观实在的反映，并为实践所证明。其次，它是辩证法的，因而自然科学和社会科学所暴露的自然与社会的发展都是辩证法的；思维的辩证法是客观辩证法的反映。唯物辩证法是一般与特殊、思维与存在、理论与实践、经验科学与理论科学的辩证法的综合。这种哲学本身也是辩证法的，它是一个流动的发展的世界观。

李达进一步指出，唯物辩证法世界观与科学发展之间有着密切的联系。在个别科学还没有发展到高级水准之前，科学的世界观是不能成立的。基于同样的理由，作为世界观的唯物辩证法也是方法论；它包含客观世界的一般映像，为研究各门具体现象提供方法。哲学因而为各门科学提供一般的方法；哲学上所处理的一般的原理、范畴和法则能够被各门具体科学用于它们的领域。但辩证法不单是认识的方法论，同时又是实践的方法论；认识由实践而生，为实践所证明，而又指导实践。

因此，唯物辩证法的对象是整个世界的一般的发展法则，即自然、社会和人类思维的一般发展法则。李达称，唯物辩证法也是一种认识论和逻辑学。通过分析试图分裂辩证法、认识论和逻辑学的错误观点，他进一步阐述了三者的同一性[①]。康德的二元论哲学是其中一种错误观点，他企图把哲学划分为互不联络的认识论、逻辑学和本体论；在认识论中，他研究人类认识的起源和内容，在与之相分离的逻辑学中，他研究思维的形式、发展法则和概念。黑格尔批判了康德的错误，主张认识论、逻辑学和辩证法的同一性。不过，黑格尔的哲学是观念论的，他所主张的三者的同一性以诸如绝对精神的逻辑发展之类的观念论概念为前

---

① 李达：《社会学大纲》，第 97—105 页。

提。马克思和恩格斯作为唯物辩证法的创始者，在改造黑格尔观点的基础上主张辩证法、认识论和逻辑学的同一性。他们认为，认识史是物质实践在人类头脑中的反映；辩证法、认识论和逻辑学的同一性在于它们都是这一认识史的结果。但是，尽管马克思和恩格斯指明了这一点，但它是由列宁展开的。

在李达看来，列宁所处的时代是帝国主义时代，是阶级斗争尖锐化的时代①。以马赫主义和新康德主义形式存在的资产阶级哲学的影响深入到劳动运动中，形成了修正主义潮流。最奇怪的是，在唯物辩证法的阵营中，也有人主张辩证法不是认识论。例如，德波林在 1923 年写作的《马克思与黑格尔》一文中，说辩证法是与认识论相对立的②。在李达看来，哲学上的列宁阶段的主要特征就是发展辩证唯物论的认识论，阐明辩证法、认识论和逻辑学的同一性。列宁还强调对立统一法则是辩证法的核心③。这些思想都贯穿于他的《唯物主义和经验批判主义》和《哲学笔记》中。列宁指明了哲学的基本问题即思维与存在的关系问题，同时是认识论的基本问题；对这一哲学基本问题的唯物论的解决，就成为唯物论的认识论。认识是思维对存在的反映，我们头脑中的概念是现实存在的事物的反映。李达后来给这种稍显被动的反映论赋予了以实践为中心的能动性。这种反映论是唯物论的认识论，唯物论的认识论也是辩证法的；这就是认识论与辩证法的同一。

李达接着考察了世界的统一及其发展的观念④。他指出，世界的发展是历史的过程，因而人类关于自然与社会的认识也是历史的过程；唯物辩证法的科学是人类关于自然和社会的认识史的总和。唯物辩证法既形成统一的世界观，同时又指导自然科学和社会科学，以深刻揭示世界的新方面，并证实唯物辩证法的正确性，充实它的内容，使它不断地发展为更高级的统一的世界观。统一的世界观是物质世界的统一的发展观。在李达看来，唯物辩证法主张世界是物质的统一体，意识只是统一的物质世界的一小部分，是物质发展过程的产物。在物质世界中，

---

① 试比较奈特（Knight）主编：《毛泽东论唯物辩证法》（*Mao Zedong on Dialectical Materialism*），第 33—46、472—531 页；米丁：《新哲学大纲》，第 147—167 页；米丁主编：《辩证唯物论与历史唯物论》，第 21—31 页。

② 李达：《社会学大纲》，第 98 页。

③ 同上书，第 102 页。

④ 同上书，第 105—114 页。

一切的东西都运动着、发展着，同时又都联系着。李达用组成分子的原子、原子中的电子运动以及由此而形成的小小太阳系来说明上述观点，进而得出结论：物质世界的基本组成微粒表明运动和相互作用的特征更为普遍地存在于自然界和社会中。

李达以太阳系和地球生成的原理说明了物质世界的复杂性。在这两个例子中，它们的生成过程揭示了变化与发展以及一定的共同模式。同样，从唯物主义的角度来看，地球上生命的发生能够由构成生命基础的复杂分子的形成加以解释；一定的温度和大气条件改变了这些分子，产生了最早的生命形式。人类是从这些早期生命形式开始的进化过程的最高形态。

六、唯物辩证法的法则和范畴

对立统一的法则

在确立了唯物辩证法是关于物质世界的发展、统一和联系的知识的总和这一观点后，李达开始考察唯物辩证法诸法则。《社会学大纲》的这一节非常重要，因为它阐明了李达赋予唯物辩证法的地位和作用；由于它以 20 世纪 30 年代初的苏联哲学著作中的阐释为基础，李达的解释很快就清晰反映了关于唯物辩证法的对立统一法则的典型的权威观点。这一观点强烈影响了毛泽东理解唯物辩证法的方式，李达的哲学著作中对对立统一法则的重视强化了毛泽东从米丁、西洛可夫和爱森堡的苏联哲学著作中获得的对唯物辩证法的理解，即唯物辩证法的核心法则是对立统一法则[1]。

李达从讨论形而上学的发展观开始，阐释对立物的统一与斗争[2]。他指出，形而上学的发展观错误地否定了自然和社会中的普遍的运动和变化，把变化和发展解释为扩大或缩小，或是重复。与之相反，唯物辩证法的发展观承认世界的基本特征是运动和变化。变化是永恒的，运动是恒常的，事物变化和运动的根据是

---

[1] 试比较米丁：《新哲学大纲》，第 231—245 页；西洛可夫、爱森堡等：《辩证法唯物论教程》，第 281—308 页；米丁主编：《辩证唯物论与历史唯物论》，第 212—237 页；奈特（Knight）主编：《毛泽东论唯物辩证法》（*Mao Zedong on Dialectical Materialism*），第 154 页。

[2] 李达：《社会学大纲》，第 123—131 页。

由内在于事物的具体特征、特别是一切存在物的内在矛盾性所决定的。从原子到人类社会生活的复杂现象，到人类的思维，一切事物和现象都包含内在的矛盾。一切事物内部都具有产生事物矛盾性的对立要素，因而一切事物和现象都是对立物的统一。

李达继续指出，运动也是矛盾。它表现为化学运动中原子的化合与分解，生物领域中生与死的统一，以及通过生产力与生产关系的矛盾而实现的社会发展。这些客观的矛盾依次反映于人类思维中，成为主观的或概念的辩证法。必然与偶然、绝对与相对、抽象与具体、一般与个别之间的矛盾都是物质世界的客观矛盾的反映。事物运动的原因就是它内部的矛盾。观念论者用绝对精神之类的概念来解释运动的原因；机械论者把事物运动的原因归于事物之外。李达指出，他们都是非常错误的，唯物辩证法不否定事物变化的外部条件，相信外部矛盾必须通过内部矛盾才能起作用，才能影响变化。

李达作出论断，认为对立统一的法则是客观世界和人类思维的发展的核心法则。对立统一的法则揭示了对立物的相互渗透和同一，但对立物的统一是有条件的、暂时的和相对的，而对立物的斗争是绝对的；这是因为成为发展源泉的对立物的互相排斥和互相否定是无条件的、永久的、绝对的。事物内的矛盾随着对立的斗争的解决而发生变化，形成新的形态。变化会采取连续性的形式即渐进的量变，以及非连续性的变化即质变、飞跃的形式。在发展的一定阶段，矛盾就发展成为拮抗，尽管李达力图指出矛盾不总是拮抗。他批评布哈林那样的机械论者错误地混淆了矛盾与拮抗这两个概念；拮抗仅仅出现在对立物的斗争发展的特定阶段，拮抗的矛盾通过质变、发展中的飞跃而得到解决，产生新形态。

因此，在李达看来，唯物辩证法的目标是研究自然、社会和思维的各种具体矛盾。对立统一法则的一般原理必须用于揭示诸如社会阶级等复杂现象和过程中的矛盾；由于条件或过程各不相同，所以，其中的矛盾以及解决矛盾的方法也会不同。

李达强调，对立统一的法则是辩证法的根本法则，是辩证法的核心①。这一

① 李达：《社会学大纲》，第131—135页。试比较奈特（Knight）主编：《毛泽东论唯物辩证法》（*Mao Zedong on Dialectical Materialism*），第154页。

根本法则包摄着辩证法的其他法则——由质到量及由量到质的转变法则、否定之否定的法则、因果性的法则、形式与内容的法则等，它是理解其他一切法则的关键；所有这些法则都由对立统一法则得到说明。李达指出，马克思和恩格斯把对立统一的观念颠倒过来，并在唯物论的基础上加以改造，使它变为客观世界及其思维反映的发展法则；这一法则贯穿于他们的全部著作中。列宁进一步确定了这一法则是辩证法的本质，以至于其他一切辩证法的法则都是这一根本法则的显现形态①。

李达还提醒读者，在应用这一法则时，必须注意对象的发展是由它的本质的矛盾所决定的，其他一切矛盾都是从这个本质的矛盾分化出来的。必须抓住这个本质的矛盾自始至终的发展过程进行分析。

由量到质及由质到量的转变的法则

唯物辩证法的根本法则是对立统一的法则。李达告诉我们，这一法则的一种显现形态是由量到质及由质到量的转变的法则②。根据对立统一法则的发展，在逐渐的量的变化的形式中显现；这种变化，最终引起飞跃的质的转变。质的转变显现之后，新现象中的变化回到逐渐的量变形式。

什么是质呢？李达回应道，质是区别不同事物、现象或过程的。一切事物的质的多样性，可由物质运动的种种形态去说明；各种运动形态虽各有其特殊的质，但它们都是彼此联系的，这一过程是从简单的、低层次的形态到复杂的、高层次的形态。在李达看来，我们研究任何对象时，必须把握对象的质，即对象所固有的特定运动形态，唯此才能暴露对象的发展法则。质的范畴包含着不同质的相互联系与差别；要认识一种事物的特殊的质，就要从它的简单的特征以及与其他事物的简单差别开始。例如，一般而言，社会构成的变化是通过人类和他们的相互关系的变动而发生的。不同的社会具有不同的质；在资本主义社会中资本家与劳动者之间关系的变化是一般的质的特殊表现形式。

① 李达：《社会学大纲》，第 133 页。

② 同上书，第 135—144 页。试比较米丁主编：《辩证唯物论与历史唯物论》，第 238—245 页；西洛可夫、爱森堡等：《辩证法唯物论教程》，第 271—276 页；米丁主编：《新哲学大纲》，第 246—259 页；奈特（Knight）主编：《毛泽东论唯物辩证法》（*Mao Zedong on Dialectical Materialism*），第 154、161 页。

正如事物具有决定性的质，它们也有决定性的量。李达列举的例子包括大小、运动速度和温度高低；这些都是理解事物的量的规定性必须掌握的。他说，初看起来，事物的质和量是完全互相独立的。事物具有同一的质而可能大小不同；同样的量的规定性能存在于质不相同的事物中。例如，在资本主义国家，大小的工场都是资本主义的工业；而在社会主义国家，大小的工场都是社会主义的工业；工业之为资本主义的或社会主义的那种质，与它的大小并无关系。李达指出，我们认识事物时，先要把握它的质的规定性，然后才能发现它的量的规定性；如果不先认识事物的质的规定性，认识它的量的规定性就没有意义。

李达继续论述道，当量变达到一定程度就会导致质变①。由于事物内部的质与量的对立物的互相渗透，发生由量到质及由质到量的转变，其结果是事物由一种形态转变为别种形态。由量到质的转变的法则由此成为新事物发生和发展的法则；它表示着事物在发展过程中经过飞跃而产生新的、不同的质。在李达看来，这一法则是最根本的方法论之一。

他以自然界和社会中的例子来说明量变达到一定界限就产生新质。他强调这一法则是理解事物发展不同阶段的基础。他以作为资本主义发展阶段的自由资本主义和帝国主义为例来说明，认为它们必须被看作是不同质的两个阶段。

李达进而具体分析了飞跃论②。飞跃是质变进化的结果，是渐进的、持续的变化的产物；飞跃自身是突然的变化，是连续性中断的变化，是一定的质转变为反对物的变化。进化和飞跃成为对立的统一，现实的发展是进化与飞跃的统一。李达继续指出，任何的质都由于内部的矛盾而发展，这些矛盾经由飞跃而得到解决。质的界限的到达，即是矛盾的最深刻化的实现，同时是矛盾解决的始点。飞跃论将唯物辩证法同俗流进化论区别开来，后者认为发展是量的增减过程，或是重复过程。进化论者认为一切事物都由于缓慢的、渐进的变化而发展。这一观点支持了修正主义者的主张，他们相信新社会通过改革和渐进变化就能实现。

---

① 李达：《社会学大纲》，第144—148页。

② 同上书，第148—152页。

否定之否定的法则

李达进而分析了否定之否定的法则①。他认为，这一法则是对立统一法则的具体的显现形态。由量到质及由质到量的转变法则解释了变化和发展过程以及这一过程中各阶段的原因。否定之否定的法则是对立统一法则产生变化的重要途径的进一步具体化的阐释。

一切事物都包含矛盾，事物在其矛盾的发展过程中，低级的发展阶段准备它自身的自己否定的阶段，即准备转变为对立物的、新而较高的阶段。这一较高阶段克服、否定较低阶段，却保留较低阶段的积极因素。较高的第二阶段在发展过程中被更高的第三阶段所否定，第三阶段自身也随着发展而被否定。所以，第一阶段（肯定）被第二阶段（否定）所否定，第二阶段进而被第三阶段（否定之否定）所否定。这一法则揭示了一切形式的发展的过程，无论是自然界还是社会。

李达继续论述道，辩证法的否定包含发展过程中的肯定阶段，矛盾的一极克服作为这一阶段实质的旧的因素。不过，虽然这些旧的因素被否定，由此而产生的综合仍然保留了这些旧因素。这三个阶段可以看作是肯定、否定和否定之否定，第一个肯定阶段的积极因素和否定阶段的否定因素被保留下来，因而推动发展过程有目的地进行，并且从简单形式转变到更复杂的形式，从低级转变为高级。由矛盾所推动的整个过程贯穿于发展中，矛盾及其各方面的斗争与解决有目的地推动发展的各阶段，确保了新质和高级事物的产生。

李达还批评了对否定之否定法则的曲解②。尽管这一法则源于黑格尔，但他从观念论出发，相信思维所经历的正题、反题和合题决定了现实的发展。唯物辩证法颠倒了黑格尔的辩证法，使否定之否定法则从神秘的形式中解放出来，奠基于唯物主义上。李达批评波格丹诺夫和布哈林这样的机械论者混淆了量与质，把发展仅仅看作是量变，并且看作是遵从力学法则的。机械论者不是根据否定之否定法则来理解质变，而是把发展理解为从均衡到均衡的扰乱到新的均衡的转变。德波林这样的形式论者也犯了同样的错误，他们把唯物辩证法当作费尔巴哈和黑

---

① 李达：《社会学大纲》，第 152—161 页。试比较米丁：《新哲学大纲》，第 260—271 页；西洛可夫、爱森堡等：《辩证法唯物论教程》，第 321—348 页；米丁主编：《辩证唯物论与历史唯物论》，第 246—257 页；奈特（Knight）主编：《毛泽东论唯物辩证法》（*Mao Zedong on Dialectical Materialism*），第 123、160—161 页。

② 同上书，第 161—163 页。

格尔观点的综合。

本质与现象

李达所论述的对立统一的法则、由质到量及由量到质的转变的法则与否定之否定的法则，是辩证法的三个根本法则。李达提醒我们，这三个法则之中，对立统一法则是最根本的法则，是辩证法的核心，其他两个法则是这一法则的不同的显现形态。对立统一的法则实际上包摄着其他两个法则。

对立统一的法则还包摄着其余的许多范畴，例如，本质与现象、内容与形式、必然性与偶然性、现实性与可能性等。所有这些对立的范畴都是对立统一法则的具体化的形态。

李达指出，科学的认识的任务是发现客观事物的发展法则，它首先面对的是客观事物的外在的现象①。通过不断推进对事物本质的理解，对它们内部联系、同一性和差别性以及本质性的矛盾的逐渐深入的分析，复杂事物被分解为普通的范畴。可是，当我们试图认识事物时，本质并不立即显现出来，它不是直接出现于现象的表面。本质与现象之间存在矛盾，我们认识客观事物不能停滞于它的现象的表面，而要透过表面，发现其本质。

李达还比较了唯物辩证法与经验论对这一问题的看法。经验论者相信只能通过表面的现象来获得知识，并视之为唯一必要的，他们不接受"本质"范畴。主观观念论者也受到经验论的影响，但是他们分离现象与本质，怀疑认识现实的可能性，走向了不可知论。康德主张把认识限定于现象的领域，犯了不可知论的错误。而黑格尔认识到本质与现象之间的紧密联系和相互依存，但他对本质进行观念论的解释，因为他相信本质和现象都被囊括在思维中。

李达指出，不同于这些错误的观点，唯物辩证法建立了本质与现象之间的辩证法的关系，使本质的概念取得唯物论的内容。它主张本质与现象都是离我们的意识独立而为意识所反映的客观的实在。现象直接反映于感觉，而对本质的反映只能靠思维能力才能实现。现象不能脱离本质而存在，也没有脱离现象的本质；

---

① 李达：《社会学大纲》，第163—172页。试比较米丁主编：《辩证唯物论与历史唯物论》，第246—257页；西洛可夫、爱森堡等：《辩证法唯物论教程》，第349—364页；米丁：《新哲学大纲》，第260—271页；奈特（Knight）主编：《毛泽东论唯物辩证法》（*Mao Zedong on Dialectical Materialism*），第124页。

现象的本质是现象之内的、相对安定的侧面。李达引述马克思《资本论》中对资本主义的分析来阐释本质与现象之间的区别和联系。马克思发现商品这一资本主义中显著、普遍且繁多的现象的本质是价值，而价值的基础是劳动。认识生产过程的任务是从现象深入到底层的本质，它意味着在复杂现象中从理解第一秩序的本质进到把握第二秩序的本质。

根据与条件

李达在阐释了本质与现象之间的对立统一以后，接着说明了根据与条件的辩证法，因为它们是相关联的范畴①。跟其他唯物辩证法的范畴一样，根据与条件的范畴是对立统一法则的一种具体化形态。

李达解释道，事物之内的联结或矛盾中，有一种是其他许多联结或矛盾发生、发展并显现出来的始点。唯物辩证法把它叫做根据，因为它是其他联结或矛盾的决定性因素。李达列举了社会中的许多矛盾和联结，包括生产关系、政治和法律关系以及其他意识形态上的关系。不过，在这些关系中，生产关系是最根本的关系，因为生产关系的总体形成社会的经济构造，政治的法律的上层建筑都树立在经济构造上，而一定的社会的意识形态都与它相适应。这种特定发展阶段的生产关系作为生产力与生产关系之间矛盾的结果，即是根据；那些上层建筑的因素都由这个根据所规定。

根据与由根据所规定的东西之间，既是相对的对立，又是同一的。此外，由根据所规定的东西，能转变为别种本质的矛盾的根据。例如，政治的上层建筑，虽由生产关系所决定，但它是经济的集中表现，因而能成为意识形态的基础。②

就根据与条件的关系而言，根据由其萌芽形态到现象的发展，只有在一定的

---

① 李达：《社会学大纲》，第172—177页。试比较米丁：《新哲学大纲》，第284—293页；西洛可夫、爱森堡等：《辩证法唯物论教程》，第433—439页；奈特（Knight）主编：《毛泽东论唯物辩证法》（*Mao Zedong on Dialectical Materialism*），第124页。

② 李达从列宁那里借鉴了作为"经济的集中表达"的政治概念。这一概念也在毛泽东延安时期的社会哲学中占有重要地位。参见尼克·奈特（Nick Knight）：《〈矛盾论〉和〈新民主主义论〉：毛泽东思想中关于因果性和社会变革的不同观点》（"'On Contradiction' and 'On New Democracy': Contrasting perspectives on causation and social change in the thought of Mao Zedong"），载《关心亚洲问题学者公报》（*Bulletin of Concerned Asian Scholars*），Vol. 22, no, 2 (April-June1990)，第18—34页。

条件下才能显现。条件是根据的发展的最重要的契机，是在根据的发展过程中由根据所创造的东西。事物的发展，不单依存于根据，并且还依存于由那个根据所创造的条件。李达举例说，劳动力商品化是资本主义发展的基本条件，它是由社会生产与私人占有的矛盾（即在生产关系中的基础）而形成的。

李达继续指出，条件有两种存在形式，即本质的条件与非本质的条件。凡是成为事物本身发展的条件，叫作本质的条件，否则，叫作非本质的条件。后者在一定的条件下转变为本质的条件，因为这两种条件之间，有一定的联系。例如，劳动力之有组织的集合，在苏俄第一个五年计划实施以前，还不是本质的条件；但到大工业发展起来后，它就成为本质的条件了。

根据与条件也是对立的同一。在发展的过程中，根据转变为条件，条件也转变为根据。李达用来说明这一观点的例子是封建社会生产关系的转变；地主与农民的对立是封建社会的基础，但是随着无产阶级和资产阶级的出现，它转变为资本主义取代封建主义的一个条件。

形式与内容

形式与内容跟根据与条件一样，都是辩证法的范畴，是对立统一法则的具体化的另一形态，它能够引导我们深入地去发现客观世界的发展法则[①]。

李达指出，一切形式都是由内容产生的，并且包含于内容之中。例如，物质的形式是运动、时间和空间。一切事物都存在于一般的形式中，每一具体事物又有自己特定的形式。力学的、物理学的、化学的、生命的以及社会的种种现象，各具有其特殊的运动的物质的内容与运动的形式，而互有差别。形式与内容是对立的范畴，它们被我们的思维所反映。任何对象都有确定的形式与内容。形式通常是一定内容的形式，离开了这内容就不存在。形式由内容产生。因此，内容是这两种对立物相统一的基础。

李达解释道，虽然形式是在发展过程中由内容产生的，但它绝不是静止的，而是能对内容的发展施加能动的作用。形式不仅是内容之内的构造，又是它的外

---

① 李达：《社会学大纲》，第177—183页。试比较米丁主编：《辩证唯物论与历史唯物论》，第258—276页；西洛可夫、爱森堡等：《辩证法唯物论教程》，第385—398页；米丁：《新哲学大纲》，第294—303页；奈特（Knight）主编：《毛泽东论唯物辩证法》（*Mao Zedong on Dialectical Materialism*），第124页。

的构造，它能够促进或妨碍内容的发展。不过，内容规定形式，它对于形式具有优越性。内容在其不断向前发展中，最终要面临与形式的冲突；在与形式的斗争中，内容克服形式的抵抗，并且废弃它，而要求适合于自己发展的新形式。李达举出了生产关系阻碍生产力发展的著名例子。当生产关系阻碍着生产力的发展时，生产力就与生产关系相冲突，并且废弃生产关系而创造出新的适合于自己的生产关系。

形式与内容的范畴和现象与本质范畴紧密相连。李达指出，当我们分析任何事物或过程时，必须暴露一定形式的现象中的一定内容的本质。内容与形式不可分离；分离形式与内容就会犯形而上学和观念论的错误。康德主义和新康德主义都是形式主义，它们分离了形式与内容，只关注形式问题。德波林派被称为形式主义者是因为其偏重于形式而忽略内容；反之，机械唯物论者认为形式是静止的、受动的，否认形式的积极性、能动性，否认形式对内容的反作用。与这些错误观点相比，辩证唯物论把握了形式与内容的辩证特性。

必然性与偶然性

李达认为，必然性与偶然性的辩证法之认识，跟本质与现象的辩证法之认识一样，具有相同的重要性①。李达指出，从现象中去发现本质的深刻认识就是从偶然性中去发现必然性；要从偶然性中去发现必然性，就必须理解必然性与偶然性之辩证法的关联。

李达的解释从恩格斯著作中关于必然性与偶然性的论述开始。在《自然辩证法》中，恩格斯指出哲学史上关于必然性与偶然性问题的两种见解。第一种见解把必然性与偶然性看作是两种极端的对立物。一种事物，一种关系，一个过程，不是偶然的，便是必然的，决不能既是必然又是偶然；自然界的事物，一部分是偶然的，其他部分则是必然的。这种见解把不能被法则所囊括和自己所不知道的东西当作偶然的东西加以舍弃。恩格斯反对这一观点，认为科学的作用是阐明我们所不知道的东西，因此，仅仅考察必然性的东西是错误的。第二种见解只承认

① 李达：《社会学大纲》，第 183—191 页。试比较米丁：《新哲学大纲》，第 304—313 页；西洛可夫、爱森堡等：《辩证法唯物论教程》，第 458—469 页；米丁主编：《辩证唯物论与历史唯物论》，第 299—305 页；奈特（Knight）主编：《毛泽东论唯物辩证法》（*Mao Zedong on Dialectical Materialism*），第 124 页。

直接的必然性而否认偶然性；依据这种见解，自然是被单纯的直接的必然性支配着。自然界和社会方面的每一事件的原因和结果，都由确定固定的必然性所引起。这种见解不知道从必然性说明偶然性，反而拒斥了偶然性。黑格尔的功绩在于否定了上述两种观点，确立了必然性与偶然性的辩证关联，但是，他站在观念论的立场，把必然性和偶然性看作概念而不是现实。

在李达看来，唯物辩证法认定必然性与偶然性都是客观实在的东西。现实的必然性与偶然性，都在我们感觉上给予着，但我们感性的认识，不能超越偶然性，要靠运用思维能力才能揭示必然性，发现潜藏于偶然性之中的客观的给与着的必然性。必然性是事物或发展的过程中合法则且不可避免的东西。而偶然性是必然性的补充，是对于过程全体的发展不是不可避免的并且也能是在过程以外的东西；偶然性是必然性的外在的显现形式，必然性代表着事物或过程的内在的、核心的方面。李达举例说，植物的种子在一定的条件下，经过一定时间而变为植物，这是种子的必然性。但每一种子的发芽速度和它们所长成的植物的形状都是偶然性。

必然性发展的当然的顺序通过一系列的偶然性而实现。例如，当作必然的东西看的革命的战争通过无数的偶然性而向前发展；虽然这些偶然性产生必然性，但它们也包含于必然性的发展过程之中。必然性是从偶然性的总体中产生的，而偶然性是必然性的显现形式，它是必然性的一个契机。在客观世界中，偶然性的作用是很重大的；它为必然性所贯串，并且在其发展上也能转变为必然性。李达所举的例子是原始的商品交换，它是纯粹偶然的，但随着生产力的发展和私有财产的出现而成为必然的现象。

偶然性是与必然性相对立的范畴，但它并不是与因果性相对立的范畴。偶然性自身也有其原因，不存在没有原因的偶然性；一切偶然的现象都有无数的原因和条件，尽管不一定都被人们所知道，但实际上是客观存在着的东西。形而上学者把偶然性和因果性对立起来，把自己所不能知道其原因的东西，当作偶然性舍弃掉；机械论者沿袭这一错误，主张否定偶然性。不过，偶然的东西得以发生，自有其原因。德波林派之类的少数派观念论者犯了与机械论相反的错误；他们主张偶然性是存在的，却认为偶然性是外部条件所决定的。李达指出，实际上，外的东西与内的东西互相关联着；一种现象，对于这种过程是外的东西，对于别种过程就是内面的。偶然性就是所谓外的必然性，是必然性的外部表现，但它对于另一过程而言又是内的必然性，是必然性的决定形式。

李达总结道，偶然性不是绝对的东西；我们在考察复杂的、发展的现象时，不能一次地、完全地、绝对地把它的法则反映出来；就应用于实践而言，任何条件下都必须克服偶然性，使之转化为必然性。

法则与因果性

李达指出，一切科学认识的最终目的是暴露研究对象的发展的法则①。当我们认识特定的对象时，首先要依据对立统一的法则，从质与量的范畴出发，次第推移到对立统一法则的具体化的诸形态——否定与再否定、本质与现象、根据与条件、内容与形式、必然性与偶然性，等等。这样我们就能认识对象的诸现象的全面的联结。法则是事物本身所固有的、客观的、内在的诸现象的联结的发展的倾向之反映，是表现两个或两个以上的现象间之必然的关系的东西，是表现诸现象的本质所发生的联结的东西。因此，法则和本质是相关联的概念。

李达继续认为，法则不能反映现象的无限的、丰富的内容，只能在大体上、近似地、不完全地把握现象。于是，与具体现象相比，法则是对现实的"贫弱的"反映；一方面，法则是现象之静止的反映，因而是有限的，另一方面，法则更深刻、更正确、更完全地反映变动中的现象。这就是法则概念中的矛盾，它反映了认识中的本质与现象之间的矛盾。法则概念，正因为含有其内的矛盾，所以它的本身，也是可变的，是发展的；它也和其他概念一样，成为人们认识世界的一个契机、一个阶段。人类只有通过数千年物质的生产的实践，才能逐渐地、比较完全地、比较正确地、近似地认识客观世界的法则。法则虽是现象之静止的反映，但这种反映是相对的，不是绝对的。李达重申，法则是发展的；与法则力图描述的现象一样，法则也是历史的。

虽然一切法则都具有相对的性质，但法则的普遍性仍然存在。反映物质发展的永恒运动的法则具有普遍性。例如，唯物辩证法的对立统一法则及其各种具体形态就是普遍化了的法则，是绝对的永远妥当的法则。因为物质的运动是绝对的永远的，所以，反映物质运动的绝对性永远性的对立统一法则是客观世界的一般

---

① 李达：《社会学大纲》，第191—201页。试比较米丁：《新哲学大纲》第304—313页；米丁主编：《辩证唯物论与历史唯物论》，第277—298页。

发展法则，它本身是辩证法的，又是历史的。这是在科学及技术的发展过程中，在人类知识的全历史中所确证的客观的绝对的真理。法则的绝对性与相对性，是辩证法的对立，不是形而上学的对立，它是由人类长期的实践所检验、证明的。

李达指出，由于唯物辩证法法则的研究，我们不得不进而研究因果性的问题。他认为，一切现象都由先行现象而发生。一切现象都有其发生的原因，它自身是那种原因的结果。原因和结果的这样的关系，叫做因果性。为要说明因果性，不能不先说明相互作用。世界是无数运动的物质的过程的复合体。任一过程，由于物质的自己运动，发生现象的系列，这些现象间有无数的推移、联结和相互作用；这些由过程内部发生的相互作用，是内的相互作用。同时，任一过程，都与其他的过程相联结、相作用；过程与过程之间的这些相互作用，是外的相互作用。我们认识客观世界时，不能单只考察其相互作用，而是要从物质的运动及其联结的过程，抽取原因与结果的关系，借以表现物质的运动及联结的法则。在物质运动的过程中，有起能动作用的运动，由于能动作用的运动，引起受动作用的运动。这能动作用的运动，可以看作原因，这受动作用的运动，可以看作结果。这两种运动构成了因果性概念；对因果性概念的认识有助于我们理解对象的合法则性。

不过，李达继续论述道，因果性概念只是相对地、一面地、不完全地反映现实的全过程中的一般的联结；我们所理解的因果性，只是客观的一般的联结的诸规定之一小部分。因此，因果性是认识现实过程的一般的联结的合法则性的一个阶段。

原因与结果，在相互作用的基础上，形成对立的统一。在相互作用上，原因变为结果，结果又变为原因，两者互相转变，互换地位。例如，就社会现象来说，经济基础是政治的上层建筑之决定的原因，但当作上层建筑看的政治，又反作用于经济基础，而成为经济基础变化的原因之一。虽然原因与结果之间存在相互作用，但两者的相互作用的基础必须指明出来。例如，说起政治与经济的相互作用时，就要指出经济是基础；说起生产关系与生产力的相互作用时，要指出生产力是基础。①

李达还指出，因果性概念是科学认识的基础。我们在实践上观察对象时，看

---

① 李达：《社会学大纲》，第 198 页。

到诸现象的相互作用，探求现象由于什么原因，在什么条件下，由一种形态转变为别种形态。这样的因果关系的发现，使我们能够预见对象的发展的倾向，而得到合目的的实践的行动的可能性。如果我们知道了对象的某种运动所由发生的条件，就能够在实践上造出那种条件，因而再造对象。所以，人类的实践能成为证明因果性的标准。人类凭借以因果性知识为基础的合目的的实践就能改造世界；这种实践本身就是人类认识客观世界的因果性的结果。

可能性与现实性

李达考察的唯物辩证法的诸法则和范畴的最后一项是可能性与现实性的范畴①。它们是对立统一法则的更进一层的具体化的形态，反映着客观世界的更深刻的多面的联结。现实性范畴反映客观世界的全部联结，暴露客观世界的合法则性。现实性中包括本质与现象、根据与条件、内容与形式、必然性与偶然性，等等。客观的具体的真理是由现实性的一切侧面的总体构成的。

李达认为可能性也是客观的实在。某种事物的存在条件虽然存在着，但它的存在不能当作必然性主张的东西，我们把它叫作可能性。现实性与必然性密切地结合着，它由必然性发生。但是，可能性是受限制的。特定的现实性表现特定的必然的过程。这必然的过程的内的本质、根据和发展倾向，决定着这过程中各阶段发生的可能性。所以，可能性也是实在的，不过不能当作必然性主张而已。但是，实在的可能性与抽象的可能性是截然不同的。例如，空想主义主张合作社能实现社会主义，这是抽象的可能性；但在苏俄的种种新条件下，合作社现实地转变为农民经济的社会主义改造的唯一可能的道路。抽象的可能性因此转变为现实的可能性。李达所举的另一个例子是，先进资本主义国家要通过社会革命才有转变为社会主义的可能，这是实在的可能性。但在今日非常落后的非资本主义国家却不能通过社会革命而直接转变为社会主义。抽象的可能性与实在的可能性的相互转变，要由具体的条件和普遍的发展规律所决定，并不能预先得出一切抽象的可能性都能转变为实在的可能性的结论。

---

① 李达：《社会学大纲》，第 201—207 页。试比较米丁主编：《辩证唯物论与历史唯物论》，第306—315 页；西洛可夫、爱森堡等：《辩证法唯物论教程》，第 440—457 页；米丁：《新哲学大纲》，第 327—340 页；奈特（Knight）主编：《毛泽东论唯物辩证法》（*Mao Zedong on Dialectical Materialism*），第 124 页。

李达还指出，当我们考察可能性向现实性的转变时，必须观察一定的对象与它转变为他种形态时的一定的条件。由于对象与条件的联结的运动和变化，可能性便转变为现实性。在李达看来，条件有着非常重要的意义。在人类历史方面，使可能性转变为现实性的运动，是有意识的、有目的的、有计划的社会的实践；在政治层面，它就是社会集团的实践的集中表现。一切历史的现象，都是人类积极的活动的结果，而人类的历史是人类自己所创造的。例如，社会主义的可能性到现实性的转变，需要一系列的条件，特别是一定的经济条件。但这类条件本身，并不能使可能性转变为现实性，促成这个转变实现的是进步的社会集团所从事的实践活动。他们必须了解现代社会的发展法则，认识并选择那些实在的可能性，积极地担负自己的历史使命，获得指导实践的理论，严密自己的各种组织，在政治上集中自己的活动。只有这样，才能促使这个转变的实现。

可能性实现的诸条件中，包含着客观的条件与主观的条件。例如，经济的诸条件即是客观的条件，而进步的社会集团的有意识有目的有计划的实践，即是主观的条件。客观情势是那些客观条件与社会各集团间的势力关系的总称。要想成功，必须正确地分析客观的情势，估量主观的条件，注意于整个过程的发展的链与环的关联。李达总结道，社会的实践是可能性到现实性的转变的重要的契机，如果忽视这个契机，就会陷入机械论的宿命论者的立场。机械论者不理解可能性实现的诸条件，也不理解主观条件与客观情势之适应的统一。他们认为可能性到现实性的转变是必然的过程，是自然生长的东西，就不需要什么条件，也不需要人们的努力。

七、《社会学大纲》与文本间一致性（intertuxtual congruence）

在结束唯物辩证法的诸法则和范畴这一部分时，李达重申了人类实践在社会变革过程中的能动的、关键的作用。他在随后的辩唯物辩证法的认识论和逻辑学部分详细阐述了这一主题。我们将会在下一章概括分析李达的论述。

不过，在此之前，有必要着重指出，李达所做的阐释主要依据于诸多苏联哲学著作中的唯物辩证法话语。李达著作的每一部分都沿袭了这些苏联著作的内容，甚至使用了同样的标题。这一章注释中的大量引文提供了这些苏联著作的相关部分，这清楚地表明在李达这部著作与他用于写作该书的苏联文本以及这些苏联文本自身之间存在相当多的文本重合。所有这些被考察到的文本都包含西方哲学思想中的辩证法史和唯物主义史部分，尽管米丁的《新哲学大纲》在结构和内容方面最接近《社会学大纲》。这些文本也都包含了对唯物辩证法诸法则和范畴的详细考察，它们的论述方式也极为相似。无论是在论述结构、语言模式和阐释，还是在哲学内容等方面，区分这些文本的明显差异的确很困难，即使不是不可能的①。

这种文本间的高度一致性凸显了当时苏联的唯物辩证法阐释对李达《社会学大纲》的显著的、重要的影响，它同样影响了写作《辩证法唯物论（讲授提纲）》时的毛泽东。一般而言，它向我们揭示了与中国马克思主义的哲学维度的谱系相关的重要信息。像李达和艾思奇这样的哲学家和理论家，他们是第一代中国马克思主义哲学家，对于在中国阐释与传播马克思主义哲学功不可没；他们对唯物辩证法的理解很大程度上来源于苏联文本。这些哲学家不仅准备遵从、接受那些苏联著作激烈宣称的正统观点，而且他们实际上复制了那些著作中的话语模式。1931年后苏联哲学界出现的新的正统观点，以及它在20世纪30年代通过像李达这样的哲学家在中国革命运动中的广泛的、不加批判的传播，再加上毛泽东在自己的唯物辩证法著作中对这种马克思主义哲学的认可，都对中国的马克思主义的哲学维度的结构和内容产生了显著且持久的影响。虽然这只是中国的马克思主义的一种维度，但是，从20世纪30年代国际共产主义的标准来看，它的正统程度足以反驳那种认为中国的马克思主义主要是一种东方的、特殊的、作为欧洲和苏联马克思主义主流的远亲的观点。正如我们所看到的，文本证据支持了不同的看法。

---

① 20世纪30年代苏联哲学著作的重复啰唆特点经常遭到西方学者的批评。参见尤金·卡门卡（Eugene Kamenka）：《苏联哲学（1917—1967）》（"Soviet Philosophy, 1917—67"），载艾利克斯·西米连科（Alex Simirenko）主编：《苏联的社会思想》（*Social Thought in the Soviet Union*, Chicago: Quadrangle Books, 1969），第95页；以及理查德·德乔治（Richard T. de George）：《苏联思想诸模式》（*Patterns of Soviet Thought*, Ann Arbor: University of Michigan Press, 1966），第107—108页。

第八章 《社会学大纲》：认识论和逻辑学

认识论是中国的马克思主义哲学的核心问题之一，围绕认识过程的实质和真理检验标准等问题发生过许多激烈争论，这些争论经常波及政治领域。尤其是实践对于真理的决定性作用受到中国的马克思主义哲学家的关注，它也是毛泽东最有影响力的哲学论文的主题①。所以，中国的马克思主义的认识论著作中的概念和范畴的谱系十分值得考察。在这一背景下，李达的《社会学大纲》十分重要，因为它充分揭示了中国的马克思主义哲学认识论的源头和性质。正如前面章节所提到的，我们的观点是：20 世纪 30 年代初的正统苏联哲学对中国的马克思主义哲学家所阐释的马克思主义认识论和逻辑学产生了重要影响，所以，以这种普遍的正统苏联哲学为评判标准的话，中国的马克思主义哲学家对马克思主义哲学的阐释是非常正统的。对李达《社会学大纲》的阅读将证明这一点。

本章我们将详细考察李达《社会学大纲》第 4 章中对认识论和逻辑学的解说。与苏联哲学著作和毛泽东的唯物辩证法著作之间的大量比较见本章注释。对 20 世纪 30 年代初苏联哲学著作的粗略考察也能清楚地表明它们是李达解说的首要来源。特别是在米丁的《新哲学大纲》与李达的《社会学大纲》之间存在明显的相似，李达甚至使用了相同的标题和副标题。同样明显的文本间一致性（intertextual congruence）也存在于李达这部著作与西洛可夫和爱森堡的《辩证法唯物论教程》以及米丁的《辩证唯物论与历史唯物论》之间，这些著作都是毛泽

---

① 参见尼克·奈特（Nick Knight）主编：《毛泽东论唯物辩证法：1937 年的哲学著作》（*Mao Zedong on Dialectical Materialism: Writings on Philosophy, 1937*, Armonk, New York: M.E. Sharpe, 1990)，第 132—153 页；亦见《毛泽东选集》第一卷，人民出版社 1991 年版，第 282—298 页。

东在写作自己的唯物辩证法文章时使用过的文本。本章末尾我们将返回《社会学大纲》的来源和影响这一问题，并再度考察这一著作对于理解中国马克思主义发展轨迹的意义。

一、当作反映论看的认识论

李达一开始就提醒读者说辩证法、逻辑学和唯物辩证法的认识论是同一的哲学①。当他开始考察这一同一哲学的认识论时②，他认为人类的认识是一个过程，是一个由物质到感觉及由感觉到思维的过程，也是一个由实践出发、而复归于实践的辩证法的过程。他指出，这一过程有其固有的特殊发展法则，唯物辩证法必须阐明这些法则。只有这样，我们才能正确地理解反映历史的东西的逻辑的东西的内在关联和历史发展。③

在李达看来，认识论就是辩证法，认识运动的过程是一个辩证法的过程。认识虽是人类对于客观世界的反映，但认识并不是单纯的、直接的、全体的反映，而是一系列的抽象概念、法则等的定式化及形成的过程；这些概念、法则是有条件地、近似地把捉永远运动的、发展的自然之普遍的合法则性的东西。认识过程的自己运动，反映着客观世界的自己运动。认识过程的诸契机（如感觉、表象、概念等），原是客观世界诸契机在思维上的反映。所以，认识的发展反映着客观世界的发展。然而，认识的承担者是人类，人类既是社会的，又是历史的；人类的认识是物质世界发展的最高产物。认识只有随着历史的物质的生产的发展才会出现，这意味着，作为认识主体的人类绝不单是生物学上的有机体，而是在特定发展阶段上从事劳动与斗争的人类。唯物辩证法，在社会历史的实践尤其是劳动实践的基础上考察认识过程，去理解主观与客观、认识与存在的统一。④

① 李达：《社会学大纲》，载《李达文集》第 2 卷，人民出版社 1981 年版，第 208 页；试比较米丁：《新哲学大纲》，读书生活出版社 1936 年版，第 341—343 页。

② 李达：《社会学大纲》，第 208—211 页。

③ 试比较西洛可夫、爱森堡等：《辩证法唯物论教程》，笔耕堂书店 1932 年版，第 193 页。

④ 从强调人类主体的实践的社会视角来考察认识形成过程的观点也出现在西洛可夫、爱森堡等：《辩证法唯物论教程》，第 191—203 页；米丁主编：《辩证唯物论与历史唯物论》，商务印书馆 1936 年版，第 195—206 页。

李达还指出，基于唯物辩证法的反映论①，意识是客观世界在人类头脑中的反映，也就是说，意识是客观的实在的映像。然则人类的意识究竟是怎样生成的呢？

李达解释道，人类的神经系统之存在是人类意识的前提；人类的精神活动（即心理活动）与神经系统有不可分离的关系。李达还详细解释了神经系统和包括人类在内的高等动物大脑的生理学，从而指出决定人类意识的是物质尤其是人类自身的物质。在李达看来，这能表明那些精神错乱的人实际上是神经和大脑受损。所以，意识是最高等的物质即神经系统的产物。李达认为，根据苏联学者的研究，人类之外的动物所具有的意识水平和形式是与它们的神经系统发展水平相一致的；它们的神经系统越复杂，它们就越能具有复杂形式的意识。那么，人类与动物意识的差异在哪里呢？李达回答道，人类意识高于动物意识，这是因为人类大脑更为发达。此外，人类的神经系统是数千百年的社会生活的产物，人类发展了适应环境的更为丰富的条件反射运动。复杂的社会生活导致语言、抽象思想和概念的发展，这些使得人类能够认识对象，造出事物的表象，特别是语言最能体现人类在意识中反映对象的能力。②

对李达而言，人类的意识是物质世界发展过程的产物。意识不是存在于物质之外的东西；相反，意识依存于物质，并从物质发生。所以，意识是一种特殊形式的物质，它随着人类社会生活中语言的发展而发生，并随着物质生产的发展而发展。

二、当作认识的出发点看的感觉

李达接着讨论了认识的出发点问题③。他指出，外界事物反映于神经系统中，即成为感觉；在认识过程的各种阶段和形式中，感觉是最初的阶段和形式。一切人类认识都从感觉开始；当考察认识过程时，首先要研究感觉。然而，感觉究竟

① 李达：《社会学大纲》，第 211—223 页。
② 试比较米丁主编：《辩证唯物论与历史唯物论》，第 172—186 页；亦见米丁：《新哲学大纲》，第 341—361 页。
③ 李达：《社会学大纲》，第 223—232 页。

是怎样发生的呢?

李达解释道,感觉系统和神经系统是相结合的。视觉、听觉、嗅觉、味觉和触觉等各种感觉经由神经系统而进入大脑。[①] 当我们的身体接受外界对象的作用时,就得到这对象的知觉;就是离开这对象以后,那种知觉的回忆仍留存在脑海之中。感觉的积累就是经验。外物形态的多样性与人体器官的多样性,包括脑部的多种机能,产生出感觉的多样性。外物的各种方面是互相联系着的,人体的各种感觉,在其外的与内的方面,也是互相联系着。所以,外物作用于器官,就发生出反映外物的内在联系的感觉。

李达提醒我们,世间一切的东西都是发展的,人类的感觉也是如此。感觉的发展法则,只是一般的发展法则的特殊形式。感觉的发展,与社会历史的实践,有密切的关系。人类的感觉与动物的感觉之间的差异能够说明这一点。李达指出,动物感知光线和温度等事物的方式不同于人类;一般而言,人的感觉高于动物的感觉,这是由于人类具有高级神经系统。人类在生产过程中,既扩展对自然的控制,又发展自己的神经系统。李达还论述了野蛮人与现代人的神经系统之间的区别。前者几乎不能感知外物的大小和距离,而后者具有更为复杂的神经系统,因而能够感觉;现代人还能够应用机械和技术(如温度计和望远镜),获得关于外部世界的更为精确的感觉。野蛮人与现代人的区别是社会和历史的生产的产物,因为随着生产的发展,人类感知复杂现实的能力以更为复杂的方式不断发展。社会的人类的具体实践决定了感觉的发展。[②]

李达重申认识的出发点是感觉。当人类接触到外界事物的一切方面时,它们反映于头脑中,成为感觉。感觉能使我们明了外界事物的真相。不过,李达强调,我们不能由此推断人类的感觉是绝对正确的。有时候外物所给予的假象,导致感觉是错误的。例如,我们感觉到太阳比地球小,这显然是错误的。

在李达看来,感觉的发展是一个过程。他认为,感觉虽是客观世界的映像,但感觉对客观世界的真实反映不能完全地、全部正确地、无条件地、一次性地实现;相反,我们的感觉只是客观世界的近似的正确的映像。人类的认识过程,是在实践基础上由感觉起到思维为止的认识过程。我们在感觉的基础上认识到客观

---

① 试比较米丁:《新哲学大纲》,第347—348 页。
② 试比较上书,第351—354 页。

世界的合法则的统一，因为感觉是思维的材料，思维抽象出客观世界的发展法则。从古以来，一切的科学都是从反映外物的感觉出发的；感觉是人类认识外部世界的桥梁。

三、感觉与思维

从感觉到概念是认识的深化的运动过程[①]。李达解释道，人类对客观世界的认识要经过种种不同的契机、不同的阶段；感觉与概念之间，具有辩证法的联系。在由感觉到思维的认识过程中，感觉是最初的契机，是初级的阶段；思维是最后的契机，是高级的阶段。李达主张它们之间的差别是相对的，其间绝对没有不可逾越的界限。概念以感觉为基础，是从感觉所给予的无数外部对象中抽离出来的内在关联，并在其本质的形态上把它表示出来。

李达还认为，客观对象的总体性，固然在感觉上反映出来，但这种反映还只是直观的认识。如果要理解客观对象的各方面的规律性、因果性及相互依存性等等，单靠感觉是不够的；这种理解，是逻辑的知识，是比直观感觉更为深刻、更为高级的认识。不过，感性的认识与逻辑的认识，互为条件：逻辑认识是感性认识的深化，因为思维与感觉，互相发展，互相丰富其内容。李达指出，由感觉到思维的推移的问题，以及感觉在思维中保存的问题，是在辩证法的认识论上占据主要地位的问题。对于这些问题，李达认为，思维在感觉的多样性中去发现联系，而不是自己去创造联系；由感觉到思维的推移的认识能力之发展，依赖于人类的实践。

思维和感觉，同是客观的实在在人类意识中的反映：感觉是直观的认识阶段上的反映，思维是逻辑的认识阶段上的反映。在阐释这一观点时，李达区分了唯物辩证法与"镜面性"的反映论，后者认为感觉和思维只是人类大脑的被动反映[②]。他说，这是机械唯物论的错误观点。他指出，必须记住，人类是通过他们的实践去改变世界和自身的积极的主体。所以，人类意识中的反映是能动的反

---

① 李达：《社会学大纲》，第 232—239 页。

② 试比较米丁主编：《辩证唯物论与历史唯物论》，第 173—175 页。

映，这种反映的知识，是历史的社会的实践的产物。感觉与思维之间的关系，以及从感觉到思维的转移，很大程度上取决于人类主体的能动特性；人类有能力创造认识，并把它提升为更高的逻辑认识。不过，这只有借助社会的历史的实践这一中介才能发生；实践是认识深化的基础。在实践的过程中，人们看到各种现象的反复，一种现象的消灭与别种现象的继起，物质的再生产过程中许多对象的综合。在李达看来，这是认识运动的基础。

为了解释认识运动，李达引用无产阶级由"自在的阶级"向"自为的阶级"的转变这一著名例子。"自在的阶级"是指无产阶级对资本主义的认识只是直观的、表面的；"自为的阶级"是指他们看到并认识到资本主义的各种联系、矛盾和规律。① 换句话说，无产阶级通过自身的社会实践，尤其是与资产阶级的斗争，获得了对资本主义的更为深入的逻辑认识。

李达还区分了唯物辩证法的认识论与各种形式的经验论，后者主张感觉即使不是认识的唯一来源，也是主要的来源。李达指出，所有这些观点的错误在于没有认识到人类主体的能动性；人类通过社会实践，辨析无数感觉中的重复内容和内在联系，由此将认识转变为更高阶段的逻辑认识。李达重申，反映不是被动的，而是能动的、积极的。②

四、表象与概念

李达进而考察了从感觉到思维的运动过程的重要问题，即从感觉到概念的运动③。他把这一过程分为两个阶段，第一阶段是从感觉到表象，表象是感觉与概念之间的中间阶段④。

在李达看来，表象是关于对象的感觉的普遍化的最初特殊形式。表象是各种

---

① 试比较米丁主编：《辩证唯物论与历史唯物论》，第 155—156 页。
② 李达很有可能大量引述了米丁《新哲学大纲》论述感觉的部分（第 341—361 页）；不过，试比较西洛可夫、爱森堡：《辩证法唯物论教程》，第 193—222 页。后者特别强调了人类主体的实践。
③ 李达：《社会学大纲》，第 239—249 页。
④ 试比较米丁：《新哲学大纲》，第 361—365 页。

记忆；它们是关于对象的各种属性、方面和特征的记忆，放在一个形象上统一起来。表象与感觉的客观对象离得较远，但与对象的实质、合法则性和内在联系离得较近。表象的出现是能动的认识过程的一部分。表象概括直观，从关于过去对象的多方面的感觉中，抽出其本质特征，更为准确、更为客观地反映对象；表象还给与对象一种不同于感觉的明确的、完整的形式。所以，表象能更深刻地反映外界事物。在这一过程中，人类头脑的创造力和人类的实践相关联。实践是从感觉到表象的推移的基础；人类在其实践过程中，不但观察事物的变化，而且观察事物变化的方向。由于现象的反复以及实践中的各种现象的再生产，人们的头脑的创造力便发挥出来，就能够得到关于事物的内的联系的表象了。所以，对象的表象之构成与人类的生活有直接关系。

不过，李达指出，认识的运动并不停顿在表象的阶段上。表象只是感觉的最初的普遍化阶段，它不能把握对象的发展过程的法则。这一过程的更深刻地反映只有在概念阶段，只有通过认识过程中从表象阶段到概念阶段的运动才能实现。[①]

感觉和表象不能透入对象的本质，为要透入对象的本质并认识对象之内的合法则的联系，认识的运动不能不从感觉和表象而上升到思维的阶段。在李达看来，在思维阶段才能发现对象的本质；思维是把感觉和表象造成更高级的普遍化的东西。概念是认识的契机，是反映客观实在的形式。不过，唯物辩证法的概念与形式逻辑的概念不同。一切事物都是对立的统一，但在形式逻辑上说来，这种统一，或被解释为抽象的同一性，或被解释为机械的集合；同样，所谓对立，在形式逻辑上，被解释为完全抽象的、死板的、没有运动或联系的。所以，形式逻辑的概念是与客观现实性相分离的、无内容的思维形式。反之，唯物辩证法的概念是反映着现实世界的永久发展的有内容的思维形式。辩证法的抽象，能够比较深刻、比较忠实、比较完全地反映客观现实性，所以，它们是主观与客观、思维与存在之对立的统一。

客观世界的一切事物，都是联结着，同时又都是运动着。所以，李达指出，我们认识任何对象时，必须尽可能地从其一切侧面来研究它，从其一切的联结与媒介来研究它，即尽可能地把握对象内部各方面及其外部各方面的一切复杂关系

---

① 关于辩证唯物主义认识论中的概念，参见米丁：《新哲学大纲》，第365—373页。

的全体性。我们必须先把握对象的发展过程，然后才能认识对象的发展法则。所以，反映客观事物的概念具有联结性和运动性。

李达解释道，任何概念都是运动的，都依据对立统一的法则而发展；必须在矛盾的发生及其解决的永远过程中去理解对客观现实性的认识。人类思维的运动的起动力，也是内的矛盾、对立物的斗争。概念和范畴本身也是对立的。所以，思维在其运动中发生现象与本质、形式与内容、偶然与必然、可能性与现实性、原因与结果等范畴的对立及其互相渗透、互相推移。由这些范畴的运动，可以发现它们的发展法则。辩证法的概念是具体的，是由于分析个别的差异并抽象其普遍而构成的东西。在现实中，个别与普遍，同是客观的存在，离开个别就没有普遍，离开普遍就没有个别。概念就是反映着当作个别的某种侧面看的普遍，但这种普遍是具体的普遍，是包含着个别或特殊的丰富内容的普遍。

具体的对象，在我们的感性的表象中，呈现为具有无限复杂的侧面和关系的总体。李达指出，我们只有利用分析的能力，从这些侧面和关系中，抽象出最单纯的本质的规定即普遍；只有这样，我们才能理解对象的全面性。由于个别到普遍的转变，偶然就转变为必然，现象就转变为本质。但是，人们决不能完完全全地认识具体的东西，认识运动必须是辩证的、持续的，所以认识才能不断地深化和发展，才能与现实相适应。因此，在具体的概念中，特殊与普遍，互相渗透而形成同一。我们认识对象时，一方面要发现它的普遍性，另一方面要抓住对象的发展过程中各阶段的现象的特殊性。只有这样建立普遍与特殊之辩证关系的认识，才是具体的认识，才能获得具体的真理。

李达再次强调，实践是认识的基础，认识是客观的实在的统一性的反映，但是这种反映，是积极的能动的反映。李达认为，在实践的过程中，人类无数次地接触外界事物，在头脑中形成对外界事物的感觉和知觉。由于头脑的创造力的作用，从这些感觉和知觉中造出逻辑的秩序。头脑的创造力，先把感觉普遍化起来，造出表象，更把表象普遍化起来，造出概念。不过，这是一个逐渐从低级阶段推进到高级阶段的发展过程；人类认识的发展，表现于逻辑的概念和范畴之中。唯物辩证法说明概念的联结和发展，反映着客观世界的联结和发展，说明概念随着现实的发展法则而发展。所以，概念的运动是客观事物的运动的反映，是客观世界与人类实践的客观运动之反映，是主观与客观、思维与存在的对立统一过程的反映。这种反映本身，也是一个发展过程。

不过，李达提醒道，客观事物的一切运动及联结的法则，不能够一次地、完全地、正确地、无条件地都反映于概念之中，正如相对真理到达绝对真理的过程一样，是顺次由一个阶段进到高级阶段而到达于完全的反映的。所以，概念之反映客观世界的发展，只是有条件的、相对的、近似的。人类在其实践中，不断地暴露出客观世界与主观表象之间的新矛盾和新联结。这新的矛盾和联结，同时又进到人们的丰富的感觉和表象中，人们更就这样的感觉和表象实行逻辑的加工，造成比以前更为丰富更为深刻的概念，而更进一层地反映客观世界的发展法则。这些新矛盾和新关联反映于概念中，形成概念的新矛盾和新关联，促进概念的向前运动和发展。

五、判断

李达指出，在研究了唯物辩证法的概念以后，在逻辑的程序上，必然地推移于唯物辩证法的判断与推理的思维形式的研究①。判断与推理，跟概念一样，也是客观世界及人类认识的发展史的一般法则在思维形式上的反映。判断与推理是思维的运动形式，也是概念的运动形式。

李达首先考察了判断。他引用恩格斯的观点，称逻辑的判断形式的发展是人们关于自然的认识之历史的发展的结果。在李达看来，唯物辩证法的判断论的一般特征如下：第一，真正的判断是客观实在性的合法则的联结的一种反映形式。第二，判断的问题的中心点，不是向着事态的形式方面，而是向着它的内容。第三，判断形式的分类，依从于概念的分类；判断的各种形式是互相联系的；比较高级的判断形式，从比较低级的判断形式展开出来。判断与概念一样，也包含个别、特殊和普遍。第四，判断是思维的运动形式，判断的运动依据于对立统一法则。判断是概念的规定，一定概念的存在必须在判断上显现出来；一个判断，是两个对立的概念的联结，是对立的统一。判断有两个契机，一个规定判断的对象，另一个指明反映对象的概念；这两者相互依赖，具有同一性。在个别与普遍

---

① 李达：《社会学大纲》，第 249—255 页。关于唯物辩证法认识论中的判断和推理，参见米丁：《新哲学大纲》，第 373—397 页。

之间也存在矛盾，这种矛盾是判断运动的源泉，它推动判断从个别提高到特殊到普遍的阶段。第五，判断的运动与人类的实践及科学的发展相联系。所以，判断之暴露概念的内的契机及概念的联结和关系，必须以一定的科学的认识和人类的实践为前提。人们如果没有旧的知识，就不能得到新的知识，因而不能进行判断。同样，人们如果不通过实践作用于对象，就不能得到对象的感觉和经验，不能得到对象的知识。

六、推理

在考察推理时，李达指出，推理是思维的高级运动形式，正如判断是发达了的概念一样，推理是发达了的判断①。所以，推理是概念与判断的统一。

李达认为，虽然唯物辩证法接受了黑格尔推理论中贵重的核心，但唯物辩证法拒绝了它的观念论，这种观念论主张推理或概念产生它的对象。与之相反，马克思主义的唯物辩证法哲学把推理奠基于唯物论之上。第一，唯物辩证法认为，推理跟判断和概念一样，同是客观世界的合法则的联结的反映；不过，相比于概念和判断，推理是客观世界的合法则的联结之更深刻更高级的反映。第二，从唯物辩证法的见地说来，推理论的诸问题的中心点是反映于推理形式中的内容方面；只有基于唯物辩证法的原则，正确使用归纳法和演绎法，才能正确反映内容。第三，最高的推理形式是必然性的推理，它是客观事物基于它的内在本性和自己运动而发展的必然的联结、关系、倾向和推移在思维形式上的反映。推理的过程必须反映这一发展过程的结果，不仅反映它现在的联结，而且反映它未来的发展倾向。只有这样获得的结论，才是具体的真理。第四，从唯物辩证法的见地说来，必然性的推理建立特殊（个别）与普遍的辩证法的关系。必然性的推理反映从个别的东西到普遍的东西的运动，在大量的丰富的个别的具体性之中发现其运动法则和一般倾向。在这种场合能看到归纳推理的应用。尽管归纳可以得出科学的结论和预见，但是，推理还运用从普遍推移到特殊的演绎，以研究新现象。第五，推理从实践出发而复归于实践。人类通过社会生产的实践而积累的经验构

---

① 李达：《社会学大纲》，第255—260页。

成推理的基础；从推理过程中所得的结论的真理性，只有由实践所证明，并推移于实践。

七、分析与综合、归纳与演绎

李达继续指出，概念的构成，判断的确定，推理的进行，必然伴随着分析与综合的统一的过程，即由感性的认识到逻辑的认识的过程[①]。李达认为，我们首先要分析感觉层面的表象，从中抽取最单纯的本质的规定；这种抽象，是唯物论的抽象，同时也是伴随于分析的抽象。分析的本质，就在于把具体的直接的东西还原于最单纯的东西（例如《资本论》的出发点是商品和商品交换）。分析的任务，就是在个别中发现普遍，在现象中发现本质和法则。

但是，在李达看来，科学的认识，并不停顿在这个阶段，而必须在精神上再生产出对象来。为此，科学的认识要从最单纯的规定或关系，推移到复杂的规定或关系。最单纯的关系中内在的合法则的发展，要用综合的方法来探求，从而达到综合多数规定及关系的丰富的总体。在《资本论》中，马克思从最单纯的关系——商品关系——出发，通过综合而揭示了现代社会及其各种矛盾的发生和发展的法则。分析与综合形成辩证法的统一。综合以分析为前提，分析受综合所指导。

李达进一步指出，从唯物辩证法的见地说来，归纳与演绎是不可分离地统一着；从个别到一般的归纳逻辑与从一般到个别的演绎逻辑，不像形式逻辑所认为的那样是分离的[②]。归纳逻辑不能解释或理解运动和变化，它的结论是部分的、未解决的东西，不是必然的、普遍的东西。与之相反，演绎逻辑从一般命题引出结论。形式逻辑学的三段论法依据于演绎法；它们都是从公理和定理出发的。演绎推理通常是正确的，是因为它们是人类数千年的社会实践的产物，而那些未经实践证明的前提则是主观的，会导致错误的结论。

---

① 李达：《社会学大纲》，第261—267页。试比较米丁：《新哲学大纲》，第397—406页。

② 米丁的《新哲学大纲》第406页—413页也讨论了分析和演绎。

不过，演绎法的大前提（如"人皆有死"）本身是由归纳推理得来的，所以，演绎法不能与归纳法相分离。从唯物辩证法的见地说来，归纳和演绎都是推理，但两者不是对立的方法；它们都是辩证法的契机，在辩证法中形成一个统一。

李达重申了人类认识从实践发生的观点。人类是自然界的一部分，通过人与自然的斗争而变化自然和变化自身。人类建立与自然的明确关系，从中认识到自身与自然的区别和联系。同时，自然界的各种联系不断地进到人类的感觉和表象之中。因此，人类能够知道自然界的发展法则，积极地改造自然界。同样，人类通过社会的实践，能够理解社会发展的法则，从而积极地变化社会。在社会实践中，客观世界的联系的运动与发展不断地作用于我们，我们的感觉和表象便积蓄起来，成为思维的材料；我们的思维，也和实践一样积极地能动地与客观世界相联系。在抽象的思维过程中，人们对直接的具体进行分析，同时又综合它；在分析与综合的统一过程中，我们所引用的概念之联系的运动，反映着客观世界的发展过程。概念运动的起动力是它的内在矛盾，如现象与本质的对立、个别与普遍的对立、形式与内容的对立，等等，但这些概念间的对立是辩证法的、互相渗透的对立。所以，在思维过程中，由现象到本质、由形式到内容等的转变，反映出客观世界发展的真相而到达于综合的认识。于是，就从思维的领域更进到实践的领域。

李达强调，只有实践才能证明有关客观世界的历史的发展法则的认识；只有实践才能把握对象之历史的具体性。但实践与认识是不可分离地统一着。实践是认识的基础，认识是实践的动因。实践不但证明认识的真理性，而且积极地变革客观世界。

所以，在李达看来，关于客观世界的认识，是采取如下的过程：实践→直接的具体→抽象的思维→媒介的具体→实践。这是采取圆形运动而发展的，是辩证法的发展的形式。认识随着客观世界的发展而发展，随着社会的实践的发展而发展。在社会的实践之历史的过程中，不断地暴露出客观世界的新矛盾、新关联和新侧面，它们闯进人们的意识中，形成客观与主观的新矛盾，促进认识的新运动，使认识进到反映客观世界发展的新阶段，更深刻、更完全、更具体地把捉客观世界，因而社会的实践更进一步地积极地、能动地变革客观世界。所以，认识的这种圆圈运动是由相对真理到绝对真理的发展过程。

八、形式逻辑批判

在李达看来，关于思维方法的学问有两种①：形式逻辑和辩证逻辑②。一切形而上学者或观念论者们使用形式逻辑，崇奉形式逻辑为正确的思维方法的科学。他们宣称，形式逻辑适用于一切时代、一切国家和一切人们，它也能适用于任何科学、任何问题和任何事变。

李达解释道，形式逻辑认为思维的根本法则有三个，即同一律、矛盾律和排中律。概念的构成，判断的决定，推理的进行，都依据这些根本法则来确定。形式逻辑宣称，没有这些法则，人类的思维活动就陷入不可能。形式逻辑的同一律的公式是："甲是甲"或"甲等于甲"。也就是说，任何对象或概念都是与自身同一或与自身相等的东西。在李达看来，这是一种静止的观点，它不允许发展或变化。这个同一律表示着抽象的同一，即排除一切差别的同一。形式逻辑的第二个法则是矛盾律，其公式是："甲不是非甲"。这原是同一律的另一表现，不过表现为否定形式。李达指出，这个矛盾律表示着抽象的差别，因为形式逻辑不能在同一与差别的统一中去认识同一或差别；它不能看到不同差别中的同一，也不能看到肯定中的否定契机与否定中的肯定契机，所以主张某事物不能同时肯定又否定。形式逻辑的第三个法则是排中律。它的公式是："甲是乙或是非乙"。依据排中律，两个自相矛盾的判断中，必有一个真理，另一个是谬误。它不允许再有第三个判断。例如，在数学中，一根线是直的与一根线不是直的这两个判断不可能都是正确的。李达反驳道，排中律只表示抽象的对立，排除了对立物统一基础上的对立。但在客观世界中，一切事物都是对立的统一。对立物的每一极，必然地以另一极为前提，并要求另一极的存在。同时，每一极又是另一极的否定，并要求另一极的不存在。所以，每一极都肯定并否定另一极，对立两极之间是既肯定又否定的关系。这种对立物的矛盾，只有由对立物的斗争来解决，所以，我们要

① 《唯物辩证法大纲》的一处编者注解释说李达对这部分关于形式逻辑的论述不满意，并在 1961 年加以修订。对《唯物辩证法大纲》的讨论，参见本书第十章。

② 李达：《社会学大纲》，第 267—280 页。试比较米丁：《新哲学大纲》，第 413—418 页；关于毛泽东对形式逻辑的批判，亦见奈特（Knight）主编：《毛泽东论唯物辩证法》（*Mao Zedong on Dialectical Materialism*），第 159—163 页。

认识事物的必然性，必须理解事物的内在关联，理解事物的对立的统一。而排中律只承认对立物的一极而否定他一极，所以只能表示抽象的对立。但抽象的对立，在客观的现实上，是不存在的。

李达对形式逻辑的批判包括四个方面：第一，形式逻辑是主观主义的。它不能把握事物的内容，只是一面地、偏狭地、抽象地反映现实全体的关联，建立那些所谓永久不变的思维法则。所以，它所提供的真理是抽象的真理，是思维与思维法则相一致的真理，不是思维与现实世界相一致的真理。第二，形式逻辑完全缺乏发展的观点，是以静止性和不变性为基础去认识事物。这种观点不承认事物的成长或消亡。第三，形式逻辑完全缺乏联系的观点。事物是其自身，或不是其自身，事物之间绝无联系。这样就能采取一面性或部分性，孤立地考察事物。第四，形式逻辑的原理与社会的实践相隔离。人类的思维与客观世界相一致与否，这是社会的实践的问题。形式逻辑的思维法则是与客观世界相分离的抽象的产物，是社会的实践所不能证明的无内容的形式。

李达继续指出，与形式逻辑获取知识的方式不同，辩证逻辑以客观世界的物质性为前提；客观世界是事物和过程的内在矛盾的产物，因而是变化的、发展的。唯物辩证法的逻辑学主张事物的相互联系，认为事物之间的同一是有条件的、暂时的和相对的。不同于形式逻辑的抽象法则，辩证逻辑的法则反映现实的发展和变化。与形式逻辑不同，辩证逻辑构成科学的方法。

李达还批评了普列汉诺夫对形式逻辑和辩证逻辑之间关系的阐释。虽然普列汉诺夫为辩证逻辑辩护，但他相信在研究静止的、不变的事物时适合运用形式逻辑，而辩证逻辑应该用于研究运动、变化着的事物。李达指出，静止只是事物变化和运动过程的特殊场合，它只是暂时的相对的条件；必须依据辩证法的观点来考察这一条件。普列汉诺夫的错误的根源，是由于不理解对立统一的法则，并承认了抽象的同一律的正确。

李达指出的另一个错误是分离理论与实践，把理论看作辩证逻辑的领域而把实践看作形式逻辑的领域的观点。然而，实践是认识发展的基础，所以实践也是通过辩证法而获得的认识的前提。跟黑格尔和列宁一样，李达得出结论说，形式逻辑也有其用处。不过，形式逻辑的适用范围是抽象思维，如数学。

九、历史唯物论

《社会学大纲》的第二部分回到了李达早期的历史唯物主义著作广泛考察过的主题，如社会的经济基础、政治和法律的上层建筑、意识和意识形态的形式等。我们不会在此耽搁，因为李达对这些问题的大部分论述是他以往观点的重复和扩展。这些观点认为在社会整体的不同层面之间存在辩证的因果作用，而经济结构或基础居于总的支配地位①。李达强调，人是"社会的动物"，他们的生活与主导他们社会的经济生产形式紧密联系②。在以阶级对抗形式为特征的社会，人类除了隶属于这个或那个阶级之外别无选择，他们的政治活动和意识不可避免地发挥阶级的作用。但是，政治和意识不只是被动的社会实体，不只是由社会的经济结构被动地产生；它们是能动的，能够对经济结构起作用。李达的阐释强调基础与上层建筑的相互作用，但同时也重视经济的持续的因果决定性：

> 如上所述，经济构造是社会的基础，政治的法律的上层建筑与意识形态的的上层建筑，都是树立在这个基础之上并受这个基础所规定的。可是这两种上层建筑虽受基础所规定，而对于基础却又给以一定的反作用。在社会的发展过程中，政治的法律的上层建筑与意识形态的上层建筑，不单是受动的社会现象；两者互生作用，并影响于经济构造的发展而成为能动的社会现象。这就是上层建筑对于基础的反作用。但是上层建筑对于基础的反作用，从其发源与结果看来，是绝不能与基础对于上层建筑的作用相同的。上层建筑反作用于基础的可能性，是由于上层建筑从基础得到的发展力量而来的。③

所以，在李达看来，政治能对经济发展起到肯定或否定的重要作用。但是，

---

① 李达对这一问题的看法也出现在他的《经济学大纲》（武汉大学出版社 1985 年版），特别是该书绪论中。《经济学大纲》首次出版于 1935 年。

② 李达：《社会学大纲》，第 286—289 页。

③ 同上书，第 292 页。

这种推动或阻碍经济发展的能力来源于经济基础内部的发展。对于意识形态而言，也是如此。当意识形态正确反映经济结构和政治的上层建筑时，它能够揭示它们的发展，从而使人们改造经济和政治，推动社会进步。同样，如果意识形态不能正确反映经济和政治的发展法则，它就会阻碍社会和经济的进步。然而，历史唯物论的革命学说的任务是在社会和经济的背景下认识意识形态，区分"物质的变革"与"意识的诸形态"，因为意识形态"必须从物质生活的矛盾，从社会的生产力与生产关系的矛盾去说明"①。

十、《社会学大纲》与中国马克思主义

《社会学大纲》是中国的马克思主义哲学经典著作之一。它几乎涉及欧洲和苏联马克思主义哲学家和理论家们所讨论的全部重要的有争议的理论问题，并为包括毛泽东在内的其他中国马克思主义者奠定了坚实的理论基础。在中国，它对于中国马克思主义发展的贡献被广泛承认，李达被誉为 20 世纪杰出的马克思主义知识分子之一。李达及其《社会学大纲》在西方关于中国马克思主义的阐释中很少被承认，这只能说是这些阐释既不完整，又带有选择性。这种选择性并非没有深意，因为我们通过仔细分析李达著作能够发现中国的马克思主义哲学和理论的早期来源，特别是中国马克思主义与欧洲和苏联马克思主义之间显著的谱系渊源，因而中国马克思主义不像许多西方学者的阐释希望我们相信的那样，是某种变异的、特殊的产物。正如我在前面三章所指出的，对李达《社会学大纲》最显著的影响来自 1931 年后的正统苏联哲学。这并不是说李达对马克思主义哲学的理解完全依赖于苏联哲学。实际上，在第五章中，我们已经看到李达在 1931 年以前就研究、翻译过许多日本、欧洲和俄国马克思主义理论家的著作。不过，李达自己也承认，《社会学大纲》仿效了 1931 年后的苏联哲学著作的模式。对《社会学大纲》与米丁、西洛可夫和爱森堡等人著作的比较，能够揭示这种影响何其显著。

所以，《社会学大纲》不仅是李达作为马克思主义理论家的依据，而且是正

---

① 李达：《社会学大纲》，第 292—293 页。

统哲学对李达的马克思主义理解的有力且全面的影响的证据。这确实对中国马克思主义的发展具有重大意义。正如我们在第六章所看到的，《社会学大纲》是影响毛泽东对马克思主义哲学的理解的重要著作之一。《社会学大纲》中对马克思主义哲学的解释补充并强化了毛泽东从米丁、西洛可夫和爱森堡等人著作中获得的信息。这些著作是毛泽东在 1936 年至 1937 年间认真阅读并批注过的。毛泽东在自己的哲学著作中认同了这种对马克思主义哲学的阐释，特别是他的《实践论》和《矛盾论》表明 1931 年后的苏联哲学对中国马克思主义的影响持续良久。这种对马克思主义哲学的阐释，其绝大部分内容在今天的中国仍然被视为正确的、权威的版本。李达的《社会学大纲》在"后毛泽东时代"的中国被党内理论家给予高度赞誉并不是偶然的，因为在成书 60 多年后它对马克思主义哲学的阐释仍被视为正当且准确的。

因此，《社会学大纲》对于中国马克思主义发展的意义分为两个方面：第一，正如毛泽东所言，这部辩证唯物主义和历史唯物主义的大部头著作是第一部由中国学者所写的马克思主义哲学教科书。作者是中国人这一事实为该书增添了其他国外马克思主义哲学的译著难以企及的品质保障。第二，虽然该书作者是中国人，并且这一事实增添了该书的正当性，推动了它的流行，但李达对马克思主义哲学的阐释本身并不是特别中国的。相反，李达写作《社会学大纲》的目的是向中国读者引入 1931 年后的苏联哲学著作所呈现的对马克思主义哲学的全面论述。为此，他主要致力于在中国传播业已在国际工人运动中占据主导地位并标榜其普遍性的马克思主义形态的概念和思维模式。所以，《社会学大纲》充当了中国语境之外的观念传入中国马克思主义者的话语和思维的渠道。尽管《社会学大纲》不是马克思主义观念传入中国的唯一中介，但它是最有影响的。

李达在 20 世纪 30 年代初撰写《社会学大纲》时并非中共党员。尽管他脱离了自己参与创立的党，但他献身于在中国传播马克思主义理论的事业的信念始终未变。独立的、党外的马克思主义知识分子的身份给予他一定的自主性，他著述最为丰富的年月是在党外的时期，不过他可能并不享受这种自主性。就性情而言，李达不适宜温顺地服从权威，他把这种服从看作是一种错误。那么，他如何回应 1949 年中国共产党的胜利以及自己重新入党呢？他又如何应对毛泽东的思想这一新的正统以及自己在解说和传播这一新正统时扮演的角色呢？接下来两章，我们将评价 1949 年后李达的哲学和理论著作，特别是考察他与毛泽东的哲学和私人交往。这种交往在大部分时候是诚恳的，不过也有不和谐的时候，因为李达非常怀疑 20 世纪 50 年代末 60 年代初中国出现的意识形态方向。不过，起初他是新中国政权的忠实拥护者，20 世纪 50 年代初他对毛泽东的思想的解说推动了中国新领袖的意识形态的传播与普及。

第九章 李达与毛泽东思想

从 1937 年《社会学大纲》出版到 1949 年 12 月重新加入中国共产党的这段时间是李达漫长且多产的学术生涯中著述最少的时期。在北平度过几年相对稳定的生活后，李达陷入抗日战争以及随之而来的国内战争的混乱和动荡当中，这对他的研究和写作能力造成了严重的影响。

1937 年至 1938 年末，李达先后在广西大学和广东中山大学获得教职。1939 年 1 月，他前往重庆，在共产党的安排下，再次为冯玉祥及其研究室讲解唯物辩证法。从 1940 年秋到 1941 年 7 月，他再度执教于中山大学，但是，由于国民党教育部门的干涉，他被迫离职。随后的六年时间里，他没有教职，颠沛流离于湖南零陵老家。1947 年春，他执教于湖南大学，但只能在该校法学系讲课。虽然他对法学的熟悉不及哲学或经济学，但他以其特有的热诚和顽强投入这项新工作。结果他在 1947 年出版了以《法理学大纲》为标题的课堂讲义①。这部 25 万字的著作从历史唯物主义的观点分析法律的本质和功能，毫不妥协地坚持了马克思主义的方法。②

随着 1949 年 12 月重新入党，李达迎来了自己作为哲学家和理论家的一生中的新篇章。此时他不仅积极投身于新中国的政治生活，而且获得了发挥自己作为理论家的巨大潜能的必要条件。从 1950 年到 1966 年逝世，他撰写了大量的论文、章节、专著、小册子、公开讲演、报刊专栏、讲话和报告。解放后，

---

① 《法理学大纲》的节选载《李达文集》第 1 卷。

② 本段的内容选自李其驹、陶德麟等：《李达一九四九年前理论活动及著作编年》，载《中国哲学》第 1 辑，1979 年，第 370—372 页。

他的著述囊括了广泛的主题，但跟解放前的著述一样，主要聚焦于哲学、社会科学和法学。

李达重新入党的意义在于，如今他被视为党的高级知识分子，是党的理论和意识形态系统的权威。他再一次身居党内，这就意味着哪些可以说、可以写，哪些不能说、不能写。1949年以前，李达就已经在中国从事对马克思主义哲学和理论的阐释与传播。他特别认识到，通向革命运动的马克思主义阐释是正确的、正统的版本。在上一章，我们注意到，李达在路径上转向唯物辩证法是因为1929年至1931年苏联正统的转向，他自己的《社会学大纲》非常全面地阐述了这一后来盛行于苏联哲学界的正统。此外，他在20世纪20年代初的许多著述采取一种论战的语调，来探求并捍卫马克思主义的历史唯物主义的正统阐释。然而，李达之所以宣传正统，不只是因为它是正统，而是因为他认为它是正确的。一旦真理与正统交织在一起，他就不屈不挠地宣传它。在付出巨大的个人代价之后，他已经证明自己准备远离他确信是错误的或反马克思主义的官方道路。1923年的脱党是典型的例子。所以，李达与正统之间的关系变得扑朔迷离。只要他认为是正确的东西，他就会坚定信仰，毫不妥协。过去他就曾准备好应对政治冷遇的寒风，而不是讲违心的话。

在20世纪五六十年代，李达保持独立角色的能力被严重削弱。尽管他偶尔坚守不同的理论和政治观点，但他克制自己，只在口头上发表意见，而不是诉诸文字。例如，在"大跃进"问题上，他所发表的不同意毛泽东的激烈观点没有出现在这一时期他的著作中；同样，在20世纪60年代初，他对林彪这一新权威的强硬拒绝也没有反映在文章中。所以，1949年以后的政治气候的变化以及李达在知识界的突出地位，既创造了机会和挑战，也带来了严重的约束。李达面临的最重要的挑战是如何回应对毛泽东思想的阐释。正如我们将在本章和下一章看到的，李达积极宣传毛泽东思想的理论体系，但在私底下对这一思想的一些过于激进的应用提出异议，特别是当它们逾越了李达所理解的历史唯物主义时。

一、李达、毛泽东与毛泽东思想

　　李达与毛泽东的交情① 始于中国共产党成立时期，不过，毛泽东早就通过李达的文章和译作特别是《共产党》月刊上的文章知道李达的大名。毛泽东高度赞赏李达是理论家和教育家，1921 年李达被任命为平民女校的校务主任②。1922 年，毛泽东致信李达，邀请他担任湖南自修大学学长，并编辑该校校刊《新时代》。正如李达的中文传记所言，这一时期李达和毛泽东密切合作，探讨马克思主义理论和中国革命问题，形成了战斗的友谊③。在 1923 年李达脱党后，他与毛泽东的早期友谊仍然持续。由于李达的宣传家和理论家的品质，毛泽东一直保持对他的尊敬。1936 年 8 月，在致湖南友人易礼容的信中，毛泽东询问他是否与李达及其夫人王会悟保持联系。他还提到自己读了李达的译著（很可能是苏联著作《辩

---

① 1993 年 9 月我与时任上海社会科学院毛泽东思想研究中心主任、《毛泽东哲学思想研究动态》编辑李君如深入探讨了李达与毛泽东之间的关系。李君如认为，李达与毛泽东之间的关系经历了四个阶段：第一阶段是 1921—1927 年。在这一阶段，毛泽东和李达首次在中共"一大"会面，尽管毛泽东无疑以前就读过李达的作品。"一大"结束后，他们在湖南同乡情谊和共同的理论兴趣的基础上形成了亲密的关系。这期间，李达已经研究马克思主义达数年之久，他的理论能力强过毛泽东。李达在长沙担任湖南自修大学学长期间，他们之间的关系进一步发展。第二阶段是 1927—1947 年。在这一阶段，毛泽东正在实践领域中发展自己的革命策略，在实践中解决李达未能解决的马克思主义中国化问题。不过，在这期间，毛泽东继续在哲学和社会科学领域向李达学习，特别是受到李达翻译的西洛可夫、爱森堡的《辩证法唯物论教程》和李达的《社会学大纲》的影响。第三阶段是 1947—1957 年，这期间他们的关系发生了急剧性变化。在这一阶段，李达向毛泽东学习。李达投入大量精力来传播毛泽东思想，但这一思想不再是某个人的，而是党和新国家的指导性的意识形态。在重新入党以后，李达成为参与传播和普及新统治集团的意识形态的众多知识分子的一员。因此，毛泽东与李达之间的关系受到权力因素的影响；尽管他们之间的关系仍然受到早年的私人情谊的影响，但两人之间权力地位的变化此时强烈影响着他们的关系。由于毛泽东思想是新的指导性意识形态，李达不能尽情写作自己所喜欢的东西。第四阶段是 1957—1966 年。从 1957 年起，毛泽东开始以一种李达不能接受的方式强调群众在变革中的主观能动性，这种方式与李达对马克思主义唯物主义的理解相对立。但是，当李达认为毛泽东的号令是正确的时候，他继续执行毛泽东的号令。例如，20 世纪 60 年代初，他愿意修订《社会学大纲》（参见下一章）。关于李君如的毛泽东思想研究著作，参见李君如：《毛泽东与近代中国》，福建人民出版社 1991 年版。其他对李达和毛泽东之间关系的分析，参见孙琴安、李师贞：《毛泽东与名人》上卷，江苏人民出版社 1993 年版，第 315—334 页。

② 《李达文集》第 1 卷，第 5 页。

③ 同上书，第 9 页。

证法唯物论教程》），深表钦佩。他也表达了与李达及其夫人建立友谊和联系的期望。①1937年5月《社会学大纲》上海版出版后，李达寄给毛泽东一本。我们在第六章已经看到，毛泽东对该书印象深刻，多次阅读、批注该书。他给李达写信祝贺他，还请他再寄10本到延安来②。

在延安时期（1936—1947）的初期，毛泽东思想还没有像在20世纪40年代初期到中期特别是在1945年中共"七大"后那样成为主导的意识形态。虽然在1935年1月遵义会议取得决定性胜利后，毛泽东的领导地位越发稳固，但他的影响主要是在军事战术和政治策略方面，即使在这些领域，毛泽东的观点也处在争议当中。当时没有对毛泽东或他的思想的崇拜，他尚未取得后来作为哲学家的声望。在1936年末到1937年初，毛泽东的确深入研究了唯物辩证法，以扩展和深化自己对马克思主义这一具有政治重要性和敏感性领域的理解③。前面我们已经谈到，这一时期影响毛泽东的一大来源是李达和艾思奇这样的中国知识分子翻译的1931年后的苏联哲学著作。不仅如此，这两位中国知识分子受当时苏联哲学影响而撰写的著作，也是毛泽东阅读并在自己的哲学文章和讲演中直接或间接引用的大量著作中的重要组成部分。所以，毛泽东在1937年的哲学著述明显带有苏联著作以及受苏联著作启发的中国著作的印记。于是，毛泽东在1937年7月和8月完成的《实践论》和《矛盾论》就成为具有1931年至1936年的苏联哲学正统特色的概念、范畴、法则和思想模式进入中国马克思主义主流的中介。毛泽东这两部著作是1949年后中国马克思主义的基石。尽管毛泽东可能发展了苏联哲学著作中的某些观点，并为唯物辩证法的抽象公式提供了中国式的例证，但他的马克思主义哲学著作与那些苏联哲学著作之间的连续性十分明显。

这种连续性是20世纪50年代初修订过的毛泽东《实践论》和《矛盾论》的正式版公开后李达投入大量精力阐释它们的内容的主要原因。李达问心无愧地开展这一工作，不只是因为毛泽东的哲学文章是新的正统，还因为它们与李达自己所

---

① 《毛泽东书信选集》，人民出版社1983年版，第47页。

② 李其驹、陶德麟等：《李达一九四九年前理论活动及著作编年》，第363—364页；亦见郭化若：《毛主席抗战初期光辉的哲学活动》，《中国哲学》1979年第1辑，第34页。

③ 参见尼克·奈特（Nick Knight）主编：《毛泽东论唯物辩证法：1937年的哲学著作》（*Mao Zedong on Dialectical Materialism: Writings on Philosophy, 1937*, Armonk, New York: M.E. Sharpe, 1990），"导言"。

理解的马克思主义哲学相一致。

李达对《实践论》和《矛盾论》的解说最初连载于《新建设》，后来整理为两本独立的小册子，并在 1979 年合编为一部 342 页的著作①。实际上，在 1951 年 3 月 27 日的信中，毛泽东自己建议李达把他的《〈实践论〉解说》"出一单行本，以广流传"②。从毛泽东在 1951 年 3 月和 1952 年 9 月致李达的两封信可以明显地看出，李达在写作解说时与毛泽东保持密切联系，还寄送手稿给毛泽东，让他评论。根据中国学者的研究，毛泽东确实提出了一些相当重要的建议，如为李达的《〈实践论〉解说》增加了一段五行字的段落③。不过，毛泽东的回应的主旨是肯定的、庆贺的："这个《解说》极好，对于用通俗的言语宣传唯物论有很大的作用。……关于辩证唯物论的通俗宣传，过去做得太少，而这是广大工作干部和青年学生的迫切需要，希望你多多写些文章。"④

二、读毛泽东的《实践论》

李达在他的《〈实践论〉解说》开篇的赞美之词就奠定了随后他对毛泽东《实践论》的解释的论调。他说：《实践论》"是马克思列宁主义实践理论的发展，是毛泽东思想的一个基础，是辩证唯物论的基本原理与中国革命的具体实践的结合。它是中国革命行动的理论，是毛泽东的思想方法与工作方法的科学总结。《实践论》特别指出辩证唯物论两个最显著的特征，即阶级性与实践性，表明了辩证唯物论是无产阶级革命的哲学。"⑤

李达还指出，《实践论》明确阐述了实践是检验真理的唯一标准。但是，李达没有深入探究为什么有些人的实践是正确的，能够走向成功，而其他人的实践是错误的，会导致失败。他认为，问题在于后者没有在头脑中正确地反映外界事

---

① 第一篇解读《实践论》的文章首次发表于 1951 年 1 月 1 日的《人民日报》，并很快被转载于《新建设》。
② 《毛泽东书信选集》，第 407 页。
③ 参见上书，第 407—408 页。
④ 同上书，第 407 页。
⑤ 李达：《〈矛盾论〉〈实践论〉解说》，三联书店 1979 年版，第 1 页。

物的规律性，以致不能达到预想的结果。不过，李达没有告诉我们如何获得这种"正确地反映"，尽管由于毛泽东在《实践论》中基于某些原因而很少讨论这一问题，我们也就不必对李达的解说要求过多①。然而，李达重申了开篇的观点，认为《实践论》发展了马克思列宁主义的认识论。他说，这一发展是指毛泽东强调认识过程的辩证法特征：从实际和实践出发，获得关于实际的感觉，进而形成思维，并且从思维回到实际和实践；整个过程不断反复，而认识在这个过程每一圆圈中变得越发全面。所以，毛泽东提出的理论与实践相统一、实践是统一的基础的观点，是他对马克思主义哲学的主要贡献之一。②

李达的"解说"的解读部分采取了逐段解释毛泽东《实践论》的方式。其语言比较简单，还为毛泽东文章的每一观点提供了例证和说明。下面将提供几段《实践论》原文（以楷体字表示）和李达所作解说的译文（仿体字），而不是概括李达的每段解说。读者可以由此了解李达用于详细解读毛泽东的唯物辩证法的认识论的模式。但是，之所以摘录下面的段落，不只是因为它们代表了李达采用的解说模式，还因为它们是我们在李达著作中发现的重要论题，即他对唯物史观特别是经济基础与上层建筑之间关系的理解。

> 首先，马克思主义者认为人类的生产活动是最基本的实践活动，是决定其他一切活动的东西。人的认识，主要地依赖于物质的生产活动，逐渐地了解自然的现象、自然的性质、自然的规律性、人和自然的关系；而且经过生产活动，也在各种不同程度上逐渐地认识了人和人的一定的相互关系。一切这些知识，离开生产活动是不能得到的。在没有阶级的社会中，每个人以社会一员的资格，同其他社会成员协力，结成一定的生产关系，从事生产活动，以解决人类物质生活问题。在各种阶级的社会中，各阶级的社会成员，则又以各种不同的方式，结成一定的生产关系，从事生产活动，以解决人类物质生活问题。这是人的认识发展的基本来源。③

（说明）辩证唯物论由自然领域扩张于社会领域，就成为历史唯物论，历史

---

① 李达：《〈矛盾论〉〈实践论〉解说》，第3—6页。
② 同上书，第6—9页。
③ 同上书，第15页。《实践论》原文出自《毛泽东选集》第一卷，第282—283页。

唯物论的总论点是：我们人类生活在社会之中，第一件重要的根本工作，是取得物质生活资料来维持自身的存在。所以人们在从事政治活动及其他各种精神文化的活动之前，必先从事生产的活动，满足衣食住等项生活资料的需要。人们为要取得生活资料，必须参加于社会的生产。在社会的生产过程中，他们相互间就发生一定的、必然的、不依他们本身意志为转移的关系，即与他们当时的物质生产力发展程度相适合的生产关系。这些生产关系的总和，就组成为社会的基础。社会对于政治法律、宗教、艺术、哲学的观点，以及适合于这些观点的政治法律等制度，则是受基础所规定的上层建筑。所以社会实践虽有很多种类，而马克思主义者却认为人类的生产活动是最基本的实践活动，是决定其他一切活动的东西。

人类由高级人猿进化而来以后，就结成原始人群，共同向自然界采取生活资料以维持生存。他们在采取生活资料的过程中，接触到自然界的无数自然物，首先就知道他们自己是和那些自然物有区别的。他们在长期的生产活动中，逐渐认识水、火、风、雷、云、雨、动、植、飞、潜等自然现象，看到日月的运行、昼夜的交替、植物一年一度的生长和成熟等等，于是就了解这些自然物的性质及其规律性，并且顺应它们的性质和规律性，经常地利用自然，克服自然，改造自然，实行和自然界交换其物质，即人类运用其劳动力来作用于自然物，而自然界便把人类所需要的东西交给他们。照这样，人们便知道他们自己是栖息于自然之中，并与自然发生经常的相互关系。并且，在生产活动中，人们知道他们自己必须结成一定的关系，互相交换他们的劳动，才能向自然界取得生活资料。这样的相互关系，是生产关系。基于这生产关系，更发生其他各种社会关系。在长期的生产活动中，人们就能在各种不同的程度上，逐渐地认识了人与人的一定的相互关系，即认识了生产关系以及在生产关系上发展起来的其他各种社会关系。这一切关于人与自然、人与人的关系的知识，都是在生产过程中得到，并用来指导生产活动，促进生产。

在原始无阶级社会中，人人都是劳动者，各人都是自己的主人。他们最初知道按照年龄别与性别，分任采集和狩猎工作，取得生活资料。往后由流动生活转入定居生活，由采集经济转入生产经济，知道结成氏族团体，按照一定分工方法，互相交换其劳动，结成平等的生产关系。经营农业与畜牧业，往后又经营手工业，因而生产力逐渐发展，物质生活也比较以前丰富了。但是，随着劳动的分工与私有财产的发生，社会开始发生了奴隶主与奴隶的阶级的分裂，社会便转变为最初的阶级社会，即奴隶制社会了。

阶级社会，经历了奴隶制、封建制和资本主义制的三种形态。这三种阶级社会，都分裂为两大对立的阶级。在这样的社会里的生产关系，基本上都是当作阶级的诸关系而存在的。在奴隶制社会，奴隶主与奴隶结成的生产关系，是奴隶主不仅占有生产手段，而且占有奴隶；在封建制社会，封建主占有土地，农民固定在土地上而为封建主劳动；在资本主义社会，资本家占有机器、工厂、原料，工人们出卖劳动力。像这样的各种阶级社会中，所结成的生产关系，方式虽有不同，但都显示着是剥削关系与被剥削关系。一方是剥削阶级，即奴隶主阶级、地主阶级和资产阶级。他们都独占着社会的生产手段，并不参加生产的劳动，专靠剥削其对立的阶级，过着富裕的生活。他方是被剥削阶级，即奴隶阶级、农民阶级和无产阶级。他们因为被剥夺了生产手段，迫不得已为剥削阶级劳动，取得极少的生活资料，过着非人的生活。剥削阶级，知道对方被剥削阶级占据绝大多数，为了镇压被剥削大众的反抗，便组织国家权力，作为压迫敌对阶级的机关，以维护其赋予法律形式的生产关系——剥削制度。被剥削阶级在其非人生活条件下，也逐渐地认识了那剥削制度，认识了那巩固剥削制度的国家机关，他们就知道团结起来，去推翻那剥削与压迫的阶级，爆发了奴隶革命、农民革命与无产阶级革命。被剥削阶级这样由于认识剥削制度而实行阶级斗争的知识，都是在生产过程中得到的。①

人的社会实践，不限于生产活动一种形式，还有多种其他的形式，阶级斗争，政治生活，科学和艺术的活动，总之社会实际生活的一切领域都是社会的人所参加的。因此，人的认识，在物质生活以外，还从政治生活文化生活中（与物质生活密切联系），在各种不同程度上，知道人和人的各种关系。其中，尤以各种形式的阶级斗争，给予人的认识发展以深刻的影响。在阶级社会中，每一个人都在一定的阶级地位中生活，各种思想无不打上阶级的烙印。②

（说明）在阶级社会中，特别是在资本主义社会中，社会生活的方面很多，人参加于这些实际生活的活动也很多。大概说来，除了生产活动这一基本形式之外，还有政治生活、科学和艺术的活动等形式，这些活动形式都是阶级斗争的一

---

① 李达：《〈实践论〉〈矛盾论〉解说》，第16—18页。
② 同上书，第18页。《实践论》原文出自《毛泽东选集》第一卷，第283页。

种形式。阶级关系，原是生产关系，阶级斗争是在生产过程中发生和发展的。无产阶级因为被剥夺了生产手段，不能不在工资制度之下，出卖劳动力于资本家，为资本家生产剩余价值。但他们在生产过程中认识了资本主义的剥削制度之后，就知道团结起来，对资产阶级进行斗争。这种斗争，首先是经济斗争，即为争取较有利的劳动条件的斗争，更进一步，就进行政治斗争，组织革命。革命必须掌握正确的革命理论。于是阶级斗争的精神，就必须贯串于一切精神文化的领域，于学说，于艺术，于哲学，形成理论斗争。因为在这些领域中，资产阶级的反动思想，一向独占着支配地位，资产阶级用整套的反动的学说、艺术和哲学，作为统治无产阶级的精神武器，正和他们凭借经济权力和国家权力作为统治无产阶级的物质武器一样。无产阶级为要推翻资本主义社会，建立社会主义社会，就必须建立自己阶级的整套的学说、艺术和哲学，清洗资产阶级的反动思想，扫除敌人伪装的有害的毒素。所以，在阶级社会中，对立的阶级，各自生活在一定的阶级地位之中，各自有其一套的阶级思想。

中国人民，一百多年来，受着封建主义、官僚资本主义、帝国主义的思想毒害，以致革命的人民，在长时期内不能建立正确的革命思想。直到近三十年来，人民领袖毛泽东的思想，才在革命的实践中，逐渐锻炼出来，成为全国人民革命的指导思想，并贯串于政治的经济的及文化的领域，这就是毛泽东思想。现在我们必须根据毛泽东思想，从科学、艺术和哲学的领域中，彻底"肃清封建的、买办的、法西斯主义的思想，发展为人民服务的思想"。尤其是要热爱祖国，热爱人民，树立新爱国主义思想，清除帝国主义者对中国文化侵略的影响，克服民族自卑感，加强民族的自尊心和自信心，表现出中国人民在思想战线上，也同样的站了起来。①

从《〈实践论〉解说》中的这两段摘录可以看出，李达完全赞同毛泽东关于理解社会结构和社会变化的出发点是人类为了维持生命而开展的生产活动这一观点。李达通过论述各种生产方式及其各具特色的阶级关系而对阶级形成和历史进程所做的阐释无非是常见的历史唯物主义观点的概要。这里没有什么新东西。实际上，也没有人会期望在这种阐释中发现新意。不过，这一段落的一些要点值得注意。第一，《实践论》是毛泽东广为传播的文章之一，他在文章中明确指出，

———————————
① 李达：《〈实践论〉〈矛盾论〉解说》，第19—20页。

生产领域是社会变化过程的首要原因；人们在生产过程中所处的阶级关系，对于经济关系、政治关系和思想关系，都具有决定性作用。人类一切思想都受阶级影响；正如毛泽东所坚持的，"各种思想无不打上了阶级的烙印"。人们通常认为毛泽东对马克思主义理论的理解是非正统的，因为他没有充分认识到人类活动和思想的唯物主义基础，即生产的、阶级的基础。但是，这种看法与我们刚才考察的毛泽东著作中的段落很难相一致，因为毛泽东在这里一直在重申历史唯物主义最基本的前提之一。不仅如此，从20世纪50年代初毛泽东与李达的通信中可以看出，毛泽东完全同意李达更具扩展性的解说，这一解说也强调社会的生产力基础是政治、文化和哲学的来源。不过，毛泽东和李达都不主张经济与政治、文化和意识形态之间的因果关系是单向的，都不认为经济会免受上层建筑的影响；相反，尽管经济领域居于支配地位，但是在社会形态的不同领域之间存在辩证的相互作用。在讨论李达对《矛盾论》某些段落的解说时，我们将马上探究毛泽东和李达推论过程中的上述联系。

第二，正如李达自己以前的历史唯物主义著作那样，他的解说提出了意识形态充当阶级统治工具的问题。资产阶级不仅利用其对国家的经济资源和政治权力的控制，来强化对自己意愿的服从，还运用理论、艺术和哲学等多种"精神文化"产物，来传播和强化其阶级观点。"反动的资产阶级思想"在所有这些领域占据主导地位，除非无产阶级能够形成并宣传一种替代性的、与自身阶级利益相一致的世界观，它将无法抵抗并最终推翻资产阶级的统治。就此而言，"精神文化"作为阶级斗争的领域之一，其重要性与日俱增。"精神文化"不只是某一阶级的经济生活反映。它一旦形成，就成为相互对抗的阶级之间的一种论辩模式。所以，由无产阶级建立正确的革命理论就成为一项紧迫的需求，因为没有它的话，无产阶级的斗争将缺少方向和团结。李达呼吁中国人树立反帝国主义的爱国主义就是基于这一前提，即阶级斗争的成功开展既需要关注经济和政治领域，也需要关注意识形态领域。在李达看来，历史唯物主义理论认识到了社会生活的不同维度之间的相互作用和相互依赖。不过，这种相互作用和相互依赖最终建立在生产领域的首要性之上。正是对生产的重要性的认识阻止了意识形态分析沦为唯心主义的偏见。这种偏见将观念的作用与它们的物质起源相分离。正如李达所指出的，"对立的阶级，各自生活在一定的阶级地位之中，各自有其一套的阶级思想。"

承认社会形态的不同领域之间的相互作用的特征是李达早期的历史唯物主义阐释著作的突出主题之一。他从未接受过那种认为唯物主义排除政治或"精神文化"的历史作用的观点。在他最早的著作中，他就接受了政治革命的可能性，确切地说，是必要性。他多年来对马克思主义的苦心阐释和传播不过是清晰揭示了他对"精神文化"领域的斗争的重要性，以及确信理论运用于革命斗争的正确性的信念。李达以同样的观点来理解毛泽东的《实践论》，主张正确的理论对于成功开展斗争具有重要的作用。他也同意毛泽东关于社会生活的相互联系和相互作用的观点。所以，李达在写作对《实践论》的详细解说时没有感到丝毫紧张，因为毛泽东的阐释与李达自己对马克思主义理论和哲学的理解是一致的。《实践论》中包含的毛泽东思想不仅仅是新的正统，而且以 20 世纪 30 年代李达和毛泽东都认真研究过的马克思主义哲学的标准来看，它也是正统的。至少在这一阶段，两人在阐释历史唯物主义方面是意见一致的。

三、读毛泽东的《矛盾论》

对社会形态的不同领域之间相互联系的特征的讨论在毛泽东《矛盾论》中反复出现并得到扩展。毛泽东在这里强调，根据辩证唯物论而不是机械唯物论，生产关系、理论和上层建筑确实会"在一定条件下"发生反作用，会"表现其为主要的决定的作用"，尽管他是通过重申生产力、经济基础和实践一般地发挥"主要的决定的作用"而确认这一点的。由于我已经在其他地方详细讨论了这一引起争论的段落①，在此我们直接考察李达对这一段落的解说。跟前面一样，我们先（用楷体字）标注《矛盾论》中的段落，随后（用仿体字）摘录李达的扩展式的说明。

有人觉得有些矛盾并不是这样。例如，生产力和生产关系的矛盾，生

---

① 尼克·奈特（Nick Knight）：《〈矛盾论〉和〈新民主主义论〉：毛泽东思想中关于因果性和社会变革的不同观点》（"'On Contradiction' and 'On New Democracy': Contrasting perspectives on causation and social change in the thought of Mao Zedong"），载《关心亚洲问题学者公报》（*Bulletin of Concerned Asian Scholars*），Vol. 22, No, 2 (April-June1990)，第 18—34 页。

产力是主要的；理论和实践的矛盾，实践是主要的；经济基础和上层建筑的矛盾，经济基础是主要的；它们的地位并不互相转化。这是机械唯物论的见解，不是辩证唯物论的见解。诚然，生产力、实践、经济基础，一般地表现为主要的决定的作用，谁不承认这一点，谁就不是唯物论者。然而，生产关系、理论、上层建筑这些方面，在一定条件之下，又转过来表现其为主要的决定的作用，这也是必须承认的。当着不变更生产关系，生产力就不能发展的时候，生产关系的变更就起了主要的决定的作用。当着如同列宁所说"没有革命的理论，就不会有革命的运动"的时候，革命理论的创立和提倡就起了主要的决定的作用。当着某一件事情（任何事情都是一样）要做，但是还没有方针、方法、计划或政策的时候，确定方针、方法、计划或政策，也就是主要的决定的东西。当着政治文化等等上层建筑阻碍着经济基础的发展的时候，对于政治上和文化上的革新就成为主要的决定的东西了。我们这样说，是否违反了唯物论呢？没有。因为我们承认总的历史发展中是物质的东西决定精神的东西，是社会的存在决定社会的意识；但是同时又承认而且必须承认精神的东西的反作用，社会意识对于社会存在的反作用，上层建筑对于经济基础的反作用。这不是违反唯物论，正是避免了机械唯物论，坚持了辩证唯物论。①

（说明）矛盾的主要方面和非主要方面互相转化，上面已经举了很多实例说明了，但是抱着机械唯物论见解的人们，却说有些矛盾的双方并不互相转化。例如有人说，生产力和生产关系的矛盾，生产力是主要方面，两者的地位并不互相转化。这种见解是不合于唯物辩证法的。在辩证唯物论看来，在生产力和生产关系的矛盾中，生产力是生产中最活动最革命的要素，是生产发展过程中决定的要素。生产关系是和生产力的发展程度相适合的。"生产力怎样，生产关系就必须怎样。""先是社会生产力变化和发展，然后，人们的生产关系、人们的经济关系依赖这些变化、与这些变化相适应地发生变化。"（《论辩证唯物主义和历史唯物主义》）生产力对于生产关系占据主要地位，当然是很明显的。但在另一方面，

---

① 李达：《〈实践论〉〈矛盾论〉解说》，第262—263页。《矛盾论》原文选自《毛泽东选集》第一卷，第325页。

生产关系也影响生产力的发展，生产力也依赖生产关系。生产关系虽然是依赖生产力的发展而发展，但同时它也反转来影响生产力。因为社会的生产力是不断地向前发展的。当生产关系适合于生产力的性质和状况，并使生产力有发展余地时，它能助长生产力的发展；反之，当生产关系不适合于生产力的性质和状况，并使生产力无发展余地时，它就障碍生产力的发展。这是生产关系对于生产力的反作用。在这种时候，生产关系对于生产力就占据主要地位了。不过这种情况不能持久，生产关系不能长此落后于生产力的发展，它迟早必定适合于生产力的发展水平，适合于生产力的性质。这即是说，生产力仍要占据矛盾的主要地位。但是，生产关系为什么能障碍生产力的发展呢？因为生产力说明着人们用怎样的生产工具生产他们的物质资料的问题，而生产关系则是说明着生产资料归谁所有的问题，即归社会所有或归个人所有的问题。在阶级社会中，生产资料归特殊阶级所独占，而别的阶级则丧失生产资料。例如，在资本主义社会中，生产资料归资产阶级所独占，无产阶级则除劳动力以外，一无所有。所以资本主义的生产关系，即是资产阶级和无产阶级的关系，是剥削和被剥削的关系，即是财产关系。资本主义社会的生产关系障碍生产力的发展，即是资本家的财产关系起着障碍的作用。这种障碍生产力发展的实例，便是资本主义国家中所发生的经济危机。因为生产资料的资本主义私有制是和生产过程的公共性质，和生产力的性质不相适合的，所以才发生经济危机。为要使生产力得以顺利发展，就必须打破资本主义的生产关系，建立适合于生产过程的公共性质，即适合于生产力的性质的新生产关系——社会主义的生产关系。这是必须由无产阶级革命来实现的。在社会主义社会中，生产关系一定要适合于生产力的性质这一经济法则，仍然是发生作用的，即生产关系落后于生产力的发展的事实仍是客观地存在着。但以生产资料的社会所有制为基础的社会主义的生产关系和生产力的矛盾，是非对抗性的矛盾，人们一旦发现生产关系不适合于生产力的发展时，随时可以改变那种生产关系使适合于生产力的性质，促进生产力的向前发展。

有人说，理论和实践的矛盾，实践是矛盾的主要方面，它们的地位并不互相转化。这种见解同样是错误的。革命的实践对于革命的理论，固然占据主要地位，但革命的实践如果没有革命的理论做指导，就会变为盲目的实践，必然要遭到失败。列宁说过："没有革命的理论，就不会有革命的运动。"所以当着无产阶级要实行革命而缺乏革命理论做指导的时候，革命的理论的创立和提倡，就要起主要的决定的作用了。就中国人民百多年来革命的历史来看。从一八四〇年的鸦片战争开始，经过太平天国运动、中法战争、中日甲午战争、戊戌政变、义和团运动、辛亥革命，以迄"五四"运动以前为止，中国人民反帝反封建的革命，是不屈不挠、再接再厉地进行着，但因为一直没有建立起与中国革命的具体实践相结合的革命理论，所以都没有得到胜利。在这个期间，"先进的中国人，经过千辛万苦，向西方国家寻找真理。洪秀全、康有为、严复和孙中山，代表了在中国共产党出世以前向西方寻找真理的一派人物"。"中国人向西方学得很不少，但是行不通，理想总是不能实现。多次奋斗，包括辛亥革命那样全国规模的运动，都失败了。"（《论人民民主专政》）① 但自从十月革命给我们送来了马克思列宁主义这个放之四海而皆准的普遍真理以后，中国革命的面貌就起了变化了。毛泽东同志说："灾难深重的中华民族，一百年来，其优秀人物奋斗牺牲，前仆后继，摸索救国救民的真理，是可歌可泣的。但是直到第一次世界大战和俄国十月革命之后，才找到马克思列宁主义这个最好的真理，作为解放我们民族的最好的武器，而中国共产党则是拿起这个武器的倡导者、宣传者和组织者。马克思列宁主义的普遍真理一经和中国革命的具体实践相结合，就使中国革命的面目为之一新。"（《毛泽东选集》第三卷，第七五四页）② 而马克思列宁主义的普遍真理与中国革命的具体实践之结合，正是毛泽东思想。中国人民革命由于有了毛泽东思想的指导，所以能够从胜利走向胜利。这是革命理论对于革命实践起着主要的决定的作用之良好的例证。

又如我们要做任何一件工作（即实践），必须有一定的方针、方案、计划和政策，作为工作的指导。这方针、方案、计划和政策，对于那个工作就成为主要的决定的东西。现在，我们新国家为了准备大规模的经济建设，正在制订着伟大的经济计划，作为全国人民奋斗的目标。计划对于建设的主要的决定的作用是很明显的。

有人说，经济基础和上层建筑的矛盾，经济基础是矛盾的主要方面，它们的地位并不互相转化。这种见解同样也是错误的。"基础是社会发展的一定阶段上的社会经济制度。上层建筑是社会的政治、法律、宗教、艺术、哲学的观点，以

---

① 毛泽东：《论人民民主专政》，载《毛泽东选集》第四卷，第 1469—1470 页。
② 毛泽东：《改造我们的学习》，载《毛泽东选集》第三卷，第 796 页。

及同这些观点相适应的政治、法律等设施。"(斯大林：《马克思主义和语言学问题》)① 基础是第一性的东西，上层建筑是第二性的东西，是从基础产生的东西。斯大林所说基础是社会发展在某一阶段上的社会经济制度，即是和一定发展阶段上的生产力水平相适合的生产关系的总和。随着生产力由一个阶段发展到较高的阶段时，生产关系也随着发展到较高的阶段，即一种社会经济制度转变为较高阶段的经济制度。所以社会的经济基础随着生产力的变化、发展而变化、发展的。由于社会的经济基础变化，那从基础产生并适合于基础的上层建筑也随着发生变化。上层建筑是为基础服务的。

在对抗性的社会中，上层建筑是独占生产资料的阶级为了巩固对自己有利的经济制度而建立的，是它用以统治被剥夺了生产资料的阶级的工具。这个统治工具分为物质的和精神的两种。物质的统治工具，是国家、法庭和警察之类的强制机关。精神的统治工具，是政治、法律、宗教、艺术、哲学的观点。而那些强制机关的政治法律制度，则是与那些观点相适合的。例如帝国主义国家，资产阶级为了统治无产阶级，不但利用法庭和警察(有时调用军队)镇压无产阶级的反抗；并且利用学校、书店、报馆、教会、戏院、电影公司、广播电台等等，传播资产阶级思想，企图在精神上麻醉无产大众，借以维持资本主义私有制。所以资本主义社会的上层建筑反映资本主义的经济基础，并为经济基础服务。

经济基础对于上层建筑，占据主要地位，这是很明白的道理。但是，上层建筑虽由基础产生并反映基础，却并不是说上层建筑对于基础是完全被动的、消极的东西。上层建筑一旦成立以后，它对于基础就具有能动的、积极的力量。斯大林说："上层建筑是由基础产生的，但这绝不是说，上层建筑只是反映基础，它是消极的、中立的，对自己基础的命运、对阶级的命运、对制度的性质是漠不关心的。相反地，上层建筑一出现，就成为极大的积极力量，积极促进自己基础的形成和巩固，采取一切办法帮助新制度去根除，去消灭旧基础和旧阶级。不这样是不可能的。基础创立上层建筑，就是要上层建筑为它服务，要上层建筑积极帮助它形成和巩固，要上层建筑为消灭已经过时的旧基础及其旧上层建筑而积极斗争。"(《马克思主义和语言学问题》)② 所以，上层建筑一旦成立以后，就成为极

---

① 斯大林：《马克思主义和语言学问题》，载《斯大林选集》下卷，人民出版社 1979 年版，第 501 页。(与李达引用的版本有些微差异。——引者注)

② 同上书，第 502 页。

大的积极的力量，它能加速社会的发展，也能延缓或阻碍社会的发展。例如资产阶级推翻封建社会以后，就建立了适合于资本主义经济制度的上层建筑——资产阶级的国家机关和资产阶级的政治、法律、宗教、艺术、哲学等观点，积极帮助资本主义经济制度的形成和巩固，并采取一切办法帮助资本主义的制度来摧毁和消灭封建主义的制度与封建阶级，因而使资本主义得以向前发展。但是到了生产力发展到一定程度时，就和资本主义的生产关系发生冲突，而资本主义的生产关系就障碍新生产力的发展，于是，资本主义的经济基础就发生动摇而逐渐衰亡下去。可是，资产阶级却凭借资本主义的上层建筑，镇压无产阶级的革命运动，企图保存那衰亡着的资本主义的经济基础。于是，资本主义的上层建筑就阻碍社会的发展。于是，在新生产力和资本主义的生产关系互相冲突的基础上，就产生出马克思主义。马克思主义就动员无产阶级，组织无产阶级。无产阶级组织起来，就成为强大的革命力量，能够推翻资本主义的上层建筑，建立起革命的政权，用强力消灭资本主义的经济制度，建立社会主义的经济制度。中国半殖民地半封建的生产关系，多年来障碍着新生产力的发展，可是封建的买办的法西斯主义的上层建筑却竭尽全力保存着腐朽的衰亡的经济基础。但用毛泽东思想武装着的工人阶级及其司令部中国共产党，组织了以工人阶级为领导、以工农联盟为基础、并团结小资产阶级和民族资产阶级的人民民主统一战线，成为强大的革命力量，终于推翻了国民党反动政府，建立了人民民主专政的国家，消灭了半殖民地半封建的经济制度，建立了社会主义的经济制度。由此可见，上层建筑虽由经济基础产生，而在它产生以后，却成为强大的积极的力量。

从上面那些说明看来，生产力、实践、经济基础，一般地表现着为主要的决定的作用，这是毫无疑问的，然而，生产关系、理论、上层建筑这些方面，在一定条件之下，又转过来表现其为主要的决定的作用，这也是必须要承认的。我们这种说法，是合乎辩证唯物论的。因为我们承认：在总的历史发展中，物质的东西决定精神的东西，社会的存在决定社会的意识。这就是说：承认社会的物质生活、社会的存在是第一性的现象；社会的精神生活、社会的意识是第二性的现象。精神生活是物质生活的反映，社会意识是社会存在的反映。总起来说，社会的思想、理论、观点等是社会物质生活条件的反映。我们必须从社会物质生活条件去说明社会的思想、理论、观点，决不能从社会的思想、理论、观点去说明社会物质生活条件。即是要从社会存在去说明社会意识，决不能从社会意识去说明社会存在。所以，社会存在对于社会意识具有决定的作用。但是不能因此就说社会意识对于社会存在没有反作用。在社会历史和社会生活中，社会意识也具有积极的反作用。在对抗性的社会里，有旧的社会的思想、理论和观点，也有新的社会的思想、理论和观点。前者是为腐朽的反动的阶级的利益服务的，它们所起的反作用，是阻碍社会的发展；后者是为新兴的革命阶级的利益服务的，它们对于旧社会的反作用，是消灭旧社会，建立新社会。所以当着旧社会开始衰亡，当着社会物质生活条件已在社会面前提出新任务时，就产生出新的社会的思想、理论和观点，成为新兴的革命阶级的精神武器，化为物质的力量，能够摧毁旧的社会生活秩序，建立新的社会生活秩序。反映了中国社会发展规律的毛泽东思想一经掌握了人民大众，便成为强大的物质力量，所以中国的人民革命能够从胜利走向胜利。社会意识对于社会存在的反作用，是非常重大的。①

关于这一有趣段落，需要指出的第一点是，毛泽东读过它，并认为它是对自己关于生产力和生产关系、理论和实践、经济基础和上层建筑的观点的合理解释。因为毛泽东读过并赞同李达的解释，它完全可以看作实际上是毛泽东的马克思主义理论的扩展。这是一段由一位堪称中国最著名的马克思主义理论家和老朋友所写的解说。毛泽东尊重李达的解说，而且我们知道他还非常赞赏这些解说著作。虽然这一段话明显反映了李达的观点，但其目的是扩展、阐释毛泽东对马克思主义理论中的社会变革原因的理解。于是，这一段话具有双重意义：它不仅标示着李达对毛泽东思想这一新正统的基本特征的理解，而且提供了深入洞察毛泽东关于马克思主义的哲学和理论维度的观点的可能性。

第二点是，有必要强调李达和毛泽东都反对历史唯物论的机械论阐释，这一阐释认为生产力、经济基础和实践一成不变地起着主要的、决定的作用。由于这一阐释是机械论的，所以它不能充分关注社会形态的各种维度之间的相互联系和相互作用特征。在其看来，生产力始终决定生产关系，经济基础总是决定上层建筑，实践总是决定理论。李达和毛泽东都觉得这一观点不能把握社会形态和社会变革过程的复杂性，是坏的马克思主义，因为它没有运用马克思主义哲学的基本前提来阐释社会。如果辩证法的法则是普遍的，它们必须适用于社会形态中的各种关系。所以，生产力与生产关系之间的关系必然是辩证的。虽然前者通常保持

---

① 李达：《〈实践论〉〈矛盾论〉解说》，第262—270页。

主导地位，但在二者之间的关系中，后者有时候也能对前者起到反作用。这一观点没有给生产关系颁发引导历史变革的方向或速度的特许证书，因为生产关系的自主活动受到生产力存在的限制。生产力是生产关系的对立面，也是矛盾的主导方面。生产关系不能离开生产力而存在。生产关系影响生产力的能力是有限的；在生产力处于发展中时，生产关系能够阻碍生产力的进一步发展，或者在显著变化后推动生产力的进一步发展。生产力最终占据主导地位，因为生产力持续发展的动力推动着社会变化的整个过程。

同样的分析形式适用于李达和毛泽东关于经济基础和上层建筑、理论和实践之间关系的观点。经济基础和实践占据最终的主导地位，但上层建筑和理论在一定的历史条件下能够起到同样的作用，尽管这一作用是暂时的、有限的。机械唯物论对这些关系的论述由于其非辩证的性质而受到李达和毛泽东的批评。他们强调，社会变革的过程是复杂的、相互作用的和发展的，也是辩证的；如果不这样思考，就是反对马克思主义理论的基本前提。略显讽刺的是，对毛泽东的马克思主义以及更为一般的中国马克思主义的评论通常采取机械唯物论的标准，把生产力和经济基础的一成不变的支配性看作是马克思主义的标准，因而把毛泽东贴上唯心论者或唯意志论者的标签，因为他主张生产关系和上层建筑在社会变化中的作用[1]。于是，那种被毛泽东本人所拒斥的马克思主义解读被用来强调他的异端邪说。然而，这些批评家们诉诸机械论马克思主义"正统"的做法实际上是陈腐过时的。毛泽东的两篇哲学文章和李达对它们的解读建立了完全不同的马克思主义的正统标准。事实上，李达在他的解说中引述了深刻影响过他和毛泽东的20世纪30年代初的苏联马克思主义哲学，用于强化他们对机械唯物论批评的正统性，以及他们关于社会变革过程的辩证观点。李达和毛泽东的观点并不新颖。正如我们在前面的章节所看到的，这些观点可以沿着长长的谱系追溯到欧洲和苏联马克思主义的主要理论家。

在结束对李达《〈矛盾论〉》解说的讨论之前，有必要提及李达所重申的对立统一法则是唯物辩证法最根本的法则。我们还记得，李达追随20世纪30年代苏联哲学的实践，在《社会学大纲》中提出了这一观点。所以，李达很乐意强化并

---

① 例如，参见斯图尔特·施拉姆（Stuart R. Schram）：《毛泽东的思想》（*The Thought of Mao Tse-tung*, Cambridge: Cambridge University Press, 1989），第 5、17、54—55、67、96、113、168、200 页。

扩展毛泽东开篇的观点，即"事物的矛盾法则，即对立统一的法则，是唯物辩证法的最根本的法则"①。李达指出，马克思和恩格斯的著作完全地贯彻着这一法则，马克思的《资本论》以及恩格斯的《反杜林论》和《路德维希·费尔巴哈和德国古典哲学的终结》"也发挥了这个法则的精神"。列宁则扫除了伯恩施坦的新康德主义的歪曲和后来普列汉诺夫的错误，解释并发展了对立统一法则，把它理解为"辩证法的最基本的、最重要的、最有决定意义的法则"。李达还指出，毛泽东紧随马克思、恩格斯、列宁和斯大林的脚步，"研究了世界无产阶级革命的经验，吸收了现代科学上的新成就，充分地、详尽地、明晰地'说明和发挥'了论对立统一法则的学说，而且具体地、灵活地、巧妙地应用了这一学说于中国革命问题，建立了中国革命的理论与政策，并用亲身领导人民革命的经验，丰富了并发展了这一学说。《矛盾论》，如同《实践论》一样，正是马克思列宁主义的普遍真理与中国革命的具体实践相结合的宝贵的理论收获。"②

四、怎样学习毛泽东思想

除了毛泽东两篇哲学文章的长篇解说，李达还撰写了许多指导读者学习毛泽东思想的文章。其中第一篇文章《读毛泽东同志在一九二六年至一九二九年的四篇著作》最初发表于1951年上半年的《人民周报》，后来被多次转载③。这篇文章论述了《毛泽东选集》第一卷前5篇文章中的4篇。李达开篇就断言，"党之所以光荣、伟大而正确，是与毛泽东思想的指导分不开的"，并认为这一指导集中表现于毛泽东逐年发表的著作之中。在1926—1929年间发表的第一篇文章《中国社会各阶级的分析》（1926年3月）中，毛泽东探讨了中国革命的首要问题，即如何分辨革命的敌人和朋友。通过运用马列主义的阶级理论，毛泽东分析了半殖民地半封建中国的各阶级，首先指出中国的资产阶级是与资本主义国家的资

---

① 《毛泽东选集》第一卷，第299页。

② 李达：《〈实践论〉〈矛盾论〉解说》，第120—121页。

③ 李达：《读毛泽东同志在一九二六年至一九二九年的四篇文章》，《人民周报》1951年第36期，亦载《人民日报》1951年8月30日和《长江日报》1951年9月9日，以及《李达文集》第4卷，第135—147页。

产阶级不同的。因为中国的资产阶级有两种不同的类型，一是买办阶级，二是民族资产阶级。买办阶级是帝国主义的代理人，而民族资产阶级既有革命性的特征，又希望与帝国主义结成同盟。但是，事实上，民族资产阶级要求建立独立的资产阶级国家的革命性使得民族资产阶级与小资产阶级和半无产阶级特别是大多数贫农阶层之间有可能建立无产阶级领导下的统一战线。所以，毛泽东很早就形成了适用于新民主主义革命时期的政治路线。同样，毛泽东很早就认定，在工人阶级领导的革命统一战线之中，农民阶级是中国革命中的最主要的同盟军。这是 1927 年他发表的《湖南农民运动考察报告》的中心观点。这一报告为工农联盟以及党与农民之间的关系奠定了理论基础。毛泽东再一次阐明了农民中的经济差别：在消灭地主的斗争中，占百分之七十的贫农能够被发动起来参与革命；占百分之二十的中农，可以团结到农会中来；占百分之九的富农可以保持中立。毛泽东也指出，农民要组成农会，从政治上打击地主，并建立农民武装，来保障他们的权利。这一时期的第三篇文献是《中国的红色政权为什么能够存在?》（1928 年 10 月）。毛泽东在这篇文章中解释了共产主义革命在中国经历了 1927 年的严重挫折之后仍能存在的原因。在这些原因中，敌人即白色政权之间的分裂，以及与敌人开展武装斗争的红军的存在和发展，极为重要；在党的正确领导下，依靠工农联盟和革命根据地的建立，中国"红色政权"不但能够存在，还会发展壮大。不过，随着红军的建立，出现了中国革命的一个新问题。这就是《关于纠正党内的错误思想》（1929 年 12 月）一文的主题。毛泽东在这里强调红军必须服从党的领导和纪律，因为单纯的军事观点没有认识到红军战斗的政治目标，因而必须被纠正。毛泽东还确立了特定的组织行为模式，包括批评和自我批评，联系群众，以及学习马克思列宁主义并应用于中国革命的具体实践。李达总结道，毛泽东的这四篇文章为中国的革命斗争奠定了逐渐走向胜利的理论基础。所以，这些文献足以表明毛泽东的"伟大的革命天才"。

李达也写过阐释和赞颂毛泽东其他著作的其他一些文章[①]。还有一些文章大体上是指导学习毛泽东著作的，也有推动应用毛泽东思想于具体领域的。属于后

---

① 例如，参见李达：《毛泽东思想的伟大胜利——为纪念中国共产党成立的三十周年和〈论人民民主专政〉发表两周年而作》，《长江日报》1951 年 7 月 2 日。

一种类型的是在"大跃进"高潮时期写的号召哲学工作者大跃进的一篇文章①。李达认为，解放以来对马克思列宁主义哲学的学习已经取得了巨大进步，但还有不少缺点。其中之一是"许多同志"不敢超过斯大林的体系，在学习哲学时相当依赖于书本和教条②，其结果是哲学研究对于中国革命和社会主义建设的实际，联系得很少。这种教条主义的学风反过来必然在哲学教育领域，产生教条主义的教风。它重视生搬硬套地学习，写作形式主义的、空洞的文章。李达呼吁进行改变，建议学习毛泽东的著作，特别是学习他的哲学著作，从而推动哲学的大跃进。李达指出，不单是要学习毛泽东著作中的"科学理论"，还要学习毛泽东"用理论联系实际的科学方法"。总之，毛泽东是"唯物辩证法的大匠"，他的每一篇著作，都是运用唯物辩证法分析历史实际和革命实际、解决中国革命和建设中的重大问题的范例。哲学工作者必须学习毛泽东写作那种为人民群众轻易理解并且成为改变世界的物质力量的文章的能力；哲学工作者要以此为榜样，要下乡下厂，参加生产斗争和阶级斗争，成为劳动群众的一员。

在"大跃进"以后，由于健康状况欠佳，李达很少写作，尽管他在20世纪60年代初仍指导修订《社会学大纲》（参见下一章）。他最后发表的文章之一是1960年的《怎样学习毛泽东思想》③。李达在开篇处就肯定了毛泽东思想的价值。他说，毛泽东的著作都是运用马列主义的理论研究中国的历史的文化的具体特点和政治经济的状况。毛泽东创立了完全中国化的马克思主义，它是革命和社会主义、共产主义建设的科学理论。一切理论工作者和实际工作者，都必须学习毛泽东思想。不过，他们应该怎样学习它呢？李达认为，学习毛泽东思想首先要学习《改造我们的学习》和《整顿党的作风》，因为这两篇文章所指示的学习马克思主义的方法，适用于学习毛泽东思想。这两篇文章的大意是，学习马克思列宁主义的首要态度是"实事求是"的态度。在端正了学习态度后，就要进一步学习毛泽东的思想方法。为此，要学习他的关于认识论的著作。这些著作有三个基本原则：

① 李达：《认真学习毛主席的著作，改正学风、教风和文风》，《哲学研究》1958年第7期，第1—2页。

② 李达在这里所处的位置略带讽刺意味，因为在解读《实践论》和《矛盾论》时他尽最大努力去调和毛泽东和斯大林的哲学差异（参见《〈实践论〉〈矛盾论〉解说》，第121—123页）。这里谈到斯大林时是以一种充满敬意的语气。

③ 李达：《怎样学习毛泽东思想》，《武汉大学人文科学学报》1960年第1期，亦载《李达文集》第4卷，第738—743页。

其一，贯彻马克思列宁主义的普遍真理和中国革命的具体实践相结合的原则；其二，贯彻辩证唯物主义，即运用矛盾的方法和阶级的分析方法；其三，强调实践在认识过程中的重要作用。李达特别重视最后一条原则，认为实践是认识的基础，是认识的真理性的标准。李达又一次得出结论，学习的材料从群众中来，理论工作者必须到工厂和农村中去，向工人农民学习。哲学社会科学工作者、文艺工作者和教育工作者都应当"确立无产阶级世界观，彻底清除资产阶级世界观，我们要努力钻研毛泽东思想，把毛泽东思想贯彻到科学研究和教学工作中去"。

五、结论

李达对毛泽东文章和思想的过分赞誉清楚表明两人之间的关系发生了变化。如今李达投入大量精力来阐释毛泽东思想，这是他在 1949 年以前根本没有做过的，那时候毛泽东较早地、孜孜不倦地研究李达的哲学和经济学著作。毛泽东对马克思主义哲学的理解确实非常受益于李达对唯物辩证法的阐释和他翻译的苏联著作。同样，虽然李达对毛泽东哲学文章的解说力图在更为广阔的马克思主义理论发展的背景下定位毛泽东的哲学思想，而不是把它们看作天才的自发创造，但是，他的解说以称赞毛泽东思想是对马克思列宁主义的发展而告终。他所使用的夸张语言确实在很大程度上揭示了李达与毛泽东之间变化了的政治关系，以及李达作为新的共产党政权的杰出知识分子和理论家的新角色。李达一生中的政治狂热时期可能已经结束了，但他的重新入党不只是带来了潜在的理论和政治影响，也带来了限制和约束。他不再能够按照自己的兴趣来写作或行动，因为如今他的生活与党紧密联系在一起，他的理论工作和政治活动的日程都根据党的要求来安排。他与毛泽东之间近三十年的私人情谊，也让这一情节变得复杂。下一章我们将会看到，李达坚持自己在中国阐释和传播马克思主义理论这一使命的努力，由于中国新正统的问题，而变得错综复杂。李达不再讨论马克思列宁主义，它们的复杂性和敏感性还不够，他探讨的是马克思列宁主义毛泽东思想。在 20 世纪五六十年代，毛泽东思想的创立者不仅活在世上，还谨慎地监督着关于他对马克思主义的理论贡献的言论。就李达赞同毛泽东对唯物辩证法的本体论和认识论的阐释而言，在 20 世纪 50 年代初，他能够发自内心地去完成详细解说《实践论》

和《矛盾论》的任务。毕竟，李达认识到毛泽东文章受到苏联马克思主义哲学的强烈影响，他自己在 20 世纪 30 年代初也受过其影响。

不过，如果李达被要求为自己不同意的观点提供理论阐释和支持，他会如何应对呢？归根到底，过去他始终是一个具有高度原则性的人，当他的观点与强权不一致时，他毫不畏惧由此招致的不幸。但是，他在 1923 年维护自己的尊严并退出共产党的选择，在 20 世纪五六十年代变得不现实了。这样的举动无异于自取灭亡的做法。不过，由于起初他能够毫无保留地支持毛泽东和党的社会主义建设，所以，他所面临的矛盾状况并不严重。李达的观点与当时的氛围保持一致。新中国政权坚持他理解并支持的那种马克思主义的理论形式和实践形式。不仅如此，他作为教育者和哲学家的才能和经验是政权所急需的。然而，到了 20 世纪 50 年代中期，李达参与了批判毛泽东所憎恶的知识分子的运动。如果让他自己选择，他是否会撰写针对胡适、梁漱溟、费孝通和其他人的尖刻的批评和谴责呢？这些批评和谴责让他在今天的中国受到指责。很可能不会。同样，如果放开手脚的话，李达可能会更为公开地表达自己对"大跃进"狂热的看法吗？李达在 20 世纪 50 年代末的著述表明，他总体上是支持毛泽东的，只是在与毛泽东私下激烈交换意见时保留自己的批评。此外，20 世纪 60 年代初，面对林彪提出的毛泽东思想是马克思主义顶峰的观点，李达表示反对，尽管他也没有公开发表自己的看法。不过，毛泽东思想的问题，即如何评价毛泽东思想在马克思列宁主义发展中的地位的问题，难以回避，也极为复杂。李达最终妥协了，他最后的主要哲学工作是修订《社会学大纲》。

下一章我们将考察李达生命的最后阶段。显然，跟毛泽东时代的其他中国知识分子一样，李达不是自由个体。他不仅有时候被迫运用自己的才能去做自己不完全赞同的事，而且在这些自己发起的工作中，他也不能完全写自己想表达的东西。他为毛泽东和党所做的服务最终仍不足以拯救他。他被"文化大革命"的风暴所打倒，他私下表达的对毛泽东的政策和林彪提出的毛泽东思想"顶峰论"的不满声音足以让他遭受陷害。

第十章　20世纪五六十年代的马克思
主义哲学和理论著作

正如我们在前面的章节所看到的，解放后李达的哲学和理论著作的风格和内容发生了显著的变化。在1949年重新入党以前，李达没有写过一篇关于毛泽东思想的文章，不过，在20世纪50年代以及60年代初，解说和传播毛泽东思想成为李达的一项主要工作。李达写作时所处的政治气候的改变以及他的地位从党外同情者到备受尊敬的党内理论家和哲学家的转变，是这一变化的原因。李达不再传播马克思主义和列宁主义哲学，而是传播中国新领导人毛泽东的思想。从20世纪50年代以及60年代初的李达著作可以明显看出，他由衷地认为毛泽东思想是马克思列宁主义的发展，所以他愿意扮演积极解说和传播毛泽东思想的角色。像往常一样，他在1949年后的大量著作涉及广泛的主题，但始终关注马克思主义理论，而毛泽东思想如今成为马克思主义理论中非常重要的部分。

李达在20世纪五六十年代的理论和哲学著作分为四类。第一类是上一章讨论过的李达对毛泽东哲学思想的解说。第二类是20世纪50年代李达批判其他知识分子的文章，这些知识分子的哲学和理论观点在党看来是错误的，具有威胁性的。第三类是他在"大跃进"期间（1958—1960）的著作。尽管李达对这场运动持审慎的保留态度，但这场运动促使他撰写了一系列讨论唯物史观以及如何在社会主义社会阐释唯物史观等问题的文章。第四类是他在毛泽东的建议下对自己在20世纪30年代的经典著作《社会学大纲》的修订。最后一项工程在李达有生之年未能完成，它的第一部分直到1978年才正式出版。不过，由于这项工程的历史揭示了一位意志坚强的知识分子在正统更迭的背景下所面临的某种张力，所以，它堪称李达的绝唱。李达在1923年通过脱党而解决了此类问题。20世纪60

年代初，由于对毛泽东的个人崇拜以及即将来袭的"文化大革命"的风暴，李达再无机会逃离。李达拒绝承认林彪所断言的毛泽东思想是马克思列宁主义的顶峰的观点。这不仅使《社会学大纲》的修订，而且使他的个人生活和学术生涯陷入了困境。直到 1966 年 8 月逝世，他都没能摆脱这一困境。

一、20 世纪 50 年代批判胡适的著作

在新中国成立以及李达重新入党后的融洽时期，这一困境似乎遥遥无期。李达以其特有的旺盛精力和劲头，投入到阐释毛泽东的理论和哲学思想的艰苦工作中，因为在李达看来，毛泽东思想发展到 1949 年，已经成为马克思列宁主义的合理的阶段，是马克思列宁主义的普遍原理在中国语境的有效的、成功的运用。我们知道，他对《实践论》和《矛盾论》的解说完全赞同毛泽东的哲学思想，他的解说只不过是用通俗易懂的语言来充实、解释毛泽东的箴言。

20 世纪 50 年代李达对毛泽东的支持不仅直接表现在他的著作中，而且表现为他在多场批判毛泽东和共产党领导层所反对的知识分子的运动中作出的贡献。李达运用自己卓越的哲学和文学才能，批判了包括胡适和费孝通在内的一批知名的哲学家和社会科学家①。虽然李达开展批判的动机明显是政治性的，其风格也是论战式的，但是，不能由此把这些批评文章简单看作是一位曾经出名的小册子作家受迫于变动的政治环境而扮演哲学舞台上的小丑角色。这是因为这些批判文章体现了李达自己在 1949 年以前的著作中所具备的深厚的哲学和理论素养。

1954 年，中国著名哲学家胡适成为一场充满恶意的运动的斗争对象，这场运动是为了败坏他的政治声誉，削弱他的实用主义哲学的吸引力。在 1954 年至 1955 年间，李达为这场运动所写的文章后来扩展为两本小册子《胡适反动思想批判》和《实用主义：帝国主义的御用哲学》②。《胡适反动思想批判》只有 5 万 3

---

① 他还撰文批判过梁漱溟和哲学家徐懋庸。参见李达：《徐懋庸对于马克思主义哲学的修正》，《理论战线》1958 年第 2 期，第 12—17 页；李达：《梁漱溟政治思想批判》，湖北人民出版社 1956 年版。

② 李达：《胡适反动思想批判》，湖北人民出版社 1955 年版；李达：《实用主义：帝国主义的御用哲学》，湖北人民出版社 1956 年版。

千字的篇幅。李达在开篇处坦率地承认自己过去在"白区"（即国民党控制区域）的大学里教书的多年里从来不曾看过胡适的著作和文章①。现在为了批判胡适，他不得不花费一个月的"忍耐工夫"来研究胡适的哲学。从第二本小册子可以看出，李达非常关注胡适的实用主义哲学传统中的英国和美国前辈：查尔斯·皮尔斯、约翰·杜威、威廉·詹姆士和斐迪南·失勒②。

李达的批判侧重于胡适的实用主义哲学的诸多假定的缺陷（presumed deficiencies）。第一个缺陷是实用主义对哲学基本问题即意识和物质的关系问题的回答。李达认为，唯物主义认为物质是第一性的，意识是第二性的。实用主义强调经验，看上去赞同唯物主义的观点，实际上通过否定经验与客观世界之间的关系、只承认个体的经验与他自己的感觉和情感之间的关系，因而倒退到唯心论的经验论。它跟马赫主义一样，主张经验是物质和意识的结合。所以，感觉和经验不是客观世界的反映，而是人的意识中所固有的东西。因此，虽然物理的对象如事实、物体、存在、宇宙、物质世界等以及精神的对象如感觉、真理、推论、思想等都能在"纯粹经验"中被描述出来，但精神的对象实际上起支配作用。认识的过程被限定为经验，认识对象就在经验自身当中，而不是去把握不依赖于人类思想的客观存在。所以，实在是人造的。在李达看来，这一观点违背了辩证唯物论，辩证唯物论强调实在的客观现实性，认为实在经由实践的中介而被人类思维所认识，实在的经验只有通过实践，通过生产和阶级斗争才能获得。这一经验反映在人类的神经系统中，形成感觉，积累起"感性经验"，进而被提炼为思维的材料。表象和概念经过这一认识过程而被创造出来，它们必须在生产和阶级斗争中接受检验，证明自身是正确的。李达批评实用主义忽视了生产斗争、阶级斗争和科学实验等社会实践的作用。实用主义所谓的"实践"是建立在主观构造的思维和概念的基础之上并加以实行的，这种"实践"的结果只不过证明了主观符合于主观，而不是主观符合于客观。③ 所以，实用主义陷入了一种不可知论，它否定了认识客观世界及其发展规律的真理的可能性④。当实证主义说到"真理"时，它指的是某种人造的东西，这是因为"认识"是关于主观经验而不是客观世界的

---

① 李达：《胡适反动思想批判》，第2—3页。
② 李达：《实用主义：帝国主义的御用哲学》，第5页。
③ 同上书，第5—6页；亦见李达：《胡适反动思想批判》，第1、4章。
④ 同上书，第9页。

认识①。主观经验能够"认识"它自己，用不着实践去发现客观世界的发展规律，只需确证思维与主观经验相一致②。

第二个缺陷，实用主义认为经验是不断进化的，因为世界和宇宙自身是不断进化的，而不是经历着剧烈的变化，尽管这种进化是渐进的。李达批评这是一种庸俗进化论的观点，它是达尔文的观点在人类历史中的简单运用，会导致拒斥革命、接受改良主义，因为即使历史上伟大的革命也被胡适看作是不断的历史演进过程的一部分③。不过，渐进改良主义的主张没有威胁到资本主义体系，反而有利于维系它。所以，胡适的罪错是宣传维护资本主义的哲学学说。李达引用的胡适改良主义的一处例子是胡适在20世纪20年代初呼吁的"好政府"。当时共产党积极开展推翻反动军阀政府的斗争，胡适却要求一个"宪法的政府"、一个"公开的政府"和一个"有计划的政治"。这种改良主义的诉求不仅无用，而且分散了开展坚决斗争的注意力，因而是维护而不是削弱了军阀政府及其支持者。④

在李达看来，实用主义的方法论是唯心论的路线。胡适继承了杜威的方法，把哲学缩减为解决人的问题的方法。由于这种方法不再承认唯物主义和唯心主义之间的斗争，它实际上是用科学取代哲学，认为仅凭科学就能研究人类面临的诸多具体问题。不过，这种方法对于道德或价值不能做出哲学的判断，也不试图这么做。所以，为了探讨社会的细枝末节问题，就忽视了社会的主要弊病，因为人生问题是适合探讨的对象。⑤ 但是，由于实用主义没有认识到社会问题不是孤立的，而是根源于资本主义的结构性特征，即以剥削工人阶级为基础的阶级体系，所以，实用主义所谓的推测性的中立性是错误的，它实际上是资产阶级的哲学。为了强调对人生问题的研究，实用主义反对马克思主义，因为马克思主义哲学反对那种琐碎的方法，认为社会的主要问题与生产和阶级关系相关联。所以，马克思主义与实用主义不同，它公开反对资本主义和帝国主义，因为它认识到这些压迫体系的相互联系的特征。⑥

---

① 李达：《实用主义：帝国主义的御用哲学》，第12—13页。
② 同上书，第13—14页。
③ 李达：《胡适反动思想批判》，第21—22、61—66页。
④ 同上书，第40—41页。
⑤ 李达：《实用主义：帝国主义的御用哲学》，第6—7页。
⑥ 李达：《胡适反动思想批判》，第1、4章。

在李达看来，胡适方法论的主要弊端是他相信社会是由无数"个人"组成的。依据这一信念，胡适必然拒绝了阶级观念及其所包含的革命性的社会变革。他的观点忽视了资本家与工人、地主与农民的差别，因为他们都只是"个人"。为了反驳胡适对个人的强调，李达插入了一段关于社会结构诸要素之间的因果顺序的公式化的引文：

> 在我们看来，胡适的社会观，完全是资产阶级的形式主义的社会观。我们知道，人类社会的历史，顺次出现了原始社会、奴隶制社会、封建社会、资本主义社会、社会主义社会五个阶段，现在正向共产主义社会迈进着。各特定阶段上的社会，都是当作特定生产关系总体看的社会。在特定生产关系（在敌对社会中即是阶级关系）总体的基础之上，有和它相适应的上层建筑，这上层建筑就是社会对于政治、法律、宗教、艺术、哲学的观点，以及适合于这些观点的政治法律等制度。这便是社会的构造。至于社会发展的原动力，是生产力和生产关系的矛盾。当生产关系适合于生产力的性质时，那种社会构造是安定的；当生产关系障碍生产力的发展时，那种社会构造便动摇起来，就会发生社会革命。进步的革命的阶级就起来推翻那种旧生产关系，建立起适合于生产力发展的新生产关系。所以生产关系一定要适合生产力性质这一法则，是一切阶段上的社会的发展的共通法则。[1]

李达最后总结这段话时说："各个阶段上的社会本身，又各有特殊的发展法则"[2]，后来又谈到哲学摆脱经济决定的"相对的独立性"[3]，不过这里没有提及上层建筑所起的能动的反作用。然而，我们将会看到，他确实回到了自己在"大跃进"期间的著作中的主题，上层建筑在这里再次起到了在他早期著作中所发挥的作用。

李达还激烈批判了胡适对中国的轻蔑态度，以及他对美国价值观和成就的崇拜。胡适在美国留学期间曾受实用主义哲学家杜威的指导，这一经历在哲学和政治方面影响了他，使得他同情美国和其他国家对中国的企图以及支持或容忍帝国

---

① 李达：《胡适反动思想批判》，第19—20页。
② 同上书，第20页。
③ 同上书，第64页。

主义侵略的中国反动势力。所以，胡适赞成袁世凯政府接受日本的"二十一条"，加入蒋介石"卖国集团"①。他自始至终反对共产党，反对反帝反封建的斗争，声称自己不过是一个"美国文化买办"②。李达嘲讽胡适把自己描绘成为"世界公民"。然而，他是一个"美国公民"，他宣称由于中国文化比实际上被美国主导的世界文化要低级，所以中国应该像美国那样发展。于是，李达很容易就把胡适看作是中国"全盘西化论"的倡导者，尽管这一说法值得怀疑，因为胡适的"全盘西化"口号只是说在一切领域谨慎地吸收西方的技术和价值，而不是不加区分地移植西方事物并拒斥一切中国事物③。

有人怀疑，胡适对西方的跪拜，是李达攻击他的真实动机。尽管李达从辩证唯物论的角度展开了对胡适的实用主义哲学的易于理解的批判，但实用主义的方法论与辩证唯物论方法论的差别无疑会让一些读者一头雾水。毕竟，这两种哲学都使用经验概念，都反对形式逻辑。④ 李达的确很难让他的读者相信，对于感性认识转变为观念和思维的问题，辩证唯物论提供了比实用主义更合乎逻辑的解决。在这一充满争议的领域，李达没有试图为辩证唯物论提供任何理论上的优势，他退回到一段关于辩证唯物论的特性和优点的论述。不过，李达对实用主义的政治和社会意义的批判最具说服力。他清楚地阐明，实用主义所主张的个人主义必然拒绝把阶级当作社会问题研究的焦点，这就有助于增强资本家的力量，因为实用主义强调"社会问题"不包括工人阶级和"劳工群众"的剥削问题，因而它丝毫不会威胁到资本主义的剥削结构。同样，尽管李达对胡适与美国密切关系的攻击严重依赖于对个人偏好的谩骂，但他能够据此得出结论，称胡适充当了为美国利益服务的文化买办。所以，胡适的实用主义就成为"帝国主义的哲学工

---

① 李达：《胡适反动思想批判》，第 51 页。

② 同上书，第 51、72 页。亦见李达：《实用主义：帝国主义的御用哲学》，第 22—25 页。

③ 李达：《实用主义：帝国主义的御用哲学》，第 24—30 页。对胡适思想中的"全盘西化"问题的讨论，参见格里德：《胡适与中国的文艺复兴：中国革命中的自由主义（1917—1937）》，鲁奇译，江苏人民出版社 1993 年版。亦见胡适：《中国的文艺复兴：哈斯克尔讲演（1933）》(*The Chinese Renaissance: The Haskell Lectures, 1933,* New York: Paragon Book Reprint Corp., 1963)，特别是第 24—26 页。胡适在这里描述了借助西方价值和习惯而对中国文化的"弥漫式的洞察"，以及"这一过程可能在解决我们生活和文化的紧迫且重要的问题中积累并且实现与新世界的精神相契合的新文明"。

④ 同上书，第 16—21 页。

具"①。

当然，李达对胡适的批判不是出于个人恩怨，因为 1954 年以前，他对胡适的哲学著作或个人生活毫无兴趣。这只能看作是 20 世纪 50 年代初的一场更为广泛的攻击胡适声誉和反对美帝国主义的一部分。美帝国主义在当时是对中国安全最大的威胁。其他许多知识分子被卷入这场运动。鉴于李达在中国哲学界的显要地位，他几乎不可能置身事外。然而，不能由此得出李达不情愿参与这场运动的印象，因为一旦这场运动的催化剂触发了他对胡适和实用主义哲学的兴趣，他就运用自己作为哲学家和宣传家的卓越技能来促成运动的成功。他甚至把自己的几篇文章寄给毛泽东，请他评论。在给李达的回信中，毛泽东指出了李达论述实用主义时存在的几个问题，同时高度肯定了李达批判实用主义的一般主旨：

> 你的文章通俗易懂，这是很好的。在再写文章时，建议对一些哲学的基本概念，利用适当的场合，加以说明，使一般干部能够看懂。要利用这个机会，使成百万的不懂哲学的党内外干部懂得一点马克思主义的哲学。未知以为如何？顺致敬意
>
> 毛泽东
>
> 1954 年 12 月 28 日②

毛泽东本人对李达参与胡适批判运动的赞许，加重了让李达不得不卷入这场运动的政治气候。他是否抵制过这些压力呢？李达的传记作者王炯华尽管对李达表示明显的同情，但严厉批评了李达哲学生涯的这一阶段。王炯华认为，李达忽视或没有充分认识到胡适的积极贡献，因而犯了"独断主义"的错误③。对此，我们可能认为王炯华的评价没有充分考虑李达在 20 世纪 50 年代初面临的政治和社会气候。即使他曾经想过避免参与这场运动，或是写一篇更为"公允的"胡适思想和生涯的批判文章（没有证据表明他有过这些想法），问题仍在于李达跟同时代的其他优秀知识分子一样，不是自由的个体，不能不顾及个人的严重后果而作出选择。1949 年他重新入党的代价是接受党的纪律以及它所暗示的一切，其

---

① 李达：《实用主义：帝国主义的御用哲学》，第 31—36 页。

② 《毛泽东书信选集》，人民出版社 1983 年版，第 487 页。

③ 王炯华：《李达与马克思主义哲学在中国》，华中理工大学出版社 1988 年版，第 247—259 页。

中之一就是李达不能站在党反对知识分子敌人的斗争之外。①

二、20 世纪 50 年代批判费孝通的著作

李达在"百花齐放"运动过后对费孝通的批判在"后毛泽东时代"的当今中国几乎被遗忘了。这就好像这场针对这位著名的、如今备受尊敬的民族学家和人类学家的社会理论的批判是一场轻率、最好被遗忘的运动。不过，李达的批判之所以有趣，是因为它表明李达对主流社会学的反对始终未变。这种主流社会学最早出现在 20 世纪 20 年代。他自己在《现代社会学》和《社会学大纲》中详细阐述过的社会学，是以唯物史观观点为前提的。所以，像费孝通那样的人类学家和社会学家没有把生产力和生产关系等概念当作出发点，而是依赖于西方"资产阶级社会学"，实际上犯了运用"买办社会学"的错误。

在写于 1957 年、出版于 1958 年 5 月的小册子《费孝通买办社会学批判》中，李达指控费孝通企图通过建立一个"社会学工作委员会"而恢复"资产阶级社会学"。费孝通是已经被戴上"右派"帽子的党外知识分子。"社会学工作委员会"计划在大学和干部学校成立社会学系。② 李达认为这是企图夺取学术思想界的领导权、反对马克思主义的历史唯物主义的重大阴谋。李达这本小册子的目的就是回答以下问题：费孝通的"资产阶级社会学"究竟是什么？它是不是科学？它为什么阶级服务？它对于"我们社会主义国家"有什么危险性？③

为了回答这些问题，李达首先考察了"资产阶级社会学"的源流。他指出，资产阶级社会学的创始人是法国人孔德。他是实证主义哲学家，认为观念是全部社会结构的基础，用知识发展的历史来说明社会发展的历史。在他看来，资产阶级社会出现于人类思维发展的最后的、实证主义阶段，是最理性的、最进步的社

---

① 略显讽刺的是，李达和胡适如今都被誉为中国杰出的哲学家，他们会出现在同一本书的不同章节中。参加李振霞主编：《当代中国十哲》，华夏出版社 1991 年版，第 1—49、423—464 页。

② 因此，费孝通被李达看作是宣扬"资本主义社会学"的主要代表人物。关于李达对中国其他"资产阶级"社会学家的批判以及对费孝通的更多批判，参见李达：《资产阶级社会学说的批判》，《理论战线》1958 年第 9 期，第 29—42 页。

③ 李达：《费孝通的买办社会学批判》，湖北人民出版社 1958 年版，第 1 页。

会。所以，巩固资产阶级社会的"秩序"是极端必要的，应该支持资产阶级去反对封建贵族和新兴的无产阶级。他的社会学就承担了这一任务。社会学中拥护资本主义、反对无产阶级的主题被斯宾塞的生物学主义的社会学说继承。他把人类社会比拟为动物有机体，把社会分为剥削者和被剥削者、统治者和被统治者，视之为合乎自然的规律的。于是，资本主义是没有内在矛盾的，阶级斗争观念被拒绝了。生物学社会主义的一个流派是社会达尔文主义，它把资产阶级对无产阶级、帝国主义对弱小民族的统治看作是合乎自然界的竞争法则的。另一个流派把人种和民族当作历史的根本要素，把人种和民族间的斗争看做历史进化的动力。这一学说把白色人种当作文化的创造者，认为他们有权统治和剥削黑色和黄色人种。①

不过，帝国主义时代的"资产阶级社会学"的一个主要潮流是心理学派的社会学。这种社会学主张社会是由人们的心理相互作用构成的，这种心理的相互作用即是社会学的对象。拥有高级心理的人物或国家能够统治他人。这种社会学还认为，人类知识是社会变化的首要动力，要改良社会学，必先改造人心；要改造人心，必须依赖于教育。李达反驳道，执行教育权的人却是那些具有高级知识的人，而"接受教育"的人们就属于无产阶级和劳动大众②。

此外，"资产阶级社会学"还包括马尔萨斯主义的人口论和李达所称的"形式社会学"。尽管"资产阶级社会学"有这些流派，但它们都具有以下特征：1.它们采取唯心主义的社会观，用社会意识说明社会存在；2.因为它们害怕社会发展的客观规律，因而否认它，企图证明资本主义制度是万古长存的；3.它们反对马克思主义，特别是反对历史唯物主义；4.它们反对无产阶级革命，鼓吹改良主义；5.它们为资产阶级对于无产阶级的统治和剥削作辩护；6.它们为帝国主义的侵略制造理论的根据。

与"资产阶级社会学"不同，历史唯物主义是关于社会发展规律的唯一科学，它是科学的社会观和方法的统一的科学，是社会的理论与社会的实践的统一的科学。在李达看来，共产党在苏联、中国和其他国家的经验证明了历史唯物主义的真理性③。

① 李达：《费孝通的买办社会学批判》，第2—4页。
② 同上书，第5页。
③ 同上书，第5—6页。

　　李达指出，费孝通的"中国社会学"是具有中国色彩的"资产阶级社会学"。他的社会学研究可以分为两个主题：乡村社会学和社会结构分析。在费孝通看来，中国社会结构的模式是儒家所提供的，这个社会结构以人伦为本位，以亲属关系为基础；这个社会秩序的维持，依靠"礼治"。此外，中国的经济结构是一种"匮乏经济"，它有着丰富的人口，贫瘠的资源，最适合马尔萨斯的人口论。因为中国人受儒家影响而重视礼，他们不向自然界去会争取，因而科学技术不够发达，这导致经济停滞和匮乏。费孝通看不到经济现代化的希望，以为中国只不过是工业国家的市场。他认为中国经济增长唯一的希望是在乡村建立小型工厂和工业。然而，由于中国社会结构的悠久性，费孝通认为它比西方社会结构要优越。[①]

　　李达还批判了费孝通的"中国社会学"的抄袭特性。他指出，费孝通的"中国社会学"大部分来自梁漱溟同样强调传统中国社会的礼治、伦理本位和亲族关系的著作[②]。梁漱溟和费孝通都用唯心主义的中国历史观、社会观反对马克思主义的中国历史观、社会观；他们都否认社会发展的客观规律以及阶级和阶级斗争的存在。在政治上，他们都反对共产党领导的反帝反封建的革命。在解放前夕，解放区正在大规模地进行土地改革时，费孝通反对农民掌握土地，劝地主把资本从土地转移到工业方面[③]。

　　李达接着批判了费孝通的社会调查。他指出，费孝通是马林诺夫斯基的门徒。马林诺夫斯基运用功能主义的观点分析殖民地人民的社会制度、风俗和习惯。[④] 李达嘲讽费孝通对马林诺夫斯基方法的运用，因为这是一个中国文化社会学者用调查殖民地人民的方法来研究社会主义中国的乡村生活。这番调查的结果是一篇关于中国乡村的小册子，它论述了农民对合作化政策的不满，把土地改革看作是一个错误，实际上宣传了半殖民地半封建主义的优越性。不过，李达论证道，费孝通对中国乡村生活的描述是不准确的，李达根据经验证据表明中国的生

---

① 李达：《费孝通的买办社会学批判》，第 11 页。

② 李达在 20 世纪 20 年代初的著作中就已经充分批判过梁漱溟。参见《李达文集》第 1 卷，第 57—74 页。

③ 李达：《费孝通的买办社会学批判》，第 13 页。

④ 实际上，20 世纪 30 年代末在伦敦经济学院，费孝通作为一名博士生，曾在马林诺夫斯基的指导下学习。更多信息可参见詹姆士·麦高夫（James P. McGough）：《费孝通：一位中国知识分子的困境》(*Fei Hsiao-t'ung: The Dilemma of a Chinese Intellectual*, New York: M.E. Sharpe, 1979)。

活由于共产党领导的解放和农村政策而确实有所改善①。他还补充道，费孝通对中国少数民族的调查工作同样是引用马林诺夫斯基的方法而非马克思的方法②。

　　跟对胡适的攻击一样，李达对费孝通的批判也包含一些谩骂。例如，李达称费孝通在中国用英文写成《中国农民生活》一书并在英国和美国出版，这一做法是把殖民主义者的知识分子当作目标读者③。费孝通还被认为是地主富农的"救星"④。撇开这些谩骂不谈，李达对费孝通社会学的批判确实反映了一种试图揭穿站在马克思主义的历史唯物主义对立面的理论的充满论辩的、严肃的努力。正如李达花费大量精力研究胡适的实用主义哲学，他为了理解费孝通社会学著作的前提和方法论，也研究了这些著作。不过，李达对费孝通的批判不只是他坚持马克思主义理论立场的结果，也是 1956 年至 1957 年"百花齐放"运动失败后盛行的政治气候的产物。费孝通是中国最杰出的社会科学家之一，曾任中央民族学院副院长、国务院专家局副局长。他还曾是中国民主同盟中央常委之一。1957 年 3 月，费孝通在《人民日报》发表了《知识分子的早春天气》一文。他在文中指出，通过国内各地的旅行发现，中国知识分子担心政治的"早春天气"。也就是说，因为他们以往的经验表明政治气候急剧变化，春天的和煦天气很快会走向严寒，所以他们不信任"大鸣大放"的邀请。由于费孝通的这篇文章和其他活动，他很快被毛泽东宣布为"大右派"，尽管毛泽东自己说通过劳动而进行的思想改造可能不适合像费孝通这样的"肩不能扛"的"大知识分子"，他们的"手提不起任何东西"⑤。费孝通宁愿遭到像李达这样的知识分子的抨击，这些知识分子坚定支持共产党，聚齐在一起高喊反对修正主义和右翼机会主义⑥。

---

① 李达：《费孝通的买办社会学批判》，第 16—18 页。

② 同上书，第 20 页。

③ 同上书，第 14 页。有人会好奇李达是否读过这本书的英文原版，因为它当时尚未被译为中文。关于这本书的中文版，参见费孝通：《江村经济：中国农民的生活》，商务印书馆 2001 年版。

④ 李达：《费孝通的买办社会学批判》，第 19 页。

⑤ 参见 Roderick Macfarquhar, *The Origins of the Cultural Revolution: I Contradictions Among the People, 1956—1957* (London; Oxford University Press,1974),pp. 200, 277；亦见迈克尔·卡乌（Michael Y.M. Kau）、约翰·梁（John K. Leung）主编：《毛泽东著作选（1949—1976）：第 2 卷，1956 年 1 月—1957 年 12 月》(*The Writings of Mao Zedong 1949—1976: Volume II, January 1956 - December 1957*, Armonk, New York: M.E. Sharpe, 1992)，第 600、662、665、733、735 页。

⑥ 关于批判费孝通的运动的更多信息，参见麦高夫（McGough）：《费孝通：一位中国知识分子的困境》(*Fei Hsiao-t'ung: The Dilemma of a Chinese Intellectual*)。

三、"大跃进"时期的理论著作

从后来 1966 年"文化大革命"开始时降临在李达身上的厄运来看，他在 20 世纪 50 年代的批判著作仿佛具有讽刺性，因为他反过来成为一场残酷的诽谤运动的攻击对象，他在运动中被当作"反对毛泽东思想、反党、反社会主义的资产阶级代表"①。实际上，李达遭到的攻击比他自己对其他人的攻击更为严重，因为尽管李达对胡适和费孝通的批判很尖锐，但这些批判建立在全面研究他们著作以及通过认真的逻辑的分析来反驳他们哲学和理论的基础上。他没有受到这样的对待。一场谩骂和虐待的洪流将他在中国阐释和传播马克思主义逾 40 年的服务一笔勾销。

不过，当李达从前准备为之奉献才能和精力的正统已经发生了他所认为的自我夸大的转变时，他遭到的攻击还为时尚早。李达对毛泽东思想的指导性智慧的怀疑首先出现在"大跃进"初期。正如我们在第一章所看到的，1958 年 10 月他与毛泽东之间坦率的、激烈的交流集中于过分强调主观力量和上层建筑在推动社会变革中的作用是否合适的问题。李达批评毛泽东过于强调主观力量和上层建筑的作用。虽然李达从未支持过对历史唯物主义的机械论的经济主义的解释，但他确实反对那种认为在缺乏一定的物质条件的情况下群众的主观热情足以推动社会变革到毛泽东所希望的程度的观点。不过，李达对"大跃进"的理论前提和实践意义的保留意见没有公开发表。实际上，在 1958 年至 1960 年间，他写了一本小册子和一系列主要发表于《理论战线》的文章，阐释了历史唯物主义，并在社会主义过渡的背景下应用历史唯物主义。这些著作包含了对解放以来实施的社会化和合作化政策的强调支持，也可以解读为是对"大跃进"的辩护②。因为我们将会看到，李达赋予上层建筑以一种反作用于经济基础，以及推动经济基础的建立、巩固和发展的能动能力；他还论述了社会主义背景下的生产关系，认为它是

---

① 宋镜明、李群德：《坚持马克思主义的典范：李达晚年在武汉的活动》，载夏培东主编：《武汉风云人物》第 3 辑，武汉大学出版社 1991 年版，第 39 页。

② 特别参见李达：《我国现阶段的上层建筑和经济基础的关系》，《学习》1958 年第 12 期，第 8—10 页；以及李达：《从社会主义到共产主义》，《理论战线》1959 年第 8 期，第 34—45 页；李达：《共产主义社会的两个阶段》，《武汉大学人文科学学报》1959 年第 1 期，第 1—7 页，特别是导言部分。不过，在第 3 页，李达认为从社会主义向共产主义的过渡是逐步的，不是经过"革命爆发"来实现的。

生产力快速发展的主要推动者①。毛泽东应该不会反对这些观点②。不过，在李达对历史唯物主义的认真详细的阐释中，我们会认为他反对那种主张上层建筑和人类意识具有几乎不受限制地发动社会变革的能力的观点，李达称它们只具有区别于经济决定性的"相对独立性"。所以，李达与毛泽东之间的分歧不在于上层建筑是否具有能动作用，因为他们都认为它具有。他们不一致的地方在于这一作用的程度，以及这一作用在多大程度上受限于经济基础的发展。③

李达在"大跃进"期间的理论著作包括以下主题：第一，他重申了受一般发展规律支配的一切社会都经历原始的、奴隶制的、封建的、资本主义、社会主义的生产方式并通向共产主义的标准观点。他在解释这一历史顺序时指出，每个民族的发展也被它自身的特殊条件所决定，一般发展规律和特殊条件交织在一起。这些特殊条件可能包括这个民族处在怎样的历史阶段、它的内部条件和外部条件、它与别的民族接触以后发生了什么影响。李达以原始日耳曼民族为例，它在罗马的奴隶制度崩溃以后，直接从半封建半奴隶制的社会进入到封建制。同样，在资本主义时代，欧洲强国利用武力征服"落后"的民族，使它们变成殖民地，并向它们输入资本主义生产方式；随着社会主义阵营的出现，更为强大的社会主义社会帮助蒙古等"落后"的社会从封建制阶段直接进到社会主义。④

李达继续指出，一切民族走向社会主义必须遵循不依赖于人们意志的独立的共同规律。例如，一切民族必须建立社会主义民主，建立无产阶级专政，消灭旧

---

① 特别参见李达：《整风运动的辩证法》，湖北人民出版社1958年版，第6—8页。

② 关于对这一时期毛泽东所理解的唯物史观的阐释，参见N.J.奈特（N.J. Knight）：《毛泽东与历史：一篇关于毛泽东哲学历史中若干问题的解释性论文》（*Mao and History: An Interpretive Essay on some Problems in Mao Zedong's Philosophy of History*），第4章。以及保罗·希利（Paul Healy）：《毛泽东与经典马克思主义：1955年后毛泽东思想中的认识论、社会形态、阶级和阶级斗争》（*Mao and Classical Marxism: Epistemology, Social Formation, Classes and Class Struggle in Mao Zedong's post-1955 Thought*, Unpublished Ph.D thesis, Griffith University, 1988）。

③ 体现李达对"大跃进"的更为谨慎的态度的一个例子是他建议办好人民公社所需要的三个条件：一是大规模地进行共产主义思想教育；二是有计划地发展生产；三是在发展生产的基础上，逐步改善人民的生活。这些条件可以解读为对"大跃进"政策的温和批评，因为"大跃进"没有为大规模变革进行意识形态的准备，没有以计划的方式发展生产，也没有逐步地改善人民的生活。李达确实感到"大跃进"让群众的生活变差了。参见李达：《共产主义社会的两个阶段》，第5页。

④ 李达：《社会主义革命与社会主义建设的共同规律》，《理论战线》1958年第2期，第35—40页。1958年由湖北人民出版社出版同名单行本。

社会的剥削制度。不过，各个民族有自己的特点，这些规律起作用的形式由于这些特点而各不相同。这些特点包括工业发展的水平、人口多少、旧统治阶级的力量、地理条件、民族的历史传统和心理素质。所以，各国为建设社会主义而实行的政策虽然各不相同，但这些政策必须与一切社会实现这一转变的共同规律相一致。因此，苏联的社会主义革命和建设的经验包含了适用于其他国家的基本经验和苏联所特有的特殊经验。中国革命的基本经验有武装斗争、共产党领导下的工农联盟，中国社会主义建设的基本经验有社会主义工业化、土地合作化和消灭剥削。这些经验反映了苏联的基本经验，当然也与中国自己的特点相适应。各国的共产党必须在忽视自己民族的特点与夸大这些特点之间探索一条道路。前一种策略是教条主义倾向，后一种是修正主义倾向。要避免这些陷阱，马克思主义的政党必须应用辩证唯物主义的观点去观察问题，对事物作全面的具体的分析，实现理论与实践相统一。①

李达在"大跃进"期间著作的第二个重要主题是经济基础与上层建筑之间的因果联系。李达指出，历史唯物主义的对象是发现社会发展的一般规律，这些规律最为关注的是各种社会领域中的因果联系。历史唯物主义按照社会存在决定社会意识这一唯物主义原理，把社会理解为"社会经济形态"。李达认为这一概念是历史唯物主义的基本概念，因为通过它可以发现历史过程的物质基础发展的趋向。由物质生产力量产生的生产诸关系的总和，形成社会的经济构造即社会的基础。在这一社会基础上，有依赖于它而树立起来的法律的政治的上层建筑，还有与它相适合的一定的社会的意识形态，即哲学、自然科学、社会科学、文学、艺术、道德、宗教等等。李达形容社会经济形态以及它的组成部分之间的关系的图解让人联想起20世纪20年代杉山荣的描述。李达将杉山荣的著作译成了中文（参见第五章）。②

尽管这一图解表明经济基础与上层建筑之间相互影响，但李达强调经济基础在社会经济形态中具有因果优先性即"决定作用"。不过，上层建筑显然不是被

---

① 李达：《社会主义革命与社会主义建设的共同规律》，《理论战线》1958年第2期，第35—40页。1958年由湖北人民出版社出版同名单行本。

② 李达：《历史唯物主义的对象》，《理论战线》1958年第2期，第82页。可与杉山荣《社会科学概论》中的图表进行比较，参见杉山荣：《社会科学概论》，李达、钱铁如译，昆仑书店1929年版，第100、150页。

动的反映，因为它有能力反作用于经济基础，使基础受到一定的影响。李达仍然强调，上层建筑影响基础的反作用是从基础得到力量的，基础如果发生变化，上层建筑也必随着变化，因而社会全部性质也随着发生变化，于是那个社会形态就转变为高级社会形态。社会经济形态的更替是由于生产力和生产关系的矛盾的发展所引起的，并且表现为阶级斗争。不过，李达再次尽力指出，历史发展的一般规律的表现受到每一社会的特殊性的支配。历史唯物主义所研究的是一定历史阶段上的社会，是一般发展规律和特殊性的统一。①

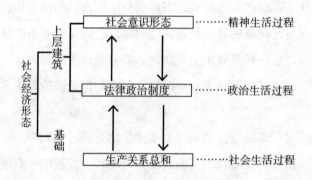

图表 10.1 李达的社会经济形态概念

李达进一步区分了经济基础的不同方面。根据马克思的观点，生产力被定义为劳动过程。它包括劳动力（劳动者的生产经验和劳动技能）、劳动工具（劳动者在劳动过程中运用自己的经验和智慧创造出来的生产工具）和劳动对象（劳动者运用劳动工具制作生产物时所必不可少的物质资料）。劳动过程中的这三个要素缺一不可；如果缺少了一个，人类便不能生产。这三个要素还必须以适当的方式结合起来。不仅如此，劳动过程只能在一定的社会关系的条件下进行。生产力与生产关系不可分离，因为生产力反映了特定阶级关系的内容，而生产关系是生产力发展的形式。生产力与生产关系的总和构成了经济基础。② 因此，生产力与

---

① 李达：《历史唯物主义的对象》，《理论战线》1958 年第 2 期，第 82—98 页。

② 李达反对有些同志把生产力摒除于经济基础之外的观点，认为生产力和生产关系形成为对立的统一，不能将二者割裂。参见李达：《生产力与生产关系（续）》，《理论战线》1958 年第 5 期，第 40—48 页。对毛泽东在唯物史观解释中将生产力摒除在经济基础之外的观点的分析，参见 N.J. 奈特（N.J. Knight）：《毛泽东与历史：一篇关于毛泽东哲学历史中若干问题的解释性论文》（*Mao and History: An Interpretive Essay on some Problems in Mao Zedong's Philosophy of History*），第 265—359 页。

生产关系之间存在统一的关系，在这种统一中，生产关系能对生产力起到阻碍或推动的作用。由生产力所创造的生产关系具有"相对独立性"，不过生产力在它与生产关系的对立统一中具有优越性。① 生产力不断发展，生产关系适应于生产力的发展，尽管它们之间的任何和谐状态都只是暂时的现象。由于以前相适合的生产关系现在成为日益阻碍生产力进一步发展的落后事物，生产力与生产关系之间最终存在冲突。生产力与生产关系之间的矛盾是转变为更高生产方式的推动力。② 这一矛盾存在于一切社会。这种矛盾在对抗性社会或非对抗性社会中都存在。在对抗性社会中，生产力与生产关系的矛盾带有对抗的性质，只能通过暴力和阶级斗争来解决。不过，在社会主义社会，由于公有制和"同志间"的互助合作关系，这一矛盾不含有对抗的性质。③

　　李达强调纯粹形式的生产关系是不存在的。他指出，马克思从许多资本主义社会的经验中抽象出他所研究的"纯粹的"资本主义生产关系，但他意识到，所有社会的经济构造都是相当复杂的，新的时代都残留了旧时代的经济形式。生产关系中的阶级构造由于社会形态差异而各不相同。虽然美国和英国的社会形态都受资本主义生产方式支配，但它们的阶级关系不同。美国不像英国那样还有封建残余，却有过奴隶制基础上的生产方式。但是，这两个国家中占统治地位的阶级关系，仍然是资本主义的经济形式，是资本家与无产阶级之间的关系。不过，李达强调，必须把握社会经济构造的复杂性，以及它的多样的阶级组成，因为只有这样，才能理解上层建筑的复杂性以及政治和意识形态斗争的复杂性。由于其他阶级会产生作用于上层建筑的行为形式和思维模式，所以，那种把上层建筑当作一定社会的单一的统治阶级的上层建筑的说法是缺乏根据的。

　　经济基础中存在的矛盾反映于上层建筑，在阶级社会，这一矛盾本质上是对抗性的。李达列举了一些资本主义国家的无产阶级施加政治影响的例子。这些影响足以动摇上层建筑，迫使资产阶级调整政权和武装力量，以缓解上层建筑领域的威胁。政权和武装力量本身就是上层建筑的因素。同样，各种思想意识也是生产关系在上层建筑中的反映，它们一旦产生就会影响不同阶级之间的斗争的结

---

①　李达：《历史唯物主义的对象》，《理论战线》1958年第2期，第46页。"生产力是生产过程中最活动最革命的要素"。

②　同上。

③　李达：《生产力与生产关系（续）》，第47页。

局。在资本主义国家，经济领域的统治阶级也会统治意识领域。资产阶级利用各种宣传工具（学校、报纸、广播、新闻、电影、教堂）来传播反动思想，削弱无产阶级和广大群众的革命意志和决心。它还采取策略，在工人贵族中鼓动改良主义。随着无产阶级从"自在阶级"转变为"自为阶级"，牢固树立了对自己角色和目标的意识，上层建筑中的斗争变得激烈起来。①

李达根据自己的经验指出，无产阶级政党开展革命斗争的重要策略之一是在无产阶级和人民群众中传播和宣传马克思主义。只有这样，才有可能动员并组织革命群众来抗击资产阶级势力。一旦无产阶级掌握政权，它必须继续传播马克思主义，以削弱资本主义思想，增强社会主义观念的接受程度，因为只有当社会主义路线在意识形态战场战胜了资本主义路线，无产阶级专政才能被巩固，社会主义社会才能建立。

考虑到中国的特殊情况，上层建筑对于掌握政权具有显著的意义。李达认为，党是上层建筑的"首要因素和领导力量"，承担着建立和巩固社会主义生产关系的任务。事实上，没有党的干预和指导，社会主义经济基础不可能建立起来。就此而言，资本主义革命与社会主义革命是不同的。前者是资本主义的生产关系在封建社会的母胎中孕育出来的产物。资产阶级掌握政权，推动了已有的资本主义特征的阶级关系的发展。而社会主义的生产关系不可能在旧社会的母胎中成长起来。因此，无产阶级革命的任务不仅是夺取政权，而且要运用新的政权从"空地上"建立起社会主义的生产关系。李达在此主要引用了列宁的观点，即列宁所说的"政治先于经济"。也就是说，在社会主义过渡时期，党在采取经济措施、组织经济工作的时候，总是先从政治的立场出发，如果离开了政治来从事经济活动，一定会引起混乱。在中国，解放后建立的无产阶级专政制度，代表了先进的上层建筑形式。不过，中国国民经济却是"落后的"。这一矛盾只有通过中国经济的发展才能解决。②

李达也指出，解放以后的中国上层建筑不全是先进的。党及其国家结构即无产阶级专政具有历史的先进性，但上层建筑的一些方面不具备先进性，并且企图阻碍也确实能够阻碍社会主义生产关系的巩固以及进一步的经济发展。在中国，

---

① 李达：《历史唯物主义的对象》。
② 李达：《我国现阶段的上层建筑和经济基础的关系》，第8页。

由于社会主义改造完成，人民与反动阶级的经济矛盾基本上失去了其对抗性的特征，但上层建筑中反动阶级的影响仍十分强大。从前的地主和买办已被打倒，但仍然存在，资产阶级右翼是他们的代理人，民族资产阶级及其知识分子只能逐渐接受社会主义。[①] 这些阶级和阶级附庸的影响在上层建筑中表现为梁漱溟等中国民主党派的右翼分子的形式。他们不愿接受自己的失败，企图复辟资本主义。[②]在意识形态领域，他们公开支持资产阶级思想，试图推翻马克思主义的领导地位；在科学和教育领域，他们也妄图削弱马克思主义的影响和党的领导地位。[③]因此，上层建筑的对抗不但没有被削弱，反而变得激烈了。这就有必要在政治和意识形态领域开展社会主义革命。针对这一问题，党通过教育知识分子以扫清他们的资产阶级思想，力图在中国农民中间传播社会主义思想。不过，这一问题仍然存在，因为虽然 1956 年基本完成了对中国经济的社会主义改造，但政治和意识形态中的社会主义革命的胜利还远远没有完成，1957 年右派对党和社会主义的进攻即是明证。[④]

所以，李达认为必须在上层建筑领域开展社会主义革命。他也强调了党对于建立社会主义生产关系的"积极意义"。鉴于他赋予上层建筑以重要性，他的阐释是否会被误解为某种主张上层建筑的完全自主性的形而上学理论呢？李达在一些地方意识到自己的观点可能被这样误解[⑤]。不过，他力图纠正这一印象，反复强调上层建筑的任何独立性都只是相对的，这种相对的自主性大多出现在这样的历史阶段，即不仅存在基础与上层建筑之间的矛盾，而且在上层建筑内部，以及巩固社会主义经济基础的积极的上层建筑因素与试图破坏这一政策的消极的上层建筑因素之间，也存在尖锐的矛盾。这完全是当时中国的写照：中国的阶级结构十分复杂；虽然 20 世纪 50 年代初的社会主义改造改变了这一结构，但从前的阶级和阶层仍然存在，其影响渗透在上层建筑中。要解释这一影响，不能不对中国从前和现在的生产关系进行唯物主义的深入分析。

---

① 李达：《从社会主义到共产主义》，第 34 页。

② 亦见李达：《梁漱溟政治思想批判》。梁漱溟（1894—1977）曾是反对国民党和共产党统治中国的"第三力量"的成员，在 20 世纪 50 年代是民盟成员，曾公开反对中国共产党的工业化和土地政策。关于毛泽东 1953 年对梁漱溟的辛辣攻击，参见《批判梁漱溟的反动思想》。

③ 李达：《我国现阶段的上层建筑和经济基础的关系》，第 10 页。

④ 李达：《历史唯物主义的对象》。

⑤ 同上。亦见《我国现阶段的上层建筑和经济基础的关系》，第 8 页。

李达总结道，我们在观察历史（社会主义过渡阶段也不例外）时，必须考察两个方面，即经济的方面与法律的、政治的和意识形态的方面；这两个方面有时看上去是不相关的。不过，李达坚称，如果我们深入考察两者的实质关系，就知道上层建筑那种独立的外观，仍然可以从基础中找到说明。特别是通常被认为是独立于经济统治阶级的利益，并且是社会利益冲突的中立的仲裁者的国家和法律制度也是如此。它们实际上是经济的集中表达，是由经济所产生的，也是对经济的反映。①

我们可以从"大跃进"时期李达对历史唯物主义的阐释中找到他对自己近40年来一直坚持的观点的重申。他在20世纪20年代初赋予"政治革命"的重要性（参见第三章）在20世纪50年代末转换为在社会主义中国的上层建筑领域开展革命的必要性②。在这两种情况下，李达都没有把上层建筑的重要性看作是对历史唯物主义的唯物主义前提的否定。相反，经济基础是历史变革的决定性力量。不过，它与上层建筑之间的关系是以表现为特殊性的诸多因素为中介的。这就意味着，当上层建筑能够起到能动作用、施加重要影响时，这种关系具有复杂性的特征。李达清楚地认识到，中国的社会主义过渡时期就属于这种情况。中国经历着经济过渡和发展与上层建筑之间出现矛盾的剧烈变革时期；上层建筑的一些部门如今不仅落后于经济基础，还试图预先阻止进一步的变革，或是瓦解中国的社会主义经济制度和关系。由于历史环境的变动性，李达无疑相信上层建筑的这些反动力量会起到极为负面的作用，必须与之斗争。在这一背景下，李达愿意参与批判胡适、费孝通、梁漱溟和其他人的原因变得更为清楚，因为他主张科学革命和文化革命是依据这一观点，即如果不伴随着其他领域的大跃进，生产领域的任何大跃进都会大打折扣。所以，在李

---

① 李达：《历史唯物主义的对象》。关于毛泽东对作为"经济的集中表达"的政治概念的运用，参见尼克·奈特（Nick Knight）：《〈矛盾论〉和〈新民主主义论〉：毛泽东思想中关于因果性和社会变革的不同观点》（"'On Contradiction' and 'On New Democracy': Contrasting perspectives on causation and social change in the thought of Mao Zedong"），载《关心亚洲问题学者公报》（*Bulletin of Concerned Asian Scholars*），Vol. 22, No. 2 (April-June1990)，第18—34页。

② 特别参见李达：《世界无产阶级社会主义革命论（续）》，《理论战线》1958年第8期，第36—44页。李达在这里主要论述了列宁的革命变革理论，尤其是由正确的革命理论所指导、发动"政治革命"的先锋政党的必要性。这篇文章讨论无产阶级革命的上半部分发表于《理论战线》1958年第6期（第36—45页），主要考察马克思恩格斯的革命论。

达看来，反对反动的政治观点、哲学和社会科学方法论的斗争具有紧迫的必要性。[①]

李达的历史唯物主义观念首先奠基于社会经济形态具有相互关联的特征的观点，社会经济形态在"社会生活过程"中保持总体上的因果优先性，也会受到其他非经济领域的影响。他还清醒地认识到，社会经济形态不是一个统一的整体，而是建立在一系列矛盾之上。这些矛盾包括生产力与生产关系、基础与上层建筑之间的矛盾。应该具体分析这些矛盾的实际特征和它们展开的方式，因为每一社会经济形态虽然受到一般发展规律的支配，但都有自己的特殊规律，必须通过研究和实践才能被理解。李达明确指出，出于分析的目的，假定那些从特定生产方式的具体的社会经济形态和历史条件中抽象出若干本质特征的模式具有适用性是不够的。虽然这些模式如马克思的资本批判对于揭示生产方式的主要的结构组成和发展趋势具有重要性，但是，现实世界的社会经济形态不可避免地是多种生产方式的诸多生产形式、制度、实践和关系所组成的不规则的混合物。在意识形态领域，与旧时代相适应的思想方式和新的、进步的观念等各种思想方式构成了复杂的关系。必须通过研究才能把握某一具体的社会经济形态的特殊性和复杂性，而要避免陷入大量的具体数据中，这种研究必须以理解一般的发展规律和宏大的历史图景为前提。

所以，李达与毛泽东围绕"大跃进"期间政策而产生的分歧主要不在于上层建筑是否起作用，因为他们都持肯定看法。李达明确指出，中国社会经济形态所经历的复杂且快速的经济变化凸显了经济基础与上层建筑之间的矛盾，因为在上层建筑中隐藏着传统观念和风俗与现代西方的社会学和哲学等思想方式，它们反对1949年以来的经济变化，抵制进一步的变革。在这一背景下，上层建筑成为极为重要的斗争领域，因为如果不削弱抵制进步观念的力量，社会主义经济基础的巩固和进一步发展将会受到威胁。李达认为，在与他称之为上层建筑的"反动思想"的斗争中，他通过自己的论辩的、理论的著作和教育活动而发挥了作用。基于同样的理由，他可能比毛泽东更能认识到旧思想的顽固特征。这不是在一场或者几场运动中清除这些旧思想的问题，而是长期的、

[①] 参见李达：《整风运动的辩证法》，第23—26页。李达还意识到有必要与国外的修正主义进行斗争。他对南斯拉夫共产党的批判考察了南斯拉夫社会经济形态的经济基础、政治上层建筑和意识形态的特征。参见李达：《反对现代修正主义》，《理论战线》1958年第5期，第1—4页。

艰巨的教育和宣传的问题，也是李达自从 20 世纪 10 年代末初次接触马克思主义后就致力的目标，因为没有对支持变革的理论的广泛理解和接受，长期变革的持续性就难以确定。

所以，李达对群众主观上是否为"大跃进"的急剧变革做好了准备持保留态度。他也不相信这一变化已经具备了物质基础。生产力的优先发展是否足以确保一场激进的变革运动是必要的或将会成功呢？虽然他在 1958 年至 1960 年的著作表明，他大体上公开地强烈支持"大跃进"，并为"大跃进"政策提供理论上的辩护①，但是，从他与毛泽东的交谈记录可以清楚看出，李达有自己的疑惑，他后来对彭德怀的支持以及他与毛泽东围绕"大跃进"的哲学展开争论进一步证明了他的疑惑②。在李达看来，中国人民的主观准备是重要因素之一，他认为上层建筑能在历史变革中起重要作用。但是，李达坚决反对的是，缺乏对变革的唯物主义前提的分析及其由此导致的对上层建筑发动和影响变革的能力的夸大，它相当于陷入对历史过程的形而上学解读③。

四、《唯物辩证法大纲》与毛泽东对马克思主义哲学的贡献

尽管李达对"大跃进"政策持保留态度，但他与毛泽东之间自从 20 世纪 20 年代初以来的友谊仍然持续不减。1961 年 8 月，李达前往庐山休养。当时他的健康状况已经除原有的胃溃疡、高血压、糖尿病外，还恶化到引起浮肿的冠心病④。毛泽东正好在庐山召开会议，25 日下午，他派车接李达到他的住所，他们有过谈话。在询问了李达的健康和工作后，毛泽东谈到了理论问题。在讨论了形式逻辑问题后，毛泽东说李达的《社会学大纲》是一部非常重要的著作，它在 20 世纪 30 年代起了很大的作用，现在也还有意义。他认为，这本书应该修改一

---

① 不过，参见李达：《共产主义社会的两个阶段》，第 5—7 页。

② 王炯华：《李达：一位普罗米修斯式播火者》，载李振霞主编：《当代中国十哲》，华夏出版社 1991 年版，第 37—38 页。

③ 参见李达：《我国现阶段的上层建筑和经济基础的关系》，第 8 页。

④ 陶德麟：《李达与〈唯物辩证法大纲〉》，载《为真理而斗争的李达同志》，武汉大学出版社 1985 年版，第 209 页。这篇文章最初发表于《书林》1979 年第 2 期。

下重新出版。李达称自己身体状况欠佳，无法完成这一重大任务①。毛泽东反驳道："你们武大不是还有哲学系吗？""你可以找几个得力的助手帮你搞，你指导嘛!"李达赞同毛泽东的建议，同意接受这一任务②。第二天，李达就打电报要他的助手陶德麟前往庐山，他向陶德麟传达了毛泽东的谈话。李达决定终止休养，马上开始这项工作。他写信给时任武汉大学哲学系主任余志宏，向他转告毛泽东嘱托的任务，希望召集几位研究助手。③ 随后哲学系成立了毛泽东思想研究室，陶德麟被任命为研究团队的负责人，他们的任务是完成一部马克思主义哲学的著作，这一著作以李达《社会学大纲》为基础，囊括马克思主义传统中主要的哲学发展。④ 最终完成的著作将以"马克思主义哲学大纲"为书名，李达将担任编者。

1961年末到1965年间，当《马克思主义哲学大纲》的初稿即该书的上半部分完成时，李达领导下的研究团队艰难地从事修订《社会学大纲》这一具有政治敏感性的工作，概括20世纪30年代中期以来的马克思主义哲学发展。其中最为敏感的是毛泽东个人的哲学思想。毛泽东在何种程度上发展了马克思主义哲学？他的贡献有多少是原创的？经过认真的探讨⑤，李达和他的研究助手们最终、也可能是不可避免地认为毛泽东是马克思主义哲学发展的重要人物，并主要考察他的哲学著作的结构和内容。在马克思、列宁和斯大林之后，毛泽东对唯物辩证法的贡献被一条条罗列出来，这表明毛泽东的哲学思想代表了马克思主义哲学的高峰。《唯物辩证法大纲》认为毛泽东思想"是在帝国主义走向崩溃和社会主义走向胜利的时代，在中国人民的伟大革命斗争中，把马克思列宁主义的普遍真理同革命和建设的具体实践结合起来，总结了国际国内无产阶级斗争的历史经验，创造性地发展了的马克思列宁主义。"⑥

---

① 在1993年10月的个人访谈中，李达生前在武汉大学的许多同事称，李达当时的健康状况非常差，他的手颤抖得很厉害，以至于他不能正常写字。由于他没有力气大声、清晰地说话，他的任何讲演或谈话都很难完成。

② 参见孙琴安、李师贞：《毛泽东与名人》上卷，江苏人民出版社1993年版，第333—334页。

③ 李达这封信的复印件被收入《为真理而斗争的李达同志》，第209—210页。

④ 1994年陶德麟担任武汉大学校长。这个研究团队的其他成员有王玄武、段启咸和陈祖华。段启咸和陈祖华是20世纪60年代初的研究生，后来是武汉大学哲学系的教授。1993年10月，我有幸与他们讨论了他们参与修订《社会学大纲》这一任务的情况。

⑤ 1993年10月12日与段启咸教授的访谈。

⑥ 李达主编：《唯物辩证法大纲》，人民出版社1978年版，第151页。

《唯物辩证法大纲》详细论述了毛泽东对唯物辩证法的如下"光辉贡献"：第一，毛泽东把党内正确路线同错误路线的斗争提到哲学的高度，为保证正确路线的胜利提供了解决方法①。错误的"左"右倾机会主义都是反对唯物辩证法的主观主义（唯心论和形上学），毛泽东在他的伟大著作《实践论》和《矛盾论》中批判了这两种错误倾向。在《实践论》中，毛泽东批判了教条主义和经验主义的主观主义。前者从自己的主观愿望或理论公式出发，过于强调书本学习和头脑中的思想，而不是从实际出发。毛泽东则指出，判定认识的标准是革命的实践，认识随着实践的发展而发展。另一方面，经验主义认为感性认识无须上升到理性认识，而满足于狭隘的局部的实际经验。毛泽东指出，感性认识和理性认识是统一的认识过程中的两个阶段，理性认识依赖于感性认识，感性认识有待于上升到理性认识，否则不能取得"正确认识"②。

在《矛盾论》中，毛泽东对教条主义和经验主义的批判着重解决了下列问题，即矛盾的普遍性和特殊性的关系问题、矛盾的同一性和斗争性的关系问题以及对抗和非对抗的区别问题；不能认识到矛盾的普遍性和特殊性、同一性和斗争性、对抗与非对抗之间的对立统一，就不能正确分析情况。例如，主观主义者不能看到斗争性和同一性之间的统一。"左"倾机会主义者在民主革命时对民族资产阶级"一切斗争，否认联合"，而右倾机会主义者采取相反的"一切联合，否认斗争"的立场。由于这两种错误的倾向都没有认识到同一性和斗争性的统一，"结果使自己的认识脱离客观实际"③。毛泽东的这两部哲学著作，运用了马克思列宁主义的世界观，因而为全党同志提供了观察革命问题、正确区分真马克思主义和假马克思主义、正确路线和错误路线的武器。在《唯物辩证法大纲》看来，毛泽东的哲学思想为正确解决党内斗争作出了重大贡献。

第二，毛泽东第一次"系统地、深刻地、简要地、通俗地"阐明了马克思主义哲学，并把它具体化为党的工作方法，使它成为广大革命群众直接掌握的"尖锐武器"。在他的许多哲学著作中，毛泽东不只是发展了马克思主义哲学，而且采用通俗易懂的方式，用生动活泼、富于形象性的日常语言，结合了群众的切身经验。所以，在中国，每一个工人、农民、战士、知识分子和革命

① 李达主编：《唯物辩证法大纲》，第151页
② 同上书，第152—153页。
③ 同上书，第154页。

干部都可以掌握唯物辩证法，以至于马克思主义哲学已经成为前所未有的物质力量。

第三，在以反帝反封建为直接任务、以农民为主要群众的背景下，毛泽东创立了一整套关于殖民地半殖民地革命问题的学说。在一个半封建半殖民地国家如何实现社会主义呢？《唯物辩证法大纲》认为，在马克思列宁主义著作中找不到这一问题的答案，但是，毛泽东把马克思列宁主义的普遍真理同中国革命的具体实践结合起来，完满地完成了这个极其艰巨的任务。他运用唯物辩证法的原理，具体地分析了中国社会各阶级（以及其中的阶层）的经济地位和政治态度，分析了中国社会的各种复杂的矛盾，从而正确地规定了中国革命的纲领、路线、战略和策略。其中，最为重要的是革命发展阶段论和不断革命论。毛泽东正确区分了民主革命阶段和社会主义革命阶段的不同任务，同时认为这两个阶段的革命密切联系在一起，民主革命阶段为将来进行社会主义革命准备条件，在民主革命取得全国胜利以后，要立即展开社会主义革命。毛泽东指出，统一战线、武装斗争和党的建设是取得民主革命胜利的三大法宝。这一观点已被证明是正确的，所以他关于这些问题的思想对世界各国人民具有普遍的意义。①

第四，新中国成立以后，毛泽东把唯物辩证法应用于新的历史条件，第一次提出了关于社会主义革命和社会主义建设的完整学说，从而发展了唯物辩证法。《唯物辩证法大纲》认为，毛泽东必须解决的关键问题之一是"资本主义复辟"的问题，这是以前的马克思主义者没有成功解决或系统解决的问题。毛泽东总结了中国社会主义革命和社会主义建设的实践经验，并且研究了国际的主要是苏联的正面和反面的经验。在他的《关于正确处理人民内部矛盾》和其他著作中，毛泽东批驳了修正主义的谬论，澄清了革命队伍中的错误认识。②

《唯物辩证法大纲》还指出，毛泽东认为对立统一规律是宇宙的根本规律，它也适用于社会主义社会。即使完成了生产资料所有制的社会主义改造，阶级矛盾仍然存在。在整个社会主义阶段，贯穿着无产阶级与资产阶级两个阶级、社会主义和资本主义两条道路的斗争。为了保证社会主义建设和防止资本主义复辟，

---

① 李达主编：《唯物辩证法大纲》，第156—158页。
② 同上书，第158页。

必须巩固无产阶级专政，在政治战线、经济战线和思想文化战线上把社会主义革命"进行到底"。同时，必须迅速地发展生产力，建立起现代农业、现代工业，在不太长的时间里赶上和超过发达的资本主义国家。这样就能为社会主义奠定物质基础。

《唯物辩证法大纲》总结道："毛泽东同志在运用唯物辩证法创造性地解决当代革命斗争中的极其复杂的新问题的过程中，必然要以新的内容独立地推进唯物辩证法，把它提到新的阶段。毛泽东同志的哲学思想……是唯物辩证法在当代的伟大发展。"①

五、《唯物辩证法大纲》：辩证法的规律

鉴于对毛泽东发展马克思主义哲学的贡献的推崇，《唯物辩证法》论述辩证法规律的章节毫不意外地与《矛盾论》非常相似。"对立统一规律"一章各节的副标题实际上照搬了毛泽东《矛盾论》中的副标题。这一章开篇就强调对立统一规律是唯物辩证法的最根本的规律。一切事物都包含矛盾，事物的内部联系以及一事物与他事物的联系，都是矛盾，这些联系会发生转化。② 所以，辩证法的其他规律和范畴是对立统一规律的表现形式，它们必须根据对立统一规律来理解。对立统一规律就是唯物辩证法的"钥匙"③。例如，量变质变规律告诉我们，任何事物的运动都采取两种状态，即相对静止的状态（量变状态）和显著变动的状态（质变状态）。从一种状态到另一种状态的转变只能解释为事物的内在矛盾的运动。主要矛盾的对立双方不断地斗争着，但是，在这种斗争达到最高点以前，变化所产生的只是量变。当斗争达到最高点时，矛盾双方发生根本的质变：原来的事物就发生了变化，新的事物出现。于是在新事物中很快开始量变。缺乏对对立统一规律作为唯物辩证法最根本规律的认识，不理解对立统一规律关于矛盾运动的观点，就无法理解量变质变规律。

① 李达主编：《唯物辩证法大纲》，第160页。
② 同上书，第242—243页。
③ 同上书，第245页。

否定之否定规律即《唯物辩证法大纲》所称的肯定否定规律也是如此①。这一规律告诉我们，事物发展的总的趋势是前进的，但发展的道路是曲折的。事物总是通过肯定、否定、再肯定、再否定的道路，波浪式地向前发展的。任何事物内部都包含着保存期存在的因素，即肯定的因素。任何事物也都包含着促使其灭亡的因素，即否定的因素。当肯定的因素占据矛盾的主要方面时，这一事物就存在着，这就是事物的肯定阶段。而当否定的因素逐渐壮大起来，跃居于矛盾的主要方面时，事物就是走向自己的反面，变成了新的事物，这就是事物的否定阶段。这一模式反复发生，新事物同样也包含着肯定的因素和否定的因素。②

只有理解了对立统一规律，才能认识否定之否定规律。唯物辩证法的其他范畴如本质与现象、内容与形式、必然性与偶然性、可能与现实等，也都是对立统一规律在各个不同方面的具体表现。正因如此，《唯物辩证法大纲》合乎逻辑地得出结论，学习辩证法首先就要把对立统一规律学好。以此为前提，《唯物辩证法大纲》进一步阐述这一规律，实际上详细论述了毛泽东的《矛盾论》。该书大量引用毛泽东的唯物辩证法著作，讨论了矛盾的普遍性和特殊性、主要的矛盾和矛盾的主要方面、矛盾双方的同一性和斗争性，以及对抗性矛盾和非对抗性矛盾。它也引用了唯物辩证法的其他正统人物和20世纪30年代中期马克思主义发展的观点。这就包括毛泽东后来的哲学著作，特别是《关于正确处理人民内部矛

---

① 施拉姆曾多次用毛泽东对"肯定否定"规律这一术语的应用来描述"否定之否定"规律。他错误地把"肯定否定"规律翻译为"the law of the affirmation of the negation"。正确的译法是"the law of affirmation and negation"。施拉姆的意图是要强调毛泽东的非正统性，凸显毛泽东的无政府主义倾向。然而，《唯物辩证法大纲》明确指出，"肯定否定规律"就是"否定之否定规律"（第241页）。参见斯图尔特·施拉姆（Stuart R. Schram）：《毛泽东的思想》（*The Thought of Mao Tse-tung*, Cambridge: Cambridge University Press, 1989），第138—145页；以及斯图尔特·施拉姆（Stuart R. Schram）：《马克思主义者》（"The Marxist"），载迪克·威尔逊（Dick Wilson）主编：《历史视野中的毛泽东》（*Mao Tse-tung in the Scales of History*, Cambridge: Cambridge University Press, 1977），第64页。我对施拉姆的回应，参见尼克·奈特（Nick Knight）主编：《毛泽东论唯物辩证法：1937年的哲学著作》（*Mao Zedong on Dialectical Materialism: Writings on Philosophy, 1937*, Armonk, New York: MM. Sharpe, 1990），第19—24页。

② 李达主编：《唯物辩证法大纲》，第246页。

盾的问题》（1957）。这篇文章发展了非对抗性矛盾的概念①。不过，总体印象是毛泽东的《矛盾论》代表了马克思主义哲学史上对对立统一规律的最完整、最深刻的阐释。虽然它多少认识到这一规律的理论来源，特别是恩格斯和列宁的观点，但几乎没有谈到毛泽东在 1936 年初写作《矛盾论》时曾经深受苏联哲学的影响。李达可能比其他中国知识分子（艾思奇或许是个例外②）更多地意识到毛泽东获益于苏联哲学的影响，不过在 20 世纪 60 年代初的环境中，过于强调毛泽东哲学著作的直接来源是不明智的③。这一工作必须等待不同的政治气候，毛泽东的权威在那种政治气候中被大幅度削弱。然而，到了 20 世纪 80 年代，李达和艾思奇都逝世后很久，利用后毛泽东时代的相对开放来探索这一以前的敏感问题的任务落到了新一代中国哲学家的肩上④。

在《唯物辩证法大纲》对辩证法规律的处理所反映的背景下，该书还涉及其他一些主题。其中最为明显的一个是该书对修正主义问题的看法，包括修正主义的国际表现和中国表现。从国际上看，20 世纪 60 年代的苏联哲学家们值得关注，因为他们拒绝承认矛盾在社会主义过渡阶段会持续存在，而这是毛泽东的核心观点。所以，他们否认阶级斗争的存在，坚称在共产党的领导下阶级利益实现了和谐。苏联哲学家尖锐地讽刺矛盾普遍性的原理是"神秘化"、"迷信"，是"为了一个抽象的原则在教条主义地玩弄矛盾"。⑤《唯物辩证法大纲》追问，为什么这些哲学家有如此谬论呢？这是因为他们的国家里有资本主义复辟，他们代表着社会主义社会中矛盾的"腐朽没落的一方"⑥。

---

① "非对抗性矛盾"概念在一定程度发展了马克思主义理论的观点已经遭到阿维瑞纳的挑战。他说：它是"一个假冒术语……在马克思的思想框架内毫无意义"（参见阿维纳瑞：《马克思的社会与政治思想》，张东辉译，知识产权出版社 2016 年版，第 198 页。此处译文根据英文原文做了修改。——译者注）。

② 艾思奇在 20 世纪 30 年代后期已经到了延安，并且积极参与在毛泽东周围形成的哲学研究团体的活动。

③ 关于我自己对这一问题的讨论，参见《毛泽东论唯物辩证法》（*Mao Zedong on Dialectical Materialism*），导言。

④ 参见奈特（Knight）主编：《毛泽东的哲学思想：来自中国的研究，1981—1989》（*The Philosophical Thought of Mao Zedong: Studies from China, 1981—1989,* Armonk, New York: M.E. Sharpe, Chinese Studies in Philosophy, Spring-Summer, 1992），第 1、4、5、6、7 章。

⑤ 李达主编：《唯物辩证法大纲》，第 252—254 页。

⑥ 同上书，第 252 页。

　　苏联哲学家的罪行还包括他们支持中国的修正主义哲学家大肆宣扬的"合二而一"论①。苏联哲学家认为矛盾同一性概念是指矛盾双方是不可分离的，它们的同一性就是共同要求。从这一观点来看，学习辩证法的目的就是"要学会把两个对立的思想联系在一起的本事"。《唯物辩证法大纲》指出，这些论点是十分荒谬的，唯物辩证法从来不把矛盾的同一性解释为矛盾双方的"共同点"或"共同要求"。在帝国主义与被压迫民族之间、帝国主义国家同社会主义国家之间、资产阶级同无产阶级之间、修正主义同马克思列宁主义之间，有什么"共同要求"呢？同样，唯物辩证法也从来不把矛盾双方的同一性说成只是不可分离地联系着的意思，而是认为矛盾双方在一定的条件下必然转化为各自的对立面。毛泽东所倡导的"一分为二"的革命辩证法观点是观察和处理问题的方法，它不否认矛盾的斗争。②

　　尽管李达修订的《社会学大纲》的主要特征之一是加入了毛泽东阐释唯物辩证法规律所作出的贡献，但他也论述了毛泽东对马克思主义认识论的贡献。《唯物辩证法大纲》的这部分内容主要是陶德麟修订的③，它重申马克思主义是"能动的革命的反映论"。这一理论建立在两个基本观点之上：一是承认认识的最终泉源是客观的物质世界，二是承认认识能够提供关于客观物质世界的正确映象。④不过，单单承认认识的泉源是物质世界，不能构成唯物辩证法的反映论。这一理论的核心是人类实践的能动作用。实践是认识过程的基础，认识过程遵守一定的辩证规律。⑤这一过程从提供感性认识的实践开始，然后从感性飞跃到理性认识或理论。它们必须接受实践的检验，因为实践决定理论是否正确。这一循环不断重复："实践、认识、再实践、再认识"⑥。所以，认识过程就是由浅入深、由片面

---

① 不过，李达对《唯物辩证法大纲》参与到关于"合二为一"和"一分为二"的讨论持保留态度。参见王炯华：《李达与马克思主义哲学在中国》，第314—315页。王炯华总结道，考虑到当时的形势，李达不得不加入关于这场论战的讨论。陶德麟回忆说，李达从北京写信给他，特别指示他不要提"一分为二"和"合二为一"等词句。但是，迫于形势，陶德麟不得不写上批判"合二为一"的内容，所以他必须对此负责。陶德麟：《李达与〈唯物辩证法大纲〉》，第217—218页。

② 李达主编：《唯物辩证法大纲》，第240、269—270、273—274页。

③ 1993年10月12日与段启咸教授的访谈。

④ 同上书，第413页。

⑤ 同上书，第414—419页。

⑥ 同上书，第481页。

到更多的方面地理解现实的辩证过程。不过，人们要取得正确的认识，必须参加变革现实的"革命实践"。"革命实践"不仅包括人类的生产活动，还包括阶级斗争和科学实验。①

我们可以看出，《唯物辩证法大纲》对认识论的阐释没有给大约 30 年前的《社会学大纲》（参见第八章）增加任何实质性的内容。它的新颖之处在于它依从毛泽东的著作和毛泽东对马克思主义认识论的贡献。《唯物辩证法大纲》称，毛泽东

> 用一个总的公式深刻地完整地概括了人类认识运动的无限发展过程，那就是"实践、认识、再实践、再认识，这种形式，循环往复以至无穷，而实践和认识之每一循环的内容，都比较地进到了高一级的程度。"这是对马克思主义认识论的光辉的贡献，对于指导革命和建设工作具有极为重大的意义。②

六、《唯物辩证法大纲》的命运

1965 年《唯物辩证法大纲》初稿完成后，被印成内部讨论稿，送给毛泽东以及党的其他领导和知识分子审阅批评，其中包括康生、陈伯达、张闻天、周恩来、朱德和刘少奇③。毛泽东读《唯物辩证法大纲》（1965）的简短批注在 1988年首次出版。它表明毛泽东赞同李达及其研究助手阐释对立统一规律这一唯物辩证法的核心的模式④。毛泽东在批注中写道：

---

① 李达主编：《唯物辩证法大纲》，第 423 页。

② 同上书，第 481 页。（《实践论》引文出自《毛泽东选集》第一卷，第 296—297 页。——引者注）

③ 王炯华：《李达与马克思主义哲学在中国》，第 288—289 页。亦见 1993 年 10 月 12 日与段启咸教授的访谈。

④ 不过，有人认为毛泽东对《唯物辩证法大纲》的整体评价不总是积极的。一位地方领导同志曾告诉李达，说毛泽东对《唯物辩证法大纲》第二篇"马克思主义哲学是人类认识史的唯物的辩证的综合"不满意，认为写"古人、死人和洋人"写得太多。王炯华：《李达与马克思主义哲学在中国》，第 303 页脚注。亦见 1993 年 10 月 12 日笔者在武汉与王炯华的访谈。李达还因为在修订《社会学大纲》时没有按照关于辩证法只有对立统一规律这一条规律的建议来写而受到直接的批判。参见陶德麟：《李达与〈唯物辩证法大纲〉》，第 216—217 页。

辩证法的核心是对立统一规律，其他范畴如质量互变、否定之否定、联系、发展……，都可以在核心规律中予以说明……至于各种范畴（可以有十几种），都要以事物的矛盾对立统一去说明。例如什么叫本质，只能说本质是事物的主要矛盾和主要方面。①

然而，突如其来的浩劫中断了《唯物辩证法大纲》的出版，也让《马克思主义哲学大纲》的下册即《历史唯物论大纲》无法完成②。随着"文化大革命"的爆发，不仅李达成为一场残酷的批判运动的目标，写作《唯物辩证法大纲》的研究团队被解散，而且连《唯物辩证法大纲》也由于"篡改"《实践论》和《矛盾论》而遭到批判③。1966 年 8 月李达逝世，使得修订《社会学大纲》的遗愿无法实现。"文化大革命"结束后，《唯物辩证法大纲》由陶德麟略做修改并在 1978 年出版。一位学者认为，在该书写成多年后出版的目的是为高层次知识分子学习马克思主义哲学提供合适的材料，并作为大学哲学系学生使用的教材。如今它仍被"一些大学"这样使用。④ 不过，毛泽东逝世以后的政治气候所发生的急剧变化明显使得《唯物辩证大纲》过时了。如今，中国学者对这部著作的评论认为，它在很多方面都过"左"，这仿佛是对李达在"文化大革命"期间命运的某种讽刺。尤其是该书对修正主义的批判被看作是毛泽东时代流行的马克思主义哲学"政治化"的症状⑤。此外，《唯物辩证法大纲》对毛泽东在马克思主义发展中的贡献的非批判的赞颂，在后毛泽东时代的中国也被否弃。中国哲学家不仅愿意批判地考察毛泽东哲学著作的直接来源这一敏感问题，而且认为毛泽东不是为马克思主义哲学在中国的阐释和传播作出贡献的唯一一人⑥。

李达曾经希望《马克思主义哲学大纲》在完成后能够作为教科书在第三世界

---

① 《毛泽东哲学批注集》，中央文献出版社 1988 年版，第 505—507 页。
② 《历史唯物论大纲》的写作已经启动。虽然 1965 年李达已经搬往北京居住，并担任全国人大常委，但他在 1966 年初赶回武汉大学，指导着《历史唯物论大纲》的研究和写作。陶德麟：《李达与〈唯物辩证法大纲〉》，第 212 页。
③ 1993 年 10 月 12 日在武汉与段启咸教授的访谈。
④ 同上。
⑤ 王炯华：《李达与马克思主义哲学在中国》，第 312—313 页。
⑥ 特别参见石仲泉：《研究毛泽东哲学思想的新文献——〈毛泽东哲学批注集〉介绍（大会发言）》，《毛泽东哲学思想研究动态》1987 年第 5 期。

使用，那里的马克思主义教科书主要来自苏联。这将会是一本与苏联影响相对抗的中国的马克思主义哲学教科书。不过，这一心愿未能实现，因为《唯物辩证法大纲》从未被译为外文①。还有一个原因是这部著作不能向世界提供与后毛泽东领导的中国相适应的另一种马克思主义哲学图景。它仍然是中国学生和知识分子的教科书。不过，由于它明显迎合了另一个时代的政治目标和一个如今被广泛拒绝的正统观念的需求，中国学生和知识分子对它越来越缺乏热情②。

---

① 1993 年 10 月 12 日在武汉与段启咸教授的访谈。

② 必须指出的是李达在捍卫毛泽东思想时困扰于如何以"科学的"方式论述毛泽东对马克思主义哲学的发展，而不夸大毛泽东的贡献。李达担心如果夸大了毛泽东的贡献，这本书会被外国人看作笑话。陶德麟回忆说，李达的态度与当时鼓吹的那股"风"格格不入，尽管他和其他研究助手力图照他那样去做，但做得不成功。参见陶德麟：《李达与〈唯物辩证法大纲〉》，第 215—216 页。

第十一章 结论：李达与马克思主义哲学在中国

　　从某种重要意义上来说，李达晚年主要的哲学计划所固有的含糊性是他整个哲学生涯的特征。由于毛泽东思想在当代中国哲学和哲学生活中的绝对性优势，李达试图在 20 世纪 60 年代早期修订 20 世纪 30 年代早期所完成的《社会学大纲》以适应马克思主义哲学发展的努力不得不妥协。李达无法自由地评价马克思主义哲学的发展；一种日益兴起的新教条阻碍了对毛泽东之于马克思主义哲学的贡献的自由评价，这种教条在"文化大革命"对毛泽东个人的狂热崇拜中达到顶峰。于是，《唯物辩证法大纲》包含了对毛泽东哲学思想的热烈赞颂，还把毛泽东列为马克思主义哲学圣殿中最伟大的思想家之一。被迫参加或是顺从歌颂毛泽东的大合唱的压力如此之大，以致于即使是李达这样有着坚强信念和独立个性的人也难以抗拒。然而，《唯物辩证法大纲》在讨论毛泽东为马克思主义哲学所作出的贡献时所采取的赞美音调还不足以保护李达或者著作本身，因为李达由于反对毛泽东而受到虐待，进而过早地离开了人世。具有讽刺意味的是，这部在李达去世后的 1978 年所出版的著作如今在中国被认为是过"左"的，以及对毛泽东及其哲学思想持非批判的态度。

　　李达在 20 世纪 60 年代早期所面临的困境是他以前在与中国共产党和马克思主义哲学的关系中所面临的困境的回响。1923 年，他选择离开中国共产党而不是屈从他认为不是出于自己所理解的马克思主义理论的、政治上错误的政策。然而，摆脱了任何政治权威的束缚之后，在 20 世纪 30 年代早期，李达改变了他的马克思主义哲学概念并顺应了苏联哲学界的变化。其中最重大的变化之一是哲学从属于党的要求以及运动的实践任务。这样，尽管李达以前已经表明他不愿意使自己的理智屈从于党的错误方向，但他仍然接受了关于马克思主义哲学作用的新观念，这只能用他对哲学与政治之间关系的新发展的适当性的信念来解释。然后，在理智层面对哲学从属于政治的接受受到了他坚信这种新哲学的内容正确性的调解。李达赞同这种新哲学，不只是因为它是正统的，也不仅仅是因为马克思主义政治领袖宣称它是真理，而是因为他自己相信它是正确的。而且，一旦李达接受了这种马克思主义哲学版本的正确性，从那以后他就没有偏离过它的基本假设。这就能够解释李达为何愿意在20世纪50年代初解说毛泽东的哲学，因为李达认识到毛泽东《实践论》和《矛盾论》中的哲学思想在很大程度上吸收了马克思主义的正统观点。于是，李达的马克思主义哲学观念与他所扮演的毛泽东思想阐释者的角色之间起初不存在紧张关系。然而，基于同样的原因，李达认识到毛泽东对马克思主义哲学的理解在很大程度上是派生的，因为它受到正统苏联哲学的较大影响；《实践论》和《矛盾论》的基本前提就出自20世纪30年代初的苏联哲学著作以及其他中国著作，例如《社会学大纲》，这些中国著作受到了新苏联哲学的启发。因此，李达关于毛泽东是哲学家的观点是基于毛泽东承认苏联马克思主义哲学正统的务实判断。但是，尽管有足够的证据表明这种认识所导致的紧张关系存在于李达自己以及他所组织的完成《社会学大纲》修订工作的研究团队中，考虑到20世纪60年代早期的政治气候，李达自己关于毛泽东作为一名哲学家的有限的原创性的认识没有在《社会学大纲》的修订版中表达出来。《社会学大纲》的修订不只是一项哲学工作，它还是一项具有相当大的政治风险的敏感的政治任务。稍有不慎，随之而来的惩罚会是十分严重的，以往的经验已经证明了这一点，因为无论他们如何努力去达到一种既在哲学上恰当又在政治上可以接受的构想，李达和他的研究团队发现他们简直无法成功。

就这一点而言，李达的哲学生涯是许多中国知识分子所面临的困境的写照。在支持中国共产党建设社会主义社会时，他们因自己缺乏作为知识分子应该具有的批判性反思的自主性而焦虑。但是，我们不能过分夸大李达和其他知识分子在1949年后的中国所面临的困境之间的相似性。李达不是丁玲或费孝通，在20世纪50年代的大部分时间里他是中国共产党的忠实公仆。这使得他在为党服务时卷入了被后毛泽东时代中国的评论者所批评的各种方式。特别是他参与了批判胡适、费孝通和梁漱溟的恶毒的运动，这被认为是毛泽东时代哲学过于依附政治的症状，以及李达本人判断的失误。只是到了"大跃进"时期，由于开始进行社会主义过渡，李达才对毛泽东政策的理论基础和实际运用有所保留。但甚至到那时候，他仍然在公开场合大力支持"大跃进"，他这一时期的文章认为中国的社会生产关系必须"从贫瘠的土壤里"发展出来，这一观点无疑是为增强大跃进时期急躁的氛围所服务的。当然，李达利用他与毛泽东之间长期的友好关系，在与主席相处的私人场合表达了他的保留意见。与此同时，正如我们所知道的，这种坦率的批评让毛泽东不快，但是，他仍然尊重李达作为一名哲学家的声望以及他个人的诚实，而且没有行动起来反对李达。毛泽东后来甚至赞扬李达为马克思主义在中国的发展所作出的贡献，还邀请李达修订出版他的《社会学大纲》。

当李达与正统和政治权力处于糟糕关系时，他的许多哲学著作同样也涉及对这些问题的解释和阐发，这些问题在马克思主义正统的理论框架里有一段充满争议的历史。其中，对马克思主义而言，最为困难的问题之一是社会的经济结构（或基础）与它的政治、法律和意识形态领域（上层建筑）之间的关系。对此，机械唯物主义认为，经济基础完全占据因果关系的支配地位；上层建筑不过是经济基础的反映，几乎没有能力影响社会演变的方向或速度。我们在第二章已经讨论过，关于社会变革原因的这种唯物主义观念在马克思主义传统中受到广泛的挑战。这种观点之所以受到批判，不仅是因为它赞同关于经济基础和上层建筑之间关系的非辩证法的观念，还因为它没有意识到政治和意识在实现社会变革过程所扮演的重要角色。其他马克思主义者如普列汉诺夫、列宁、葛兰西和阿尔都塞都在理论上和实践上反对机械唯物论，选择了另一种关于社会变革的观点。这种观点既主张政治斗争和人类意识的历史影响，又坚持经济基础及其发展在社会变革中的一般的因果关系的支配地位。因此，经济基础与上层建筑之间的关系不是一种平等的关系，而是一种不平等的相互作用的关系；上层建筑能影响经济基础，不过这是一种被动的、产生于经济基础的影响。

欧洲、俄国和后来的日本马克思主义的这种潮流极大地影响了李达，并通过李达影响了在中国的马克思主义。在早年的社会主义和马克思主义著作中，李达提出了"政治革命"的要求，认为政治革命能够补充和推进产生于经济基础的寻求"社会革命"的动力。在李达看来，他对马克思主义的信仰与他对"政治革命"的认同并不矛盾，因为他对马克思主义理论的理解假定了政治斗争和人类意识的任务。这一信念使得李达投身于政治活动，这一活动在中国共产党的成立中达到顶峰，同时，这一信念也使得李达一生致力于解释和传播马克思主义理论，以及提升满足社会主义需要的意识。对李达来说，上层建筑影响社会演变进程的能力是一种深植于马克思主义自身的信念。他对这一信念的接受包含着对马克思主义正统的坚持；像以前的许多马克思主义者一样，李达确信正统马克思主义规定了政治组织和行动在实现历史目标过程中的角色。他还相信，机械唯物论与马克思主义没有任何共同之处，前者拒绝根据社会演变进程中的革命性特征而采取的政治行动，后者则主张采取包括经济、政治、意识形态等在内的任何层面的斗争来实现一个更公正的社会。

因此，以下事实就具有讽刺意味，即西方对马克思主义在中国的评价经常采取对马克思主义的机械式解读并且把它当作正统的标准，而不是作出恰如其分的判断。这一做法的结果是形成了夸大中国马克思主义与它的欧洲和苏联同行之间的观念的、理论的距离的明显倾向。中国马克思主义因而被描述为具有异国的、特殊的、怪异的特征，是本质上属于欧洲意识形态的亚洲分支。然而，对中国马克思主义的来源的谱系学考察并不支持这种观点。正如我们所看到的，作为马克思主义在中国最有影响力的阐释者和传播者之一的李达受到了欧洲、俄国和日本的理论和政治潮流的极大影响。李达的早期著作表明，他不仅十分熟悉欧洲社会主义和马克思主义的历史，而且早在中国共产党成立以前就翻译了考茨基和郭泰的著作。郭泰的《唯物史观解说》明确指出马克思主义主张通过政治组织和行动而实现历史目标的可能性和必要性。同样地，李达所翻译的高畠素之、河上肇、杉山荣等日本社会主义者和马克思主义者的著作在承认马克思主义的唯物主义前提的同时，也承认政治和人类意识影响历史进程的能力。俄国的马克思主义著作，例如塔尔海玛的，也认可政治和人类意识的地位。那么，李达没有把对马克思主义的进化论和机械论解读当作正统来接受，这有什么奇怪呢？在李达那里，正统马克思主义强调历史的唯物主义前提，即劳动过程和阶级结构的重要性，但它也承认人类社会的相互影响的特征。考虑到这种相互影响的性质，设想政治和法律的上层建筑和人类意识在社会演变的进程不发挥作用是不可能的；然而，尽管它们的影响有时候是显著的，但不能达到经济基础所施加的影响的水平，因为经济基础决定了社会状态，并产生了社会变革的最初动力。

因此，李达对马克思主义的理解并没有打破它的唯物主义前提。他对社会演变进程的解读归根到底保留了经济学的内容；然而，他的经济主义与马克思主义传统中对社会演变的机械主义的和进化论的解读有着悬殊差别，后者排除了上层建筑的任何被动的影响。李达的经济主义是灵活的、辩证的。李达一生的理论和政治活动正是以此为前提的，因为如果不是坚信通过理论的中介活动提升人类意识、通过教育宣传和动员民众、通过政治行动反对不平等和非正义的重要意义，李达自己的一生将不会有任何连贯性和合理性，也不会把这些当作毕生追求的目标。基于同样的原因，他依据历史唯物主义而认识到实现变革的个人努力的局限性。李达把自己看作是由工业革命和欧洲资本主义兴起所释放出来的巨大的经济和社会变革所形成的广阔历史运动的一部分；这些变革波及全世界，并且披着帝国主义的外衣而影响到中国，产生了李达投身其中的革命运动。在讨论20世纪10年代末的马克思主义时，李达决定竭尽所能，通过传播革命理论和政治行动去培育这一运动。但是，相比较而言，理论工作对李达来说更为重要。他之所以不赞同陈独秀，并因此在1923年脱党，很大程度上是因为他认为理论工作具有与统一战线策略同等重要的意义。李达坚信党首先要做的是加深对马克思主义理论的理解，缺乏理论指导的实践将不可避免地导致延缓革命目标实现的错误政策。尽管如此，在退党之后，李达通过他的写作、翻译、教育活动和临时性的政治工作来继续为革命运动服务。不过，他清楚地意识到，革命斗争的成功并非任何个人的理论和政治活动的结果。历史唯物主义观念摒弃了这一观点，但它不排除足够广泛的人类行动能够影响革命斗争的方向和结果。李达认识到如果不能被足够多的民众所掌握和运用，即使是正确的理论也是无足轻重的；在缺乏能激发足够多的民众去寻找实现政治和社会变革目的理论的物质力量时，他自己作为理论的阐释者和宣传者始终是边缘角色。在这一背景下，哲学家和理论家的作用显得十分重要。然而，尽管革命运动中有高潮和低谷，但李达始终恪守他在20世纪10年代末和20年代初为自己所界定的理论家和哲学家的角色，而且此后从未动摇过。正如我们所看到的，由于党及其领袖运用了他在20世纪20年代末和30年代初的论著和译著中所表达的哲学和理论观点，他的努力受到称颂。特别是通过毛泽东对这些观点的接受，李达对马克思主义哲学和理论的阐释获得了广泛的流行，产生了重大的影响。

　　李达的哲学论著之所以产生影响，不仅仅因为它们展示了李达作为哲学家的学识，而且因为它们吸收并阐发了自从1931年以来在苏联占支配地位并且影响了后来对包括中国共产党在内的共产国际的组成党派的哲学话语。当然，李达不是唯一一位阐释马克思主义哲学的中国哲学家；艾思奇也是一位重要的哲学家。

但李达的贡献十分突出。在绝对数量方面，他的哲学译著和专著使其他中国哲学家相形见绌。他不只是翻译了一些1931年以前的马克思主义哲学著作，他还与人合译了西洛可夫和爱森堡的《辩证法唯物论教程》，这本著作极大地影响了毛泽东，并且通过毛泽东更广泛地影响了中国马克思主义。不仅如此，他自己的《社会学大纲》把中国对马克思主义哲学的阐释提升到新的水平；它不只是囊括辩证唯物主义和历史唯物主义的全部论题的鸿篇巨制，它还直接影响了理论家和知识分子。与艾思奇的大量著作不同，它不是普及性的著作。它认识到马克思主义哲学和理论的复杂性，并向革命运动中致力于精通这些理论内容的知识分子提出了挑战，因而是毫不妥协的文本。正如我们所看到的，毛泽东自己接受了这一挑战，自称曾经把这本书阅读了"十遍"。不管这是不是夸张，重点在于毛泽东对《社会学大纲》的正式认可意味着它的复杂程度代表了党的其他理论家和哲学家不得不追求的理论深度。此外，这部著作的内容和它的解释模式后来成为哲学领域内效仿的典型。

因此，《社会学大纲》代表着1931年以后苏联哲学话语传入中国革命运动的重要渠道。尽管它仅仅是承担这一功能的诸多著作之一，但由于它是由中国学者所完成的，因而毫无疑问具有相当的影响力。但是，除了用汉语写作之外，《社会学大纲》的内容也是中国所特有的。尽管李达以讨论中国国情的部分作为全书的结尾，但他没有完成这一工程。后来，在最终出版并广为人知的第二版（上海版）中，这本著作也几乎没有提及中国的经济、社会和政治背景。当然，李达认识到深入了解中国历史和当时形势的重要性，并且在他的早期著作和一些译著中加以讨论。然而，《社会学大纲》首先是关于马克思主义哲学和理论的文本，它的首要任务是让马克思主义哲学的读者相信苏联哲学界的正统话语。这部著作具有相当的抽象性，强调它的推论的普遍意义；它认为哲学和理论是没有国界的。中国马克思主义的经典著作所具有的这一特征再一次凸显了中国马克思主义的哲学和理论向度与正统马克思主义和国际无产阶级运动的主流之间的一致性。从这一意义来说，中国马克思主义不是独特的，也不是土生的产品。

李达熟知唯物辩证法的规律和范畴以及马克思主义传统中的哲学争论，其观点具有权威性。在这里，重要的是，李达主张对立统一规律是辩证唯物主义的"基本规律"，辩证唯物主义的其他法则和范畴是这一规律的表现形式。在此，李达重复了深植于马克思主义哲学并且在20世纪30年代早期被他和其他人译为中文的苏联哲学著作所强调的论题。于是，关于辩证唯物主义的各种范畴和规律之间关系的理论被介绍到中国，并且成为毛泽东本人阐释辩证唯物主义规律的基础。毛泽东重视对立统一规律，同时也没有抛弃量变质变规律和否定之否定规律所起的作用；这一点在我们现今所能看到的解放前的《实践论》和毛泽东的哲学批注中表现得很明显。不过，毛泽东对马克思主义哲学中对立统一规律的首要地位的认同确保了它作为中国马克思主义的核心话题而存在；到了20世纪90年代，中国的马克思主义哲学仍坚持对立统一规律作为辩证唯物主义的"基本规律"的信念。所以说，李达在中国的马克思主义发展的进程中所起的作用是非常有意义且持久的，因为《社会学大纲》的基本观点在其出版60多年后仍然盛行于中国的理论界。

无论如何，值得怀疑的是李达是否会满意中国自20世纪70年代后期所经历的改革计划的规模和结果。他可能会参与后毛泽东时代中国的哲学家们进行的许多哲学研究，思考20世纪30年代以来他的哲学著作中的主要论题，不过，他可能不会赞同邓小平复兴中国经济的策略所导致的对资本主义措施的拥抱。可以肯定的是李达对毛泽东在20世纪50年代末的社会主义过渡政策持严重的保留态度，并且私底下支持彭德怀对"大跃进"的批评。基于同样的原因，没有证据表明李达不满意社会主义过渡的初级阶段的标志性政策——社会主义工业化和农业合作化。在这方面，李达是一位传统的、老式的马克思主义者，他认为社会主义过渡不能离开国家对各种财产形式的日益强化的控制。李达相信党必须领导中国向社会主义社会的目标前进，但它必须在某种程度上认识到进步过程中的障碍，其中最重要的是中国人民的受教育程度。李达把自己生命的大部分奉献给教育绝不只是巧合；在乡村教育和国家教育领域，李达担任过多所中国大学的教师和武汉大学校长，全身心投入教育进程。李达坚信教育实现社会主义的重要性的信念也被他坚信传播马克思主义的重要性的信念所证实，他从未动摇过献身于这一事业的信念。因此，李达对中国问题的回答肯定会不同于邓小平为建构他的经济战略而得出的答案。……20世纪八九十年代中国教育体系的衰败，特别是中国农村教育的状况，将会让李达震惊；他也会被中国现代学术所受到的蔑视所震惊。不过，李达会认识到，中国经济基础的改革允许外国资本家的投资、西方管理技术以及市场在国有部门内部和外部的大量扩张，它不得不极大地影响中国的上层建筑，而教育是其中值得注意的部分之一。尽管教育在实现社会主义的变革中发挥作用，但在缺乏必需的经济条件时这是难以想象的。

因此，尽管李达的哲学遗产在理论层面是持久的，仍然在中国马克思主义中引起了共鸣，但他为之努力工作和建设的社会主义中国似乎更加远不可及。不管怎样，李达关于马克思主义哲学和理论的著作和译著确实对在中国传播马克思主义扮演着重要角色，并且有助于塑造革命运动和 1949 年后中国知识界的意识形态观念。因此，他的生平和工作如同一扇窗户，透过它能够考察中国马克思主义的起源和特征，这一考察最有启示意义的一点就是揭示了欧洲和苏联马克思主义在中国马克思主义的理论向度上的显著影响。尽管李达是一个中国人，但他在理论层面是一位国际主义者，因为他所赞同的马克思主义主张普遍性的意义，并且在这一意义上被广泛接受。他的哲学活动有助于确保中国马克思主义没有成为一种纯粹的、由中国传统文化和哲学思潮所主导的国家主义教义。所以，中国马克思主义所包含的内容以及仍然保留的普遍性向度很大程度上应归功于李达。

参考文献

李达著述

李达：《日本政党改造之趋势》，《向导》1922年第1卷第1号，第7—8页。

李达：《为收回旅大运动敬告国人》，《新时代》1923年第1号，第1—5页。

李达：《旧国会不死，大盗不止》，《新时代》第4号，1923年7月，第1页。

李达：《中国商工阶级应有之觉悟》，《新时代》第4号，1923年7月，第1—4页。

李达：《现代社会学》，昆仑书店1926年版。

李达：《民族问题》，南强书局1929年版。

李达：《中国产业革命概论》，昆仑书店1929年版。

李达：《中国现代经济史概观》，《法学专刊》1935年第5期，第85—112页。

李达：《辩证逻辑与形式逻辑》，《法学专刊》1935年第5期，第1—22页。

李达：吕振羽《中国原始社会史》之"序"，载蔡尚思主编：《中国现代思想史资料汇编》，浙江人民出版社1983年版，第759—760页。该"序"写作日期为1943年4月。

李达：《读毛泽东同志在一九二六年至一九二九年的四篇著作》，《人民日报》1951年8月30日。

李达：《谈宪法》，中南人民出版社1954年版。

李达：《胡适反动思想批判》，湖北人民出版社1955年版。

李达：《中国共产党的发起和第一次第二次代表大会经过的回忆》，载《一大前后》第2卷，人民出版社1980年版，第6—18页。

李达：《中华人民共和国宪法讲话》，人民出版社1956年版。

李达：《实用主义：帝国主义的御用哲学》，湖北人民出版社1956年版。

李达：《梁漱溟政治思想批判》，湖北人民出版社1958年版。

李达：《七一回忆》，《七一》1958年第1期，第1—5页。

李达：《社会主义革命与社会主义建设的共同规律》，湖北人民出版1958年版。

李达：《整风运动的辩证法》，湖北人民出版社1958年版。

李达：《我国现阶段的上层建筑和经济基础的关系》，《学习》1958 年第 2 期，第 8—10 页。

李达：《世界无产阶级社会主义革命论》，《理论战线》1958 年第 8 期，第 36—44 页。

李达：《生产力与生产关系》，《理论战线》1958 年第 5 期，第 40—48 页。

李达：《怎样学习毛泽东思想》，《武汉大学人文科学学报》1960 年第 1 期，第 1—3 页。

李达：《共产主义社会的两个阶段》，《武汉大学人文科学学报》1959 年第 1 期，第 1—7 页。

李达：《资产阶级社会学说的批判》，《理论战线》1958 年第 9 期，第 29—42 页。

李达：《反对现代修正主义》，《理论战线》1958 年第 5 期，第 1—4 页。

李达：《认真学习毛主席的著作，改进学风、教风和文风》，《哲学研究》1958 年第 7 期，第 1—2 页。

李达：《历史唯物主义的对象》，《理论战线》1958 年第 2 期，第 82—98 页。

李达：《社会主义革命与社会主义建设的共同规律》，《理论战线》1958 年第 2 期，第 35—40 页。

李达：《徐懋庸对于马克思主义哲学的修正》，《理论战线》1958 年第 2 期，第 12—17 页。

李达：《沿着革命的道路前进》，《中国青年》1961 年第 13、14 期合刊。

李达主编：《唯物辩证法大纲》，人民出版社 1978 年版。

李达：《〈实践论〉〈矛盾论〉解说》，三联书店 1979 年版。

李达：《法理学大纲》，法律出版社 1983 年版。

李达：《经济学大纲》，武汉大学出版社 1985 年版。

李达：《李达自传（节录）》，载中共湖南省委党史资料征集研究委员会主编：《湖南党史人物传记资料选编》1987 年第 2 辑，第 1—11 页。

李达：《李达自传》，载中共湖南省委党史资料传记研究委员会主编：《湖南党史人物资料传记选编》1987 年第 2 辑，第 12—32 页。

李达：《李达文集》第 1—4 卷，人民出版社 1981—1988 年。

李达译著

[日] 安部矶雄：《产儿制限论》，李达译，商务印书馆 1928 年版。

[荷] 郭泰：《唯物史观解说》，李达译，中华书局 1921 年版。李达的"译者附言"载该书附录的第 7 页。

[荷] 郭泰：《唯物史的宗教观》，李达译，《少年中国》1921 年第 2 卷第 11 期，第 36—46 页。

[日] 穗积重远：《法理学大纲》，李达译，商务印书馆 1928 年版。

[日] 片山孤村：《大战与德国国民性及其文化文艺》，李达译，《小说月报》1921 年 5 月，第 20—25 页。

[德] 考茨基：《马克思经济学说》，李达译，中华书局 1921 年版。

[日] 河田嗣郎：《土地经济论》，李达、陈家瓒译，商务印书馆 1933 年版。

［日］河上肇：《马克思主义经济学基础理论》，李达等译，上海昆仑书店 1930 年版。

［日］河西太一郎：《农业问题之理论》，李达译，上海昆仑书店 1929 年版。

［苏］拉比托斯、渥斯特罗维查诺夫：《政治经济学教程》，李达、熊得山译，上海笔耕堂书店 1933 年版。

［俄］列宁：《列宁底妇人解放论》，《新青年》1921 年第 9 卷第 2 号，第 1—2 页。

［苏］卢波尔：《理论与实践的社会科学根本问题》，李达译，上海现代书社 1930 年版。

［德］马克思：《德国劳动党纲领栏外批评》，李达译，《新时代》1923 年第 1 卷第 1 号，第 1—28 页。这份文件通常称为"哥达纲领批判"。

［苏］米哈列夫斯基：《经济学入门》，李达译，上海乐华图书公司 1932 年版。

［日］宫岛新三：《日本文坛之现状》，李达译，《小说月报》1921 年 4 月第 12 卷第 4 号，第 5—15 页。

《脱了牙的狼》，李达译述，《新时代》1923 年 7 月第 1 卷第 4 号，第 1—12 页。

［日］堺利彦编：《女性中心说》，李达译，上海商务印书馆 1921 年版。

［日］佐野学：《俄国农民阶级斗争史》，李达译，《新青年》1921 年第 8 卷第 6 号，第 1—11 页。

［苏］西洛可夫、爱森堡等：《辩证法唯物论教程》，李达、雷仲坚译，上海笔耕堂书店 1932 年版。本书所引用的李达"译者例言"写于 1935 年 6 月，载该书 1936 年第 4 版第 1—4 页。

［日］生田春月：《现代的斯干底那维亚文学》，李达译，《小说月报》1921 年 6 月第 12 卷第 6 号，第 1—11 页。

［日］杉山荣：《社会科学概论》，李达、钱铁如译，上海昆仑书店 1929 年版，"译者的话"第 1—3 页。

［日］高畠素之：《社会问题总览》1—3 册，中华书局 1921 年版。

［日］高柳松一郎：《中国关税制度论》，李达译述，商务印书馆 1924 年版，"绪论"见第 1—3 页。

［德］塔尔海玛：《现代世界观》，李达译，上海昆仑书店 1929 年版，"译者序"第 1—5 页。

［日］山川均：《从科学的社会主义到行动的社会主义》，李达译，《新青年》1921 年 5 月第 9 卷第 1 号，第 1—4 页。

［日］山川菊荣：《妇女问题与妇女运动》，李达译，上海远东图书公司 1929 年版。

［日］山川菊荣：《劳农俄国底结婚制度》，李达译，《新青年》1921 年 4 月第 8 卷第 6 号，第 11—21 页。

参考书目和年表

高峰、代定芳主编：《武汉大学哲学系科研成果目录》，香港中华科技（国际）出版社

1991 年版，第 1—32 页。

李其驹、陶德麟等：《李达一九四九年前理论活动及著作编年》，《中国哲学》1979 年第 1 辑，第 345—372 页。

宋镜明：《李达传记》，湖北人民出版社 1986 年版，第 176—204 页。

王炯华：《李达与马克思主义哲学在中国》，华中理工大学出版社 1988 年版，第 324—340 页。

曾勉之：《李达著译要录》，载中共湖南省委党史资料征集研究委员会编：《湖南党史人物传记资料选编》1987 年第 2 辑，第 133—152 页。

曾勉之：《李达著译目录（初稿）》，载《中国当代社会科学家》第 2 辑，书目文献出版社 1983 年版，第 131—142 页。

中文文献

В．Г．布罗夫：《李达与中国的马克思主义社会学》，孙爱娣译自俄文，《国外社会学》1986 年第 6 期，第 10—14 页。

陈殿云：《李达在建党前传播的唯物史观及其历史作用》，《求索》1983 年第 2 期。

都培炎：《辩证唯物主义在中国的传播》，《中共党史研究》1988 年第 3 期，第 28—34 页。

范兆琪：《李达对创建中国共产党的重大贡献》，《学习与研究》1983 年第 11 期。

高路：《毛泽东与逻辑学》，吴宜、温宪祝编：《毛泽东读书与写文》，中共中央党校出版社 1993 年版，第 125—141 页。

桂遵义、王东：《李达对中国马克思主义史学的贡献》，《华东师范大学学报（哲社版）》1990 年第 3 期。

郭化若：《毛主席抗战初期光辉的哲学活动》，《光明日报》1979 年第 1 卷，第 31—37 页。

胡绳：《传播马克思主义理论的先驱者——纪念李达同志诞辰一百周年》，《光明日报》1990 年 10 月 28 日。

胡绳主编：《中国共产党的七十年》，中共党史出版社 1991 年版。

黄楠森等主编：《马克思主义哲学史》第 6 卷，北京出版社 1989 年版。

《毕生为宣传马克思主义奋斗不息——首都纪念李达百年诞辰》，《人民日报》1990 年 10 月 28 日。

《湖南党史人物传记材料选编》，中共湖南省委党史材料征集研究委员会，1987 年。

《纪念老校长李达同志》，《武汉大学学报（社会科学版）》1981 年第 1 期，第 1—43 页。

金英豪：《孜孜不倦探真理——党的"一大"代表李达光辉的一生》，《党史研究与教学》1990 年第 6 期。

河上肇：《唯物史观研究》，商务印书馆 1926 年版。德文标题是 *Uber Materialistiche*

Geschichtsauffassung。

维·尼·科洛斯科夫：《苏联马克思列宁主义哲学史纲要（三十年代）》，徐小英、王淑秋译，求实出版社 1985 年版。

《李达同志冤案得到平反昭雪》，载中共湖南省委党史资料征集研究委员会编：《湖南党史人物传记资料选编》第 2 辑，1987 年，第 1—11 页。

《李达的〈社会学大纲〉最早版本的发现》，《哲学研究》1982 年第 3 期。

李其驹：《中国共产党创始人之一李达的建党活动》，《河南师范大学学报（社会科学版）》1981 年第 2 期；亦见任武雄主编：《中国共产党创建史研究文集》，百家出版社 1991 年版，第 356—373 页。

李其驹、段启咸：《〈共产党〉月刊与李达同志》，《光明日报》1979 年 7 月 2 日。

李其驹、陶德麟等：《建党前后的李达同志》，《历史研究》1979 年第 8 期。

李吉：《李达同志在中国共产党创建时期的思想特点初探》，《零陵师专学报》1986 年第 1 期。

李其驹、王炯华、张耀先主编：《马克思主义哲学在中国（从清末民初到中华人民共和国成立）》，上海人民出版社 1991 年版。

李维武：《20 世纪中国哲学本体论问题》，湖南教育出版社 1991 年版。

李振霞主编：《当代中国十哲》，华夏出版社 1991 年版，第 1—49 页。

林木森编：《咱们的领袖毛泽东》，解放军出版社 1992 年版，第 47—50 页关于李达的章节。

刘伏海：《试论李达的道德理论》，《湖南师范大学社会科学学报》1991 年第 4 期。

吕希晨、王育民：《中国现代哲学史新编》，吉林人民出版社 1987 年版。

马积华：《艾思奇在哲学现实化上的杰出贡献》，《毛泽东哲学思想研究动态》1986 年第 3 期，第 35—38 页。

《毛泽东和李达的一场争论》，《北京青年报》1992 年 12 月 15 日。

毛泽东：《毛泽东哲学批注集》，中央文献出版社 1988 年版。

毛泽东：《毛泽东书信选集》，人民出版社 1983 年版。

米丁：《辩证唯物论与历史唯物论》，沈志远译，商务印书馆 1936 年版。

米丁等：《新哲学大纲》，艾思奇、郑易里译，读书生活出版社 1936 年版。

《瞿秋白文集》第 2 卷，人民出版社 1988 年版。

宋镜明：《李达同志在建党时期对传播马克思主义的贡献》，《武汉大学学报（社会科学版）》1983 年第 3 期。

宋镜明：《李达主要著译书目》，《图书情报知识》1985 年第 4 期。

宋镜明：《李达与五四时期的思想大论战》，《武汉大学学报（社会科学版）》1987 年第 4 期。

宋镜明：《坚信马列 忠于真理：学习和继承李达同志的革命精神》，《武汉大学学报（社会科学版)》1990 年第 6 期。

宋镜明：《忠实于真理：李达同志的最高准则》，《湖北日报》1985 年 10 月 3 日。

宋镜明：《李达传记》，湖北人民出版社 1986 年版。

宋镜明：《李达早期的爱国思想及其向马克思主义的转变》，《楚晖》丛书第 2 辑，湖北人民出版社 1981 年版，第 159—171 页。

宋镜明：《李达的教育实践和办学思想》，《武汉大学学报（社会科学版）》1984 年第 3 期，第 37—44 页。

宋镜明、李春德：《坚持马克思主义的典范——论李达的晚年》，载《武汉风云人物》第 3 辑，武汉大学出版社 1991 年版，第 27—42 页。

宋镜明、何前文：《毛泽东与李达》，《党史天地》1993 年第 1—3 期。

宋镜明、熊崇善：《李达》，载中共湖南省委党史资料征集研究委员会编：《湖南党史人物传记资料选编》第 2 辑，1987 年，第 33—109 页。

孙琴安：《毛泽东与李达交往的前前后后》，《祁连学刊》1992 年第 4 期。

宋志明、赵德志：《现代中国哲学思潮》，中国人民大学出版社 1992 年版。

孙琴安、李师贞：《毛泽东与名人》上、下册，江苏人民出版社 1993 年版。

唐春元：《试述李达民主革命时期的统一战线思想与实践》，《零陵师专学报》1987 年第 2 期。

唐春元：《李达与法学》，《零陵师专学报》1986 年第 1 期。

唐春元：《李达与辅仁小学》，《零陵师专学报》1982 年第 2 期。

陶德麟：《李达传略》，载《中国哲学年鉴》，中国大百科全书出版社 1984 年版，第 489—499 页。

陶德麟、洁人：《李达》，载孟庆仁编：《著名马克思主义哲学家评传》，山东人民出版社 1990 年版，第 291—334 页。

王炯华：《〈大纲〉的创造性贡献及〈两论〉与它的联系——与许全兴同志商榷》，《毛泽东哲学思想研究动态》1984 年第 1 期，第 20—23 页。

王炯华：《续谈〈两论〉与〈大纲〉——亦答许全兴同志》，《毛泽东哲学思想研究动态》1986 年第 3 期，第 39—40 页。

王炯华：《李达与马克思主义哲学在中国》，华中理工大学出版社 1988 年版。

王炯华：《毛泽东与李达》，《新华文摘》1992 年第 2 期，第 132—135 页。

王炯华：《李达——一位普罗米修斯式的播火者》，载李振霞主编：《当代中国十哲》，华夏出版社 1991 年版，第 313—329 页。

《为真理而斗争的李达同志》，武汉大学出版社 1985 年版。

吴黎平、艾思奇：《唯物史观》，人民出版社 1983 年版。1938 年写作并首次出版。

邢贲思：《纪念杰出的马克思主义理论家教育家李达同志》，《光明日报》1990 年 2 月 11 日。

许全兴：《再谈〈两论〉与〈社会学大纲〉——复王炯华同志》，《毛泽东哲学思想研究动态》1985 年第 3 期，第 24—29 页。

许全兴：《李达在中国传播马克思主义哲学的理论功绩》，《光明日报》1990 年 10 月 15 日。

徐素华：《中国三十年代哲学论战》，《毛泽东哲学思想研究动态》1988 年第 1 期，第 78—83 页；1988 年第 4 期，第 70—74 页。

杨邦国：《毛泽东与李达的哲学交往》，《毛泽东思想论坛》1992 年第 4 期，第 49—52 页。

杨邦国：《李达在中国共产党创建中的历史作用》，《南开学报（哲学社会科学版）》1991 年第 4 期。

叶永烈：《红色的起点》，上海人民出版社 1991 年版。

雍涛：《坚持和发展马克思主义毛泽东思想的典范——纪念李达同志 100 周年诞辰》，《武汉大学学报》(哲学社会科学版)1990 年第 6 期。

俞清天等：《毛泽东与同事》第 2 卷，中国人民大学出版社 1993 年版，第 311—342 页。

袁锦翔：《名家翻译研究与赏析》，湖北教育出版社 1990 年版，第 167—176 页。

张喜阳：《论李达对于中国式社会主义建设的探索》，《天津师范大学学报（社会科学版）》1991 年第 3 期。

张秀英、任文思：《中国早期马克思主义的称呼之我见》，《中共党史研究》1988 年第 5 期。

赵德志、王本浩：《中国马克思主义哲学七十年》，辽宁大学出版社 1991 年版，第 48—57 页。

《中国出版史料（补编)》，中华书局 1957 年版。

《中国当代社会科学家》第 2 辑，书目出版社 1983 年版。

庄福龄主编：《中国马克思主义哲学传播史》，中国人民大学出版社 1988 年版。

英文文献

Ahlberg, Rene. "The Forgotten Philosopher: Abram Deborin", in Leopold Labedz (ed.), *Revisionism: Essays on the History of Marxist Ideas*. London: George Allen & Unwin, 1962.

Avineri, Shlomo, *The Social and Political Thought of Karl Marx*. Cambridge: Cambridge University Press, 1968.

Bernal, Martin. *Chinese Socialism to 1907*. Ithaca and London: Cornell University Press, 1976.

Bernstein, Gail Lee. *Japanese Marxist: A Portrait of Kmvakami Hajime, 1879—1946*. Cambridge, Mass.: Harvard University Press, 1976.

——. "The Russian Revolution, the Early Japanese Socialists, and the Problem of Dogmatism", *Studies in Comparative Communism*, Vol. IX, No, 4 (Winter 1976). pp. 327-48.

Doorman, Howard L. *Biographical Dictionary of Republican China*. New York and London:

Columbia University Press, 1968. pp. 328–329,

Bottomore, Tom and Rubel, Maximilian (eds). *Karl Marx: Selected Writings in Sociology and Social Philosophy*. Harmondsworth: Penguin, 1963,

Bricianer, Serge, *Pannekoek and the Workers' Councils,* St Louis: Telos Press, 1978, Briere, O. *Fifty Years of Chinese Philosophy, 1898–1948*. New York and Washington: Frederick A. Praeger, 1965.

Burov, V. "Li Da and the Dissemination of Marxist Ideas in China". *Far Eastern Affairs,* No. 3 (1983). pp. 102–113.

Carver, Terrel. *Marx and Engels: The Intellectual Relationship*. Brighton: Wheatsheaf Books, 1983,

De George, Richard T. *Patterns of Soviet Thought*, Ann Arbor: University of Michigan Press, 1966.

Dirlik, Arif. *Revolution and History: Origins of Marxist Historiography in China, 1919—1937*. Berkeley: University of California Press, 1978.

——. *The Origins of Chinese Communism*. New York: Oxford University Press, 1989. Engels, Frederick. *Anti—Dilhring (Herr Eugen Diihring's Revolution in Science)*, Peking: FLP, 1976.

——. *Dialectics of Nature, Moscow*: FLPH, 1954.

Fei Hsiao—tung. *Peasant Life in China: A Field Study of Country Life in the Yangtze Valley*, London and Henley: Routledge and Kegan Paul, 1939, reprinted 1980.

Fogel, Joshua. *Ai Ssu—ch'i's Contribution to the Development of Chinese Marxism*. Cambridge, Mass, and London: Harvard Contemporary China Series, No. 4, 1987.

Graham, Loren R. *Science and Philosophy in the Soviet Union*. New York: Alfred A. Knopf, 1972.

——. *The Soviet Academy of Sciences and the Communist Party, 1927-1932*, Princeton: Princeton University Press, 1967.

Grieder, Jerome B. *Hu Shih and the Chinese Renaissance: Liberalism in the Chinese Revolution, 1917—1937*. Cambridge, Mass.: Harvard University Press, 1970.

Healy, Paul. *Mao and Classical Marxism, Epistemology, Social Formation, Classes and Class Struggle in Mao Zedong's Post-1955 Thought*. Unpublished PhD thesis, Griffith University, 1988.

——. "Reading the Mao Texts: The Question of Epistemology". *Journal of Contemporary Asia*, Vol. 20, No. 3 (1990). pp. 330–358.

Hoston, Germaine, —A, *Marxism and the Crisis of Development in Prewar Japan*. Princeton: Princeton University Press, 1986.

Hu Shih. *The Chinese Renaissance: The Haskett Lectures, 1933*. New York: Paragon Book Reprint Corp., 1963.

Joravsky, David. *Soviet Marxism and Natural Science, 1917—1932,* New York: Columbia University Press, 1961.

Jordan, Z.A. *The Evolution of Dialectical Materialism: A Philosophical and Sociological Analysis*. London: Macmillan, 1967.

Kamenka, Eugene. "Soviet Philosophy, 1917—67", in Alex Simirenko (ed.), *Social Thought in the Soviet Union*. Chicago: Quadrangle Books, 1969.

Kau, Michael Y.M, and Leung, John K. (eds). *The Writings of Mao Zedong, 1949—1976: Volume I, September 1949—December 1955*. Armonk, New York: M.E.Sharpe, 1986.

——. *The Writings of Mao Zedong, 1949—1976: Volume II, January 1956—December 1957*, Armonk: M.E. Sharpe, 1992.

Knight, Nick (ed.). *Mao Zedong on Dialectical Materialism: Writings on Philosophy, 1937*. Armonk, New York: M.E. Sharpe, 1990.

——. "Soviet Philosophy and Mao Zedong's 'Sirtification of Marxism'", *Journal of Contemporary Asia*, Vol. 20, No. 1 (1990). pp. 39-109.

——. (ed.). *The Philosophical 'Thought of Mm Zedong: Studies from China, 1981—1989, Chinese Studies in Philosophy*, Vol. 23, Nos 3-4 (Spring—Summer 1992).

——. "The Marxism of Mao Zedong: Empiricism and Discourse in the Field of Mao Studies", Australian Journal of Chinese Affairs, No. 16 (July 1986). pp. 7-22.

——. "*On Contradiction and On New Democracy*. Contrasting Perspectives on Causation and Social Change in the Thought of Mao Zedong", *Bulletin of Concerned Asian Scholars*, Vol. 22, No, 2 (April—June 1990). pp. 18-34.

——. *Mao and History: An Interpretive Essay on Some Problems in Mao Zedong's Philosophy of History*. Unpublished PhD thesis, University of London, 1983.

Kolakowski, Leszek. *Main Currents of Marxism: The Founders*. Oxford: Oxford University Press, 1978.

——. *Main Currents of Marxism: Its Rise, Growth and Dissolution — Volume II, The Golden Age*. Oxford: Clarendon Press, 1978.

Korsch, Karl, *Marxism and Philosophy*, London: NLB, 1970.

Krapivin, V, *What is Dialectical Materialism?*. Moscow: Progress Publishers, 1985.

Lefebvre, Henri. *Dialectical Materialism*. London: Jonathon Cape, 1968.

Lenin, V.I. *Materialism and Empiric—Criticism*. Peking: FLP, 1972.

——. *Collected Works*. London: Lawrence and Wishart, 1961, Vol. 38.

——. *What is to be Done? Burning Questions of our Movement*. Peking: FLP, 1975.

Levine, Norman. *The Tragic Deception: Marx Contra Engels*. Oxford and Santa Barbara: Clio Books, 1975.

Lichtheim, George, *Marxism: An Historical and Critical Study,* London: Routledge and Kegan Paul, 1961.

Luk, Michael Y.L, *The Origins of Chinese Bolshevism: An Ideology in the Making, 1920—1928*. Hong Kong: Oxford University Press, 1990.

Lukács, Georg. *History and Class Consciousness*. London: Merlin Press, 1968.

Mao Zedong. *Selected Works of Mao Tse—tung*. Peking: Foreign Languages Press, 1965—1977, five Vols.

Macfarquhar, Roderick. *The Origins of the Cultural Revolution: I Contradictions Among the People, 1956—1957*. London: Oxford University Press, 1974.

Marcuse, Herbert. *Soviet Marxism: A Critical Analysis*. New York: Vintage Books, 1961.

Marx, Karl. *Surveys from Exile*. Harmondsworth: Penguin, 1973.

——. *The Revolutions of 1848*, Harmondsworth: Penguin, 1973.

——. *Grundrisse: Foundations of the Critique of Political Economy (Rough Draft)*. Harmondsworth: Penguin, 1974.

——. *Capital: A Critique of Political Economy, Volume One*. Harmondsworth: Penguin, 1976.

——. *A Contribution to the Critique of Political Economy*. London: Lawrence and Wishart, 1971, with an Introduction by Maurice Dobb.

——. "Marginal Notes on Adolph Wagner *Lehrbuch Der Politischen Oekonomie*". *Theoretical Practice*, No. 5 (1972).

Marx, Karl, and Engels, Frederick. *Selected Works in Two Volumes*. Moscow: FLPH, 1951, Vol. II.

—— *Selected Letters*. Peking: FLP, 1977.

McCough, James P. *Fei Hsiao—t'ung: The Dilemma of a Chinese Intellectual*, New York: M.E. Sharpe, 1979.

Meisner, Maurice. "Utopian Socialist Themes in Maoism", in John W. Lewis (ed.), *Peasant Rebellion and Communist Revolution in Asia*. Stanford: Stanford University Press, 1966, pp. 207-252.

——. "Leninism and Maoism: Some Populist Perpsectives on Marxism—Leninism in China". *China Quarterly,* No, 45 (January—March 1971). pp. 2-36.

——. *Mao's China and After: A History of the People's Republic of China*. New York: The Free

Press, 1977,1986.

———. *Marxism, Maoism and Utopianism*, Madison: University of Wisconsin Press, 1982.

Meissner, Werner. *Philosophy and Politics in China: The Controversy over Dialectical Materialism in the 1930s*. London: Hurst and Co., 1990.

Party History Research Centre of the Central Committee of the Chinese Communist Party (comp.). *History of the Chinese Communist Party — A Chronology of Events (1919—1990)*. Beijing: FLP, 1991.

Plekhanov, George V, *In Defence of Materialism: The Development of the Monist View of History*. London: Lawrence and Wishart, 1947.

———. *Fundamental Problems of Marxism*. London: Martin Lawrence Ltd, n,d.

———. *Materialismus Militans*, Moscow: Progress Publishers, 1973.

———. *The Materialist Conception of History*, New York: International Publishers, 1940.

Saich, Tony. *The Origins of the First United Front in China: The Role of Sneevliet (Alias Maring)*. Leiden: E.J. Brill, 1991, two Vols.

Schram, Stuart R. *Mao Tse—tung*. Harmondsworth: Penguin, 1966.

The Political Thought of Mao Tse—tung. Harmondsworth: Penguin, 1969, rev. edn.

———. *The Thought of Mao Tse—tung*. Cambridge: Cambridge University Press, 1989.

———. "The Marxist", in Dick Wilson (ed.)/ *Mao Tse—tung in the Scales of History*, Cambridge: Cambridge University Press, 1977. pp. 35–69.

———. *Mao Zedong: A Preliminary Reassessment*. Hong Kong: The Chinese University Press, 1983.

Schwartz, Benjamin I. "The Legend of the 'Legend of Maoism'", *China Quarterly*, No.2 (April—June 1960). pp. 35–42.

———. *Chinese Communism and the Rise of Mao*. New York and London: Harper and Row, 1951.

———. *Communism and China: Ideology in Flux*. New York: Atheneum, 1970.

Shao Weizheng. "The First National Congress of the Communist Party of China: A

Verification of the Date of Convocation and the Number of Participants". *Social Sciences in China*, Vol. 1, No. 1 (March 1980). pp. 108–129.

Shteppa, Konstantin, F. *Russian Historians and the Soviet State*. New Brunswick: Rutgers University Press, 1962.

Stalin, J.V. *Problems of Leninism*. Peking: FLP, 1976.

Ts'ao, Ignatius J.H. "Ai Ssu—ch'i: The Apostle of Chinese Communism". *Studies in Soviet*

Thought, No. 12 (1972).

Wetter, Gustav A. *Dialectical Materialism: A Historical and Systematic Study of Philosophy in the Soviet Union*. New York: Praeger, 1958.

Wittfogel, Karl. "The Legend of 'Maoism'". *China Quarterly*, No. I (January—March 1960). Pp. 72—86, and No. 2 (April—June 1960), pp. 16–34.

Wolin, Sheldin S. "Paradigms and Political Theories", in P. King and B.C. Parekh (eds). *Politics and Experience*. Cambridge; Cambridge University Press, 1968. pp. 125–152.

译后记

李达是中国共产党的主要创建者和早期领导人之一，是最早在中国系统传播马克思主义的先驱之一和杰出的马克思主义理论家，是马克思主义中国化的重要代表人物之一，也是 2016 年 5 月习近平总书记在哲学社会科学工作座谈会上的讲话中所称赞的十月革命后我国在运用马克思主义进行哲学社会科学研究的过程中产生的"名家大师"之一。李达毕生从事马克思主义理论的传播、研究、宣传和教育，在哲学、经济学、政治学、史学、法学、社会学、教育学等众多领域都作出了开拓性的贡献，真正实现了对马克思主义理论的整体研究和综合理论创新，是中国马克思主义史乃至整个中国近现代思想史上少有的百科全书式的学术大师，也是构建中国特色哲学社会科学体系的拓荒者和奠基性人物。李达在传播、研究、阐释和宣传马克思主义哲学方面的贡献尤为突出，并对毛泽东哲学思想的形成和发展产生了重要影响，由此也成为一位受到国际学术界高度关注和重视的中国马克思主义哲学家。我们所翻译的这部由澳大利亚学者尼克·奈特撰著的《李达与中国马克思主义哲学》，从一个侧面反映了李达马克思主义哲学思想的国际影响。

尼克·奈特曾长期担任澳大利亚格里菲斯大学教授，是国外研究中国马克思主义的理论和历史、特别是毛泽东思想的著名学者，先后出版了《马克思主义在亚洲》（合著，1985）、《延安时期毛泽东著作中的哲学与政治》（1988）、《毛泽东的政治思想：来自中国的研究（1981—1989）》（1992）、《李达与马克思主义哲学在中国》（1996）、《理解澳大利亚的邻居们：东亚和东南亚导论》（2004）、《马克思主义哲学在中国：从瞿秋白到毛泽东（1923—1945）》（2005）、《再思毛泽东：毛泽东思想的探索》（2007）、《在中国想象全球化：关于意识形态、政治和文化的争论》（2008）、《毛泽东论唯物辩证法：1937 年的哲学著作》（主编，1990）等著作，在国际学术界产生了广泛的影响。

尼克·奈特的《李达与马克思主义哲学在中国》一书，追述了李达一生的哲学探索，分析了李达主要哲学著译的内容，阐述了李达哲学探索对于中国马克思主义哲学的发展、特别是对毛泽东哲学思想的形成和发展的影响，受到国际学术界的重视，也经常被我国学者引用，对于我们研究和理解李达哲学探索的心路历程及其重要贡献有一定的参考和借鉴意义，对于我们了解西方学者关于中国马克思主义哲学的研究和看法也有重要帮助。这也是我们想将该书翻译成中文出版的原因。但是，该书也存在一些明显的问题。尽管尼克·奈特曾多次到中国访问和研究，但作为一位西方学者，他对中国马克思主义哲学和李达哲学探索的理解仍然很不深入，甚至存在某些偏见。例如，如同在其别的研究中国马克思主义理论和历史的论著中一样，尼克·奈特在该书中用了很多篇幅反驳施拉姆、莫里斯·迈斯纳、魏斐德等西方学者否认中国马克思主义与欧洲和苏联马克思主义之间的联系的看法。这些西方学者认为，欧洲和苏联马克思主义即"正统"马克思主义是一种机械论的、经济主义的教条，它不承认上层建筑的任何作用，而以毛泽东思想为代表的中国马克思主义更多地受到中国文化传统和社会现实的影响，它重视上层建筑的重要作用，因此，相对于经济决定论的正统马克思主义来说，中国马克思主义是一种"非正统"的、意志论的马克思主义，是马克思主义的"异端"或"变种"。在他们看来，在中国马克思主义与欧洲和苏联马克思主义之间存在着一条鸿沟。施拉姆甚至用"与世隔绝"一词来形容毛泽东的中国化马克思主义。尼克·奈特认为，这条所谓的"鸿沟"实际上是不存在的，因为如果以20世纪30年代普遍的正统苏联哲学为评判标准的话，李达对马克思主义哲学的阐释是非常正统的，而通过李达对马克思主义哲学的传播和研究这个中介，以毛泽东哲学思想为代表的中国马克思主义哲学与正统马克思主义哲学之间保持着联系和一致性。尼克·奈特对施拉姆等人的这种反驳是值得肯定的。问题在于，尼克·奈特夸大了中国马克思主义与欧洲和苏联马克思主义之间的一致性，以致于否定了通过把马克思主义哲学与中国实际相结合而形成的中国马克思主义哲学的民族独特性。他认为，中国马克思主义哲学不是纯属"中国的"，毛泽东的《实践论》的观点并不"新颖"，毛泽东作为一位著名哲学家的原创性是"有限的"，而强调李达哲学探索和毛泽东哲学思想的原创性就意味着切断中国马克思主义哲学与欧洲和苏联马克思主义哲学之间的联系。显然，尼克·奈特在反驳一种谬误的同时陷入了另一种谬误。他不懂得，以毛泽东哲学思想为代表的中国马克思主义哲学是马克思主义哲学的一种民族化形式，它在精神实质上是完全马克思主义的，而在内容和形式上又是完全中国的，因而是一种"在其每一表现中带着必须有的中国的特性"的马克思主义哲学。诸如此类的问题，该书中还有不少。希望读者在阅读时认真加以甄别。

汪信砚

2018 年 4 月 16 日

责任编辑：洪　琼

图书在版编目（CIP）数据

李达与马克思主义哲学在中国／［澳］尼克·奈特 著；汪信砚，周 可 译 . —北京：
人民出版社，2018.6

ISBN 978－7－01－019339－7

I.①李…　II.①尼…②汪…③周…　III.①李达（1890—1966）—生平事迹 ②马克
思主义哲学—发展—研究—中国　IV.① K827=6 ② B27

中国版本图书馆 CIP 数据核字（2018）第 096121 号

原书名：Li Da and Marxist Philosophy in China

原作者：Nick Knight

本书根据 Westview Press1996 年版译出

版权登记号：01－2015－3008

李达与马克思主义哲学在中国

LIDA YU MAKESIZHUYIZHEXUE ZAI ZHONGGUO

［澳］尼克·奈特 著　汪信砚　周 可 译

人民出版社 出版发行

（100706　北京市东城区隆福寺街 99 号）

天津文林印务有限公司印刷　新华书店经销

2018 年 6 月第 1 版　2018 年 6 月北京第 1 次印刷

开本：787 毫米 ×1092 毫米 1/16　印张：17.5

字数：300 千字

ISBN 978－7－01－019339－7　定价：79.00 元

邮购地址 100706　北京市东城区隆福寺街 99 号

人民东方图书销售中心　电话：（010）65250042　65289539